W0041121

Kirsten Schlegel-Matthies

Claudia Wespi

(Hrsg.)

# Wirksamer Unterricht für Lebensführung

UNTERRICHTSQUALITÄT:
PERSPEKTIVEN VON EXPERTINNEN UND EXPERTEN

Volker Reinhardt
Markus Rehm
Markus Wilhelm (Hrsg.)

Band 12

Schneider Verlag
Hohengehren GmbH

**Umschlaggestaltung:** Beat Haas,
PH Luzern, kommunikation und Marketing

Heidehof
Stiftung

Das Buchprojekt wurde von der
Heidehof Stiftung gefördert

Gedruckt auf umweltfreundlichem Papier (chlor- und säurefrei hergestellt).

**Bibliografische Information der Deutschen Nationalbibliothek**

Die Deutsche Nationalbibliothek verzeichnet diese Publikation in der
Deutschen Nationalbibliografie; detaillierte bibliografische Daten sind im
Internet über ›http://dnb.dnb.de‹ abrufbar.

**ISBN: 978-3-8340-2031-4**

Schneider Verlag Hohengehren, Wilhelmstr. 13, D-73666 Baltmannsweiler

Homepage: www.paedagogik.de

© Schneider Verlag Hohengehren, 73666 Baltmannsweiler 2021
Printed in Germany – Druck: Appel & Klinger, Schneckenlohe

# INHALTSVERZEICHNIS

Michael Schratz / Hans Anand Pant

# Vorwort

Der Begriff „Wirksamkeit" ist in den letzten Jahren zu einem Kampfbegriff geworden: Keine bildungspolitische Maßnahme darf mehr ohne Wirksamkeitsgarantie ins Bildungssystem entlassen werden. Jede Schule muss zeigen, wie gut sie ist, d.h. ihren Wirksamkeitsbeweis antreten. So reden alle von Wirksamkeit. Wenn man aber fragt, was denn eigentlich unter Wirksamkeit im Schulalltag verstanden wird, bekommt man sehr unterschiedliche Antworten. Sehr oft wird dabei auf die Ergebnisse von Leistungsvergleichsstudien zurückgegriffen. Dies verweist auf die grundsätzlich zu begrüßende Entwicklung, dass man in Fragen der Unterrichts- und Schulqualität heute nur noch schwerlich mit Hinweisen auf „gefühlte" oder bloß „behauptete" Wirkungen davon kommt.

Zwar geben solche Leistungsvergleiche wichtige Rückmeldungen zu den jeweiligen Lernständen in den getesteten Fächern, können aber nicht die fachliche und überfachliche Breite der Bildungs- und Erziehungsziele in den Lehrplänen abdecken. Um die Wirkungsfrage umfassender und vertiefter anzugehen, versuchen die Herausgeber der Reihe „Wirksamer Fachunterricht" die Spezifik der unterschiedlichen Unterrichtsfächer in den Fokus zu nehmen. Dabei gehen sie nicht von einem metatheoretischen Verständnis fachlicher Instruktion aus, sondern die jeweiligen Fachverantwortlichen formulieren gemeinsam die – für alle Fächer identischen – Fragen, die sie jeweils von Vertreterinnen und Vertretern aus Ausbildung, Wissenschaft und Praxis beantworten lassen.

In der Vielfalt der Beiträge zu den einzelnen Bänden zeigt sich das Bemühen der Autorinnen und Autoren, nicht nur ihre fachliche Meinung zur Sprache zu bringen, sondern sowohl erfahrungsbezogen zu argumentieren als auch empirisch und theoretisch begründete Aussagen zu zentralen Aspekten des Fachunterrichts zu machen. Dabei legen die Beitragenden den Schwerpunkt mehr auf den Unterricht als auf das Fach, wenn es um die Passung zwischen den Lernangeboten und den Lernvoraussetzungen von Schülerinnen und Schülern geht.

Hinter den einzelnen Antworten zeigt sich immer auch, welches Menschenbild den fachlich didaktischen Ansatz prägt und damit auch, welcher

Umgang mit Menschen vorausgesetzt wird, welche pädagogische Haltung den Individuen und der Klasse gegenüber eingenommen wird und welches Verständnis von Erziehung und Bildung zugrunde liegt. Bildung ist mehrdimensional und daher mehr als die Wirksamkeit von Fachlichkeit. Aus diesem Grund haben die jeweiligen Herausgeberinnen und Herausgeber der Bände in der abschließenden Zusammenschau ein Fazit aus den Stellungnahmen der einzelnen Interviewten aus Wissenschaft, Ausbildung und Praxis in einer Verdichtung der Erkenntnisse erstellt.

Aus Sicht der Schulentwicklung stellt sich abschließend die Frage, welchen Beitrag die Fächer zu einer wirksamen Schule leisten können, da jede Schule ihren eigenen Erfolgsweg finden muss. Im Sinne mehrdimensionaler Bildung gehören dazu nicht nur überfachliche Kompetenzen, sondern über ein wirksames Methodencurriculum hinaus auch das Zusammenspiel der Fachcurricula als Rückgrat der Schul- und Unterrichtsqualität. Fachgruppen oder Fachschaften tragen dazu die geteilte Verantwortung, um über die Fächer hinweg Anschlussmöglichkeiten und Verbindungen aufzuzeigen. Schuleigene Curricula sollten die einzelnen Facharbeitspläne auf der Grundlage durchgängiger gemeinsamer Planungskriterien in einen schuleigenen Sinnzusammenhang stellen, den die Schulen jeweils in eigenen Zielen und Schwerpunkten formulieren, festlegen und schließlich gemeinsam reflektieren und evaluieren. Dann besteht eine gute Chance auf nachhaltige Wirkungen und qualitätsbewusste Schulentwicklung. Die Buchbände zum „Wirksamen Fachunterricht" leisten hierzu einen wichtigen Beitrag.

*Dr. Michael Schratz* lehrt als Professor am Institut für Lehrer/-innenbildung und Schulforschung der Universität Innsbruck. Seine Arbeitsschwerpunkte sind Bildung, Gesellschaft und Lernen, Leadership und Schulentwicklung. Er ist Mitglied zahlreicher internationaler Kommissionen, unter anderem Sprecher der Jury des Deutschen Schulpreises.

*Dr. Hans Anand Pant* ist Geschäftsführer der Deutschen Schulakademie und Professor für Erziehungswissenschaftliche Methodenlehre an der Humboldt-Universität zu Berlin. Bis 2015 war er Direktor des Instituts zur Qualitätsentwicklung im Bildungswesen (IQB). In seiner Forschung befasst er sich mit Fragen datengestützter Schul- und Unterrichtsentwicklung sowie des Transfers von Bildungsinnovationen.

MARKUS WILHELM / MARKUS REHM / VOLKER REINHARDT

# QUALITÄTSVOLLER FACHUNTERRICHT

Es gibt im angelsächsischen Sprachraum eine auf George Bernard Shaw zurückgehende Redewendung: „Those who can, do; those who can't, teach." Diesem Sprichwort können wir heute einiges entgegensetzen: Die jüngste empirische Forschung im Bereich der Lehrerbildung stellt sowohl für den deutschen Sprachraum als auch weltweit ein anderes, ein differenziertes Bild dar. Lehrkräfte gestalten aufgrund ihrer professionellen, fachlichen, fachdidaktischen und pädagogischen Kompetenzen einen effektiven und wirksamen Unterricht für ihre Schülerinnen und Schüler und sind damit Experten für wirksamen Unterricht (Bromme, 2014).

Viele empirische Studien zeichnen ein eindeutiges Bild über die Merkmale, die einen wirksamen Unterricht ausmachen (z. B. Ihme & Möller, 2015; Klieme & Rakoczy, 2008), damit geben diese Studien auch Auskunft darüber, was Lehrkräfte *können* müssen, um einen solchen Unterricht zu gestalten: So kann beispielsweise gezeigt werden, dass eine klare inhaltliche Strukturierung des Unterrichts, verbunden mit einer gezielten kognitiven Aktivierung und einer entsprechend konstruktiven Unterstützung, aber auch der Enthusiasmus einer Lehrkraft, zum Lernerfolg der Schülerinnen und Schüler führt und damit wirksam ist.

Eine Frage bleibt allerdings offen, die durch die Bildungswissenschaften wegen ihrer häufig fachunspezifischen Herangehensweise nicht beantwortet werden kann: Was führt zu einem guten und effektiven Unterricht in einem bestimmten Schulfach? Hier sind die Fachdidaktiken aufgerufen, die generische Unterrichtsforschung zu ergänzen und zu komplettieren. In dieser Buchreihe werden die Schulfächer auf die Frage hin analysiert, wie wirksamer Fachunterricht gelingen kann. Der Fokus liegt auf den bestmöglichen Gelegenheiten, fachliche Lernaktivitäten wirksam werden zu lassen (Seidel & Reiss, 2014). Kurzum, es wird gefragt: *Was wirkt in einem konkreten Schulfach?*

In der jüngsten Vergangenheit näherte man sich solch komplexen Fragen nach einem guten und wirksamen Unterricht zumeist im Rahmen von Metaanalysen (Hattie, 2012; Meyer, 2004; Helmke, 2012). Die Buchreihe geht einen anderen Weg; sie bezieht möglichst viel Expertise aus den Fachdidaktiken und der Fachpraxis einzelner Fächer ein. Mit Hilfe von strukturierten Interviews werden Expertinnen und Experten der unterschiedlichen Schulfächer nach den Kriterien eines wirksamen Fachunterrichts befragt. Hierbei geht es um deren fachliche Expertise, die angelehnt ist an die wichtigsten Forschungsergebnisse und Praxiserfahrungen aus dem jeweiligen (Schul-)Fach. Die Zusammenschau aller Beiträge der Expertinnen und Experten des jeweiligen Faches wird zu einer verdichteten Beantwortung der Frage führen, was einen wirksamen Fachunterricht ausmacht.

Die Frage nach einem guten, effektiven und also wirksamen Unterricht steht seit einigen Jahren im Fokus der bildungswissenschaftlichen, pädagogisch-psychologischen und in jüngster Zeit auch fachdidaktischen Unterrichtsforschung. In einer ersten Phase der Unterrichtsforschung konzentrierte man sich auf das sogenannte Persönlichkeits-Paradigma, also der Suche nach dem „guten Lehrer". Nachdem man in einem weiteren Schritt den Prozess des Lernens und den entsprechenden Lernerfolg der Schülerinnen und Schüler in den Blick nahm, wurde das Persönlichkeits-Paradigma vom so genannten Prozess-Produkt-Paradigma abgelöst. Es wurde nach Kriterien gesucht, mit denen Effekte des Unterrichtsprozesses erfasst werden können. Das Experten-Paradigma, das ursprünglich – ausgehend vom Persönlichkeits-Paradigma – die professionelle Expertise der Lehrpersonen zu erfassen versuchte, geht heute über in den Experten- und Prozess-Produkt-Ansatz.

Es wurden systemische Rahmenmodelle von Unterrichtswirksamkeit, sogenannte Angebots-Nutzungs-Modelle aufgenommen (Fend, 2001; Helmke, 2012; Reusser & Pauli, 2010). Sie modellieren die Einflüsse auf die Wirksamkeit von Unterricht auf der Makroebene des Bildungssystems (vgl. Abbildung 1), wie auf der Mesoebene der Einzelschule und auf der Mikroebene des Unterrichts (Kohler & Wacker, 2013). Ein Angebots-Nutzungs-Modell, auf dessen Mikroebene wir uns hier beziehen, stellt – im Sinne einer Vereinfachung – einem Unterrichts*angebot* dessen jeweilige Unterrichts*nutzung* gegenüber. Die Wirksamkeit des Angebots auf der Seite der Nutzung kann empirisch – im Sinne der Erhebung des Ertrags – untersucht werden. Auf der Seite des Angebots wirken hauptsächlich die Persönlichkeit und die Kompetenz der Lehrkraft sowie die allgemeinen, fachspezifischen und kontextuellen Bedingungen. Auf der Seite der Nutzung wirken hauptsächlich die Lernenden selbst, das Unterrichtsangebot und wiederum die kontextuellen Bedingungen. Beide Seiten – Angebot und Nutzung – stellen in ihrer Wechselwirkung die Wirksamkeit des Unterrichts dar (vgl. Abbildung 1). In beiden Bereichen interessiert uns wiederum der fachspezifische Anteil in besonderem Maß, im Modell mit einem * versehen (vgl. Abbildung 1). Da die Entkopplung einzelner Komponenten aus dem Angebots-Nutzungsmodell zu

Fehlinterpretationen führen würde, sind wir darauf bedacht, immer die jeweiligen Bezüge zum Rahmenmodell aufzuzeigen.

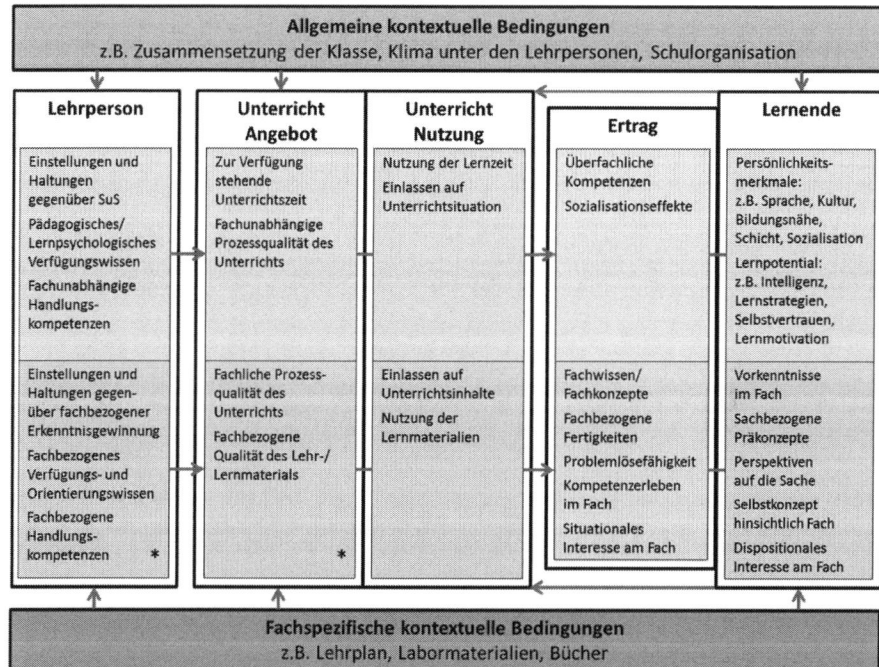

Abb. 1: Angebots-Nutzungsmodell in Anlehnung an Fend (2001), Helmke (2012) sowie Reusser und Pauli (2010).

Angebots-Nutzungs-Modelle integrieren zwei Paradigmen der pädagogisch-psychologisch orientierten Unterrichtsforschung, das Struktur- und das Prozessparadigma (Seidel, 2014). In beiden Fällen wird versucht, bestimmte Unterrichtsmerkmale zu identifizieren, die eine moderierende Funktion hin zur Erhöhung des Lernerfolgs von Schülerinnen und Schülern haben. Dabei geht das *Struktur-Paradigma* von theoretischen Annahmen zum *Lehren* aus, das *Prozess-Paradigma* untersucht auf einem ähnlichen Weg die Wirksamkeit von Unterricht, dies aber ausgehend von theoretischen Annahmen zum *Lernen* (Seidel, 2014, S. 851). Laut Seidel wirken in Angebots-Nutzungs-Modellen diese beiden Paradigmen integrierend zusammen: Das *Struktur-Paradigma* hat dazu beigetragen, die *Kompetenzstrukturen von Lehrkräften* zu identifizieren und wird auf der Seite des Angebots integriert. In einem gängigen Modell, das aus dem Forschungsprojekt COACTIV stammt, werden vier Kompetenzfacetten einer Lehrkraft unterschieden, das so genannte Professionswissen (fachliches, fachdidaktisches, pädagogisches Wissen), die Motivation einer Lehrkraft, ihre Fähigkeit zur Selbstregulation sowie ihre Werthaltungen (Baumert & Kunter, 2006). Auf der Seite der Nutzung wurde das so genannte Prozessparadigma integriert, um vor allem kognitive Lernprozesse auf einer tiefenstrukturellen Ebene des Unterrichts und deren Ergebnisse zu beschreiben (Seidel, 2014, S. 860). Daher wird Unterricht – auf der Grundlage des Ansatzes „Choreographies of teaching. Bridging instruction to learning" (Oser & Baeriswyl, 2001) – oft in zwei verschiedene Ebenen unterschieden: in die Ebene der Sichtstrukturen, dem sog. „planning and processing of teaching" und in die Ebene der Tiefenstrukturen dem sog. „planning and processing of the learning process". Unter den Sichtstrukturen des Unterrichts versteht man alle Merkmale, die direkt durch Beobachtung zugänglich sind, zum Beispiel wechselnder Methodeneinsatz oder andere Inszenierungsmuster. Die Tiefenstrukturen sind diejenigen Merkmale, die sich der direkten Beobachtung entziehen, aber in hohem Maße für die Qualität des Unterrichts verantwortlich sind, zum Beispiel in welchem Maße Schülerinnen und Schüler während des Unterrichts tatsächlich kognitiv aktiv sind oder wie sich die Schülerinnen und Schüler individuell unterstützt fühlen. Beide Paradigmen fokussieren Qualitätsmerkmale eines wirksamen Unterrichts mit dem Ziel, über deren moderierende Funktion den Ertrag der Lernprozesse zu optimieren. Da Angebots-Nutzungs-Modelle aus einer generischen pädagogisch-psychologischen Perspektive entwickelt wurden, enthalten sie bislang weder von Seiten des Strukturparadigmas, noch von Seiten des Prozessparadigmas konkrete fachliche bzw. fachdidaktische Bezüge, obwohl auf beiden Seiten mittlerweile viele fachdidaktische Forschungsarbeiten vorliegen: Von Seiten des Strukturparadigmas existieren inzwischen fachdidaktische Arbeiten vor dem Hintergrund des oben beschriebenen COACTIV Modells und auf der Seite des Prozessparadigmas hat die fachdidaktische Lehr-Lernforschung eine ausgeprägte Tradition. Dennoch findet in Arbeiten zu einem guten und wirksamen Unterricht fachdidaktische Forschung kaum Berücksichtigung, was wir im Folgenden an vier Beispielen schulpädagogischer und pädagogisch-psychologischer Arbeiten verdeutlichen möchten. Wir vergleichen im folgenden Abschnitt die vier einschlägigen Arbeiten von Meyer (2004), Helmke (2012), Hattie (2012) sowie von Oser und Baeriswyl (2001).

# Der gute und wirksame Unterricht ohne Fach und ohne Fachdidaktik?

In der folgenden Tabelle vergleichen wir Kriterien guten und effizienten Unterrichts anhand von vier Dimensionen: Gütekriterien (Meyer, 2004), Fächerübergreifende Qualitätsbereiche (Helmke, 2012), unterrichtsbezogene Einflüsse auf die Lernleistung (Hattie, 2012), Sicht- und Tiefenstrukturen von

Unterricht (Kunter & Trautwein, 2013; Oser & Baeriswyl, 2001). Diese vier Dimensionen gehen auf einschlägige Publikationen zur Unterrichtsqualität zurück und markieren den derzeitigen Stand der Diskussion:

| Gütekriterien | Fächerübergreifende Qualitätsbereiche | Unterrichtsbezogene Einflüsse auf Lernleistung hoher Effektstärke (d > 0.6) | Dimensionen der Sicht- und Tiefenstrukturen |
|---|---|---|---|
| Meyer (2004) Grundlage: vorwiegend theoretisch begründet | Helmke (2012) Grundlage: vorwiegend empirische Studien | Hattie (2012) Grundlage: Metastudie empirischer Metaanalysen | Oser & Baeriswyl (2001) Kunter & Trautwein (2013) Grundlage: vorwiegend empirische Studien |
| Methodenvielfalt | Angebotsvielfalt | Rhythmisierung Lernende unterrichten Lernende | lernunterstützende Unterrichtsmethoden und Sozialformen |
| | | Lautes Denken | |
| | | Concept Mapping | |
| | | Lehren (Vormachen, Einüben) von Strategien | |
| | Klassenführung | | Klassenführung (Classroom Management) |
| Hoher Anteil echter Lernzeit | | Beeinflussung von Verhalten in der Klasse | Frühe Einführung von Regeln und Routinen |
| Vorbereitete Umgebung | | | Konsequenter Umgang mit Störungen |
| Klare Strukturierung des Unterrichts | Klarheit und Strukturierung | | Gut geplante Bereitstellung von Unterrichtsmaterialien |
| Inhaltliche Klarheit | | Klarheit der Lehrperson | |
| | Aktivierung | | Potential zur kognitiven Aktivierung, z. B. |
| | Schülerorientierung | Kognitive Entwicklungsstufe berücksichtigen | Aufgaben, die an Vorwissen anknüpfen |
| | | Klassendiskussion | Diskurs, der Meinungen der Schüler aufgreift |
| | Kompetenzorientierung | Problemlösendes Lernen | Inhalte, die kognitive Konflikte auslösen |
| | | Kreativitätsförderung | |
| Intelligentes Üben | Konsolidierung und Sicherheit | Nachdenken über das eigene Lernen | |
| | | Lerntechniken | |
| Transparente Leistungserwartungen | | Schülererwartungen/ Schüler-Selbstbeurteilung | |
| | | Formative Beurteilungen | |
| Lernförderndes Klima | Lernförderliches Klima | Positive Beziehung zwischen Lehrperson und Lernenden | ıstruktive erstützung z. B. |
| | | Regelmäßiges Feedback | Geduld und ein angemessenes Tempo |
| | Motivierung | Lernende nicht etikettieren | Konstruktiver Umgang mit Fehlern |
| Sinnstiftendes Kommunizieren | | Glaubwürdigkeit der Lehrperson | Freundliche, respektvolle Beziehung |
| Individuelles Fördern | Umgang mit Heterogenität | Lernlücken erkennen und schließen | |
| | | Intervention für Lernende mit besonderem Förderbedarf | |
| | | Intervention für Lernende mit hoher Begabung | |

Abb. 2: Vergleich der aktuell häufig diskutierten Kriterien für effektiven Unterricht

Was ist guter Unterricht, fragt (Meyer, 2004) im gleichnamigen Buch. Er nennt unter dem Begriff Kriterienmix zehn Merkmale, die einen guten Unterricht auszeichnen (vgl. Abbildung 2). Den Kriterienmix gewinnt Meyer in Absprache mit Kolleginnen und Praktikern als Mischung didaktischer und empirischer Merkmale auf Grundlage einer eigenen normativen Orientierung (vgl. Meyer, 2004, S. 16–17). Der Kriterienmix konzentriert sich auf den überfachlichen Bereich des Unterrichts und zeigt keine Bezüge zu fachlichen bzw. fachdidaktischen Merkmalen des Unterrichts. Am Beispiel des

Merkmals „Inhaltliche Klarheit" wird dies deutlich: „Inhaltliche Klarheit liegt dann vor, wenn die Aufgabenstellung verständlich, der thematische Gang plausibel und die Ergebnissicherung klar und verbindlich gestaltet worden sind" (Meyer, 2004, S. 55).

Helmke (2012) orientiert sich an 10 Merkmalen effektiven Unterrichts (vgl. Abbildung 2), die er aus entsprechenden empirischen Studien gewinnt. Zahlreiche seiner Kriterien sind vergleichbar mit Meyer (2004). Neu können aber drei Kriterien auch der Fachdidaktik zugeordnet werden: *Aktivierung, Schülerorientierung, Kompetenzorientierung.*

Hattie (2012) legt eine Metaanalyse vor und zeigt für Untersuchungen zur Sprache Einflüsse auf die Lernleistung der Schülerinnen und Schüler mit relativ hoher Effektstärke ($d > 0.6$). Hierzu zählen *Vokabel- und Wortschatzförderung, wiederholendes Lesen, Lese-Verständnis-Förderung.* Aufgrund mangelnder Daten, also aufgrund des gewählten Designs der Hattie-Studie (Metastudie von Metaanalysen) konnten kaum weitere fachliche und fachdidaktische Einflussfaktoren aufgearbeitet werden.

Aktuelle empirische Studien lassen den vermeintlichen Schluss zu, die diskutierten Kriterien eines wirksamen Unterrichts seien unabhängig voneinander auf den oben beschriebenen sicht- und tiefenstrukturellen Ebenen zu analysieren (vgl. Abbildung 2). Da uns die Unterscheidung dieser beiden unterrichtlichen Ebenen aus fachdidaktischer Sicht sehr wichtig erscheint, kommen wir noch einmal darauf zurück: Die Sichtstrukturen liefern den von der Lehrkraft auch fachmethodisch inszenierten und von außen beobachtbaren Rahmen des Unterrichtens, während die Tiefenstrukturen auch die fachliche Qualität der Auseinandersetzung mit den Unterrichtsinhalten und die tatsächlich stattfindenden fachlichen Lernprozesse der Schülerinnen und Schüler klären (Oser & Baeriswyl, 2001; für einen Überblick vgl. Kunter & Trautwein, 2013). Die Sichtstrukturen geben zwar das Unterrichtsgeschehen vor; insgesamt mehr Erklärungsmacht für die Wirkung des Fachunterrichts scheinen jedoch die Tiefenstrukturen zu haben. Diese sind in den Fachdidaktiken nur teilweise erforscht. Zu diesen Tiefenstrukturen zählen vor allem die Diagnose von domänenspezifischen Schülervorstellungen und die auf diesen diagnostischen Urteilen basierende kognitive Aktivierung und die konstruktive Unterstützung von Lernprozessen.

Gerade hinsichtlich der Fachabhängigkeit zeigen aber aktuelle Forschungsergebnisse, dass durch den Einbezug domänenspezifischer Merkmale noch bedeutsamere Effekte des Unterrichts zu erwarten wären (Baumert & Kunter, 2006; Schroeders, Hecht, Heitmann, Jansen & Kampa, 2013; Törner & Törner, 2010). Seidel und Shavelson (2007) wünschen sich deshalb vermehrte domänenspezifische Forschung: „Researchers might consider investigating the effects of domain-specific teaching on learning processes and motivational-affective outcomes in more depth than is currently practiced." Die vorliegende Studienbuchreihe will gerade dieses Desiderat aufnehmen und das bestehende Wissen zu einem wirksamen Fachunterricht, also der Domänenspezifität der Unterrichtsqualität, zusammentragen. Hierfür wichtig sind vor allem auch erlernbare Lehrkompetenzen, die eine Lehrkraft in die Lage versetzen, ihre beruflichen Anforderungen professionell zu erfüllen.

## Resümee

Aus den vorangehenden Abbildungen (1 und 2) entsteht nun ein Überblick über unterschiedliche Kriterien von Unterrichtsqualität aus verschiedenen Perspektiven: Das Angebots-Nutzungs-Modell stellt die Akteure des Unterrichts im Sinne einer angebotsgebenden und einer nutzenden Seite sich ergänzend gegenüber und macht die unterschiedlichen Einflussfaktoren auf die Wirksamkeit eines „guten" Unterrichts deutlich. In Abbildung 2 werden unterschiedliche Kriterien von Unterrichtsqualität nebeneinander gestellt, um die Vielfalt der normativen und evidenzbasierten Dimensionen von Unterrichtsqualität aufzuzeigen. Mit dem vorliegenden Band wird nun der Blick auf das Unterrichtsfach Lebensführung gerichtet, und es werden domänenspezifisch Expertenmeinungen als Antworten auf zehn grundlegende Fragen zur Unterrichtsqualität verdichtet.

## Literatur

Baumert, J. & Kunter, M. (2006). Stichwort: Professionelle Kompetenz von Lehrkräften. *Zeitschrift für Erziehungswissenschaft, 9*(4), 469–520.

Bromme, R. (2014). *Der Lehrer als Experte. Zur Psychologie des professionellen Wissens. Reprint in der Reihe Standardwerke aus Psychologie und Pädagogik* (Reprints, Band 7). Münster: Waxmann.

Fend, H. (2001). *Qualität im Bildungswesen: Schulforschung zu Systembedingungen, Schulprofilen und Lehrerleistung* (2. bereinigte Aufl.). *Juventa-Paperback*. Weinheim, München: Juventa-Verl.

Hattie, J. A. C. (2012). *Visible learning for teachers: maximising impact on learning*. Abingdon: Routledge.

Helmke, A. (2012). *Unterrichtsqualität und Lehrerprofessionalität. Diagnose, Evaluation und Verbesserung des Unterrichts* (4. überarbeitete Aufl., Schule weiterentwickeln – Unterricht verbessern. Orientierungsband). Seelze: Klett-Kallmeyer.

Ihme, T. A. & Möller, J. (2015). „He who can, does; he who cannot, teaches?": Stereotype threat and preservice teachers. *Journal of Educational Psychology, 107*, 300–308.

Klieme, E. & Rakoczy, K. (2008). Empirische Unterrichtsforschung und Fachdidaktik. Outcome-orientierte Messung und Prozessqualität des Unterrichts. *Zeitschrift für Pädagogik, 54*, 222–237.

Kohler, B. & Wacker, A. (2013). Das Angebot-Nutzungs-Modell. Überlegungen zu Chancen und Grenzen des derzeit prominentesten Wirkmodells der Schul- und Unterrichtsforschung. *Die Deutsche Schule, 105*(3), 241–257.

Kunter, M. & Trautwein, U. (2013). *Psychologie des Unterrichts*. Stuttgart: UTB.

Meyer, H. (2004). *Was ist guter Unterricht?* Berlin: Cornelsen Scriptor.

Oser, F. & Baeriswyl, F. (2001). Choreographies of Teaching: Bridging Instruction to Learning. In: V. Richardson (Ed.), *Handbook of research on teaching* (pp. 1031–1065). Washington, D.C: American Educational Research Association.

Reusser, K. & Pauli, C. (2010). Unterrichtsgestaltung und Unterrichtsqualität – Ergebnisse einer internationalen und schweizerischen Videostudie zum Mathematikunterricht: Unterrichtsgestaltung und Unterrichtsqualität – Ergebnisse einer internationalen und schweizerischen Videostudie zum Mathematikunterricht: Einleitung und Überblick. In: K. Reusser, C. Pauli & M. Waldis (Hrsg.), *Unterrichtsgestaltung und Unterrichtsqualität. Ergebnisse einer internationalen und schweizerischen Videostudie zum Mathematikunterricht* (S. 15–20). Münster: Waxmann.

Schroeders, U., Hecht, M., Heitmann, P., Jansen, M. & Kampa, N. (2013). Der Ländervergleich in naturwissenschaftlichen Fächern. In: H.A. Pant, P. Stanat, U. Schroeders, A. Roppelt, T. Siegle & C. Pöhlmann (Hrsg.), *IQB-Ländervergleich 2012. Mathematische und naturwissenschaftliche Kompetenzen am Ende der Sekundarstufe I* (S. 141–158). Münster: Waxmann.

Seidel, T. (2014). Angebots-Nutzungs-Modelle in der Unterrichtspsychologie. Integration von Struktur- und Prozessparadigma. *Zeitschrift für Pädagogik, 60*(6), 828–844.

Seidel, T. & Reiss, K. (2014). Lerngelegenheiten im Unterricht. In: A. Krapp & T. Seidel (Hrsg.), *Pädagogische Psychologie* (S. 253–276). Weinheim [u.a.]: Beltz.

Seidel, T. & Shavelson, R.J. (2007). Teaching effectiveness research in the last decade: Role of theory and research design in disentangling meta-analysis results. *Review of Educational Research*, 454–499.

Törner, G. & Törner, A. (2010). Fachfremd erteilter Mathematikunterricht – ein zu vernachlässigendes Handlungsfeld. *MDMV, 18*, 244–251.

KIRSTEN SCHLEGEL-MATTHIES / CLAUDIA WESPI

# WIRKSAMER UNTERRICHT FÜR „LEBENSFÜHRUNG" EINE EINFÜHRUNG

„Lebensführung" als Bezeichnung für ein Unterrichtsfach ist bislang weder in Deutschland noch in der Schweiz oder Österreich zu finden, obwohl Lebensführung eine der zentralen Voraussetzungen menschlichen Lebens ist, denn Menschen als „instinktarme und weltoffene Wesen" sind zur „Welt- und Lebensgestaltung regelrecht gezwungen" (Müller, 2017, S. 32; Schlegel-Matthies, 2019).

Bildung für „Lebensführung" bezieht sich also auf einen zentralen Bildungs-bereich, der allerdings bislang nur unzureichend vertreten ist und je nach Staat, Bundesland und Schulform unterschiedlich benannt wird. So wurde in der Schweiz mit dem Lehrplan 21 aus dem bisherigen Unterrichtsfach „Hauswirtschaft" das Fach „Wirtschaft – Arbeit – Haushalt (WAH)", in Österreich wird das Unterrichtsfach „Ernährung und Haushalt" genannt. In Deutschland sind die Bezeichnungen je nach Bundesland und Schulform unterschiedlich. So lautet der Name des Unterrichtsfachs in der Sekundar-stufe I in Nordrhein-Westfalen z.B. „Hauswirtschaft", in Baden-Württem-berg heißt das Fach „Alltagskultur, Ernährung, Soziales (AES)", in Berlin und Brandenburg wird das Fach „Wirtschaft, Arbeit, Technik (WAT)" genannt und in Sachsen „Wirtschaft / Technik – Haushalt / Soziales", in Schleswig-Holstein lautet der Name des Unterrichtsfachs „Ernährungs- und Verbraucherbildung".[1]

Die Zielsetzungen der Bildung für „Lebensführung" haben sich im Zeitver-lauf stark geändert, wenngleich vornehmlich die schulischen Curricula bis in die 1990er Jahre und teilweise darüber hinaus einem Bildungsverständnis verhaftet blieben, das vor allem auf die Vermittlung des Wissens für die

---

[1] Daneben gibt es weitere Bezeichnungen des Faches sowie eine Reihe von Rahmenlehr-plänen, Leitperspektiven oder Rahmenvorgaben, die sich mit den inhaltlichen Schwer-punkten des Bildungsbereichs befassen (z.B. Leitperspektive Verbraucherbildung Baden-Württemberg; Rahmenvorgabe Verbraucherbildung Nordrhein-Westfalen; Richtlinie Verbraucherbildung Rheinland Pfalz).

»richtige« Lebensführung zielte (vgl. Schlegel-Matthies, 2016). Angestoßen durch das Modellprojekt REVIS (Heseker, Beer, Heindl, Methfessel, Oepping, Schlegel-Matthies & Vohmann, 2005) wird die fachdidaktische Diskussion in Deutschland um eine Neuorientierung des Faches „Hauswirtschaft" in Richtung Ernährungs- und Verbraucherbildung geführt (vgl. Schlegel-Matthies, Bartsch, Brandl & Methfessel, Druck i. Vorb.), in Österreich liegt der Schwerpunkt der Diskussion auf der Ernährung (vgl. thematischesnetzwerkernaehrung.at) und in der Schweiz hat mit der Einführung des Lehrplans 21 eine Weiterentwicklung mit Fokus auf die Zusammenhänge von Wirtschaft, Arbeit und Haushalt im Fach WAH eingesetzt (Senn & Wespi, 2016).

Trotz der unterschiedlichen Schwerpunktsetzungen innerhalb der fachdidaktischen Auseinandersetzung und der unterschiedlichen Bezeichnungen haben alle Unterrichtsfächer einen gemeinsamen Kern, der in den Gegenständen, der Zielsetzung und der Aufgabe der Fächer im Rahmen der Allgemeinbildung zu finden ist: Es geht um Bildung für „Lebensführung", also um die Befähigung das alltägliche Leben mit seinen vielfältigen Handlungsfeldern und Aufgaben selbstbestimmt und verantwortlich zu gestalten. Die historischen Wurzeln aller oben genannten Unterrichtsfächer liegen in den 1880er Jahren, als aus sozialpolitischen Gründen in zahlreichen europäischen Ländern zunächst für Mädchen aus der Arbeiterschaft das Unterrichtsfach „Hauswirtschaft" installiert wurde (vgl. Schlegel-Matthies, 1995, 2016; Tornieporth, 1979). Die Genese des Unterrichts für „Lebensführung" liegt also in dieser lebensweltorientierten »volkstümlichen Bildung«. Im Zuge der Entwicklung der jeweiligen Bildungssysteme wurde der Unterricht für „Lebensführung" als Bildung, die Grundlagen für die Bewältigung des Alltags legen sollte und sich auf die Lebenswelt bezog, von einer »höheren«, also »richtigen« Bildung getrennt und nur zögerlich in nicht-gymnasialen Schulformen eingerichtet (vgl. Schlegel-Matthies et al., Druck i. Vorb.). So ist auch zu verstehen, dass in allen drei Ländern das Unterrichtsfach – unabhängig von den jeweiligen Bezeichnungen – bis heute überwiegend in der Sekundarstufe I, zunächst in den Volksschulen und später in den Hauptschulen verortet ist. Bis heute ist ein solches Unterrichtsfach kein Bestandteil des Bildungsangebots *aller* Schulformen. Mit der einhergehenden Unterscheidung von »höheren« und »niederen« Schulen verbunden war die Trennung von »wissenschaftlicher« und »seminaristischer« Lehrpersonenbildung – inklusive des damit gekoppelten Status- und Besoldungsgefälles zumindest in Deutschland (vgl. Zymek, 2008, S. 43).

Diese Unterscheidung spiegelt sich bis heute in den Strukturen der Lehramtsbildung für das Unterrichtsfach „Lebensführung"[2] wider. Während z. B. in Deutschland in einem Teil der Bundesländer das Lehramt für das Unterrichtsfach neben Pädagogischen Hochschulen auch an Universitäten studiert werden kann, ist ein entsprechendes Studienangebot in Österreich und der Schweiz ausschließlich an Pädagogischen Hochschulen zu finden. Der Weg von einer seminaristischen oder Fachschulausbildung hin zu einer akademischen Lehrerbildung ist für das Unterrichtsfach „Lebensführung" noch lange nicht endgültig abgeschlossen. Noch immer fehlen an vielen Standorten sogar fachspezifische Professuren, ausreichender wissenschaftlicher Nachwuchs und Möglichkeiten zu dessen Generierung. Längst nicht an jedem Standort sind entsprechende fachdidaktische Lehrstühle mit entsprechender Forschungskapazität vorhanden. Noch immer prägt auch die Geschichte des Faches dessen Image: Vorstellungen vom Fach als Anleitung zum »Kochen« bis zu »Beschäftigung für die handwerklich Begabten« sind auch im 21. Jahrhundert keine Seltenheit. Es fehlen bislang aber auch die Einsicht in die Bedeutung dieses Bildungsbereichs und damit verbunden der bildungspolitische Wille eine angemessene Struktur für die Lehrpersonenbildung im Fach zu schaffen und zu sichern.

Vor diesem Hintergrund ist also festzustellen, dass die Frage, wie Unterricht für „Lebensführung" tatsächlich wirksam sein kann, auch zu Beginn des 21. Jahrhunderts nicht geklärt ist. Der vorliegende Band wendet sich dieser Frage zu und stellt dafür das Professionswissen unterschiedlicher Expertengruppen vergleichend gegenüber. Dafür werden Lehrende in der ersten und zweiten Phase der Lehrpersonenbildung sowie Lehrpersonen an Schulen befragt. Sie alle beantworten neun Fragen zur aktuellen Situation des Unterrichtsfachs „Lebensführung" im deutschsprachigen Raum. Der Auswahlprozess für die neun Fragen zu wirksamem Unterricht im Fach „Lebensführung" war nicht leicht. Die Herausgeberinnen und Herausgeber aller Bände für die verschiedenen Unterrichtsfächer einigten sich auf acht Fragen, die für alle Bände dieser Buchreihe gleichermaßen gestellt werden. Zusätzlich wurde von den Herausgeberinnen dieses Bandes die Frage neun fachspezifisch gestellt. Erfahrungsgemäß ist es aufgrund der jeweiligen Fächertraditionen nicht einfach, Fragen zu finden, die für wirksamen Unterricht in den unterschiedlichen Fächern ähnlich relevant sind. Dafür wurden vor allem Erkenntnisse aus bildungswissenschaftlichen Studien zu wirksamem Unterricht herangezogen (vgl. Rehm, Wilhelm & Reinhardt, in diesem Band), um zentrale Ergebnisse dann fachspezifisch in Frageform zu transformieren.

---

[2] Im weiteren Text wird diese Bezeichnung gewählt, da sie die zahlreichen anderen Benennungen und den Kern des Bildungsanliegens aus Sicht der Herausgeberinnen am prägnantesten benennt.

Eine weitere Schwierigkeit bestand darin, diese Erkenntnisse als Fragen so zu formulieren, dass alle befragten Gruppen damit auch gleichermaßen etwas anfangen konnten. Daher wurde in allen Bänden der einzelnen Unterrichtsfächer weitgehend auf bildungswissenschaftliches Fachvokabular verzichtet und vor jede Frage ein die jeweilige Frageintention präzisierender Vorspann vorangestellt. Die Interviewpartnerinnen und -partner hatten eine Höchstzahl von 25'000 Zeichen für das gesamte Interview zur Verfügung, die sie für die neun Fragen selbst einteilen und gewichten konnten. Im Folgenden werden die Interviewfragen mit den erläuternden Texten vorgestellt, die allen Expertinnen und Experten schriftlich gestellt wurden.

Vorab noch ein genereller Lesehinweis für den Band: Das Buch kann auf verschiedene Arten und Weisen genutzt werden. Sie können die Beiträge nacheinander auf sich wirken lassen und die unterschiedlich akzentuierten Perspektiven zum wirksamen Fachunterricht dabei identifizieren. Sie können aber auch gezielt die Perspektiven einzelner Autorinnen und Autoren nebeneinander stellen, indem Sie eine oder mehrere Frage(n) herausgreifen, um die verschiedenen Sichtweisen gezielt zu kontrastieren. Das Fazit der Herausgeberinnen am Ende des Bandes soll keinesfalls die eigenständige Auseinandersetzung mit den Interviews ersetzen. Wir erhoffen uns, mit diesem Band einen gewinnbringenden Beitrag zur Diskussion um die Positionierung und Ausrichtung des Faches zu liefern.

Die Auswahl und Gewinnung der befragten Expertinnen und Experten brachte einige Absagen mit sich und war langwierig, da wir einerseits die Vielfalt des Faches im deutschsprachigen Raum abbilden wollten und sich andererseits die Gewinnung einer den anderen Bänden entsprechenden Anzahl von Expertinnen und Experten schwierig gestaltete. Erwartungsgemäß kommt die Mehrzahl der Befragten aus Deutschland (neun Personen), aber es ist uns immerhin gelungen fünf Interviewpartnerinnen und -partner aus Österreich und sechs aus der Schweiz zu gewinnen. Unser herzlichster Dank gilt diesen Expertinnen und Experten, die unsere Interviewfragen mit ihrer fachlichen und fachdidaktischen Expertise aus ihrer jeweiligen institutionellen Sichtweise beantwortet haben. Ebenso danken möchten wir Priska Aregger für ihre tatkräftige Unterstützung und kompetente Mitarbeit bei der Erstellung des Manuskripts.

# Interviewfragen

*Lehrpersonen müssen sich eine große Zahl von Kompetenzen aneignen. Inzwischen herrscht Konsens darüber, dass diese Kompetenzen, neben den Werthaltungen, den Fähigkeiten zur Selbstregulation und den motivationalen Fähigkeiten, vor allem in den Bereichen der jeweiligen Fachwissenschaft, der Fachdidaktik und der Pädagogik/Psychologie angesiedelt sein müssen.*

Welches fachwissenschaftliche und fachdidaktische Wissen und Können der Lehrperson sind aus Ihrer Sicht für die Qualität des Unterrichts für „Lebensführung" besonders wichtig?

*Im Kontext verschiedener Bildungsstudien wurden Qualitätsmerkmale von wirksamem Unterricht empirisch herausgearbeitet. Oft werden diese Qualitätsmerkmale in Sicht- und Tiefenstrukturen unterschieden. Unter der Sichtstruktur des Unterrichts versteht man alle Merkmale, die direkt durch Beobachtung zugänglich sind, zum Beispiel wechselnder Methodeneinsatz. Die Tiefenstrukturen sind diejenigen Merkmale, die sich der direkten Beobachtung entziehen, aber in hohem Maße für die Qualität des Unterrichts verantwortlich sind, zum Beispiel in welchem Maße Schülerinnen und Schüler während des Unterrichts kognitiv aktiv sind oder wie sich die Schülerinnen und Schüler individuell unterstützt fühlen.*

Welche Qualitätsmerkmale halten Sie für den Unterricht für „Lebensführung" für essenziell?

*Die Fülle an Lernumgebungen sowie Lehr-Lernformen, die in Methodenbüchern dargestellt werden, sollten eigentlich das Unterrichten erleichtern. Doch die Vielfalt der Möglichkeiten kann auch verunsichern oder zur Willkür verführen. Lehramtsstudierende und Lehrpersonen in der Praxis stehen deshalb oft vor der Frage, welche Methode oder Lernumgebung sie nun einsetzen sollen, um den Unterricht für „Lebensführung" besonders wirksam werden zu lassen.*

Welche Lernumgebungen und Lehr-Lernformen halten Sie für einen wirksamen Unterricht für „Lebensführung" für besonders bedeutsam?

*Grundlage für einen wirksamen Fachunterricht ist die optimale Passung zwischen den Lernangeboten und den Lernvoraussetzungen von Schülerinnen und Schülern. Damit die Passung gelingt, müssen diese Lernvoraussetzungen in die Planung für einen differenzierenden/individualisierenden Unterricht einbezogen werden.*

Wie sieht eine gute Differenzierung / Individualisierung Ihrer Meinung nach im Unterricht für „Lebensführung" aus?

*Standardsituationen sind im Unterricht wiederkehrende Situationen, welche die Unterrichtsqualität absichern sollen, z. B. Lesegelegenheiten, Arrangieren von Übergängen usw.*

Welche immer wiederkehrenden fachspezifischen Herausforderungen im Unterrichtshandeln müssen Ihrer Meinung nach die Lehrpersonen beherrschen, um im Unterricht für „Lebensführung" eine angemessene Unterrichtsqualität garantieren zu können?

*Mit dem Übergang von der Input- zur Output-Orientierung gewinnen Lern- und Leistungsaufgaben an Bedeutung. Dabei wird davon ausgegangen, dass eine bestimmte Aufgabe, also ein Problem durch die Schülerinnen und Schüler gelöst werden kann, wenn sie die entsprechende Kompetenz besitzen.*

Worauf gilt es bei der Entwicklung und dem Einsatz von Aufgaben bzw. Aufgabensets im kompetenzorientierten Unterricht für „Lebensführung" besonders zu achten?

*Die Fülle an Konzepten, Untersuchungen und praktischen Umsetzungsvorstellungen von erfahrenen Fachdidaktiker/innen und Lehrer/innen überfordern manchmal die Studierenden, Referendar/innen oder Junglehrer/innen. Daher können wenige gezielte Impulse für einen wirksamen Unterricht für „Lebensführung" hilfreich sein.*

Welche Schritte empfehlen Sie aufgrund Ihrer wissenschaftlichen bzw. erfahrungsbasierten Expertise als „first steps" für angehende Lehrpersonen im Fach, die sie für guten Unterricht für „Lebensführung" umsetzen können?

> *Jede Fachdidaktik, jedes Unterrichtsfach hat Besonderheiten, die es gegenüber anderen Fächern und gegenüber allgemeindidaktischen Herangehensweisen auszeichnet.*

Was ist Ihrer Ansicht nach das Besondere am Unterricht für „Lebensführung"?

> *Je nach Schulform, Staat oder Bundesland wird unser Fach in den Lehrplänen unterschiedlich bezeichnet. Identifikation mit dem Fach kann dadurch für Schülerinnen und Schüler sowie für Außenstehende erschwert werden. Oft wird mit dem Fach ein 'altbackenes' Image verbunden, so dass sogar die Abschaffung diskutiert wird.*

Welcher Name trifft aus Ihrer Sicht das Kernanliegen einer Bildung für „Lebensführung"?

# Literatur

Heseker, H., Beer, S., Heindl, I., Methfessel, B., Oepping, A., Schlegel-Matthies, K. & Vohmann, C. (2005). *Reform der Ernährungs- und Verbraucherbildung in Schulen 2003–2005.* Schlussbericht für das Bundesministerium für Verbraucherschutz, Ernährung und Landwirtschaft. [evb-online.de / docs / schlussbericht / REVIS-Schlussbericht-mit_-Anhang-mit.pdf]

Müller, H.-P. (2017). Der Kapitalismus und seine Lebensführung. Max Weber zum 150. Geburtstag. In: P. Sachweh & S. Münnich (Hrsg.), *Kapitalismus als Lebensform? Deutungsmuster, Legitimation und Kritik in der Marktgesellschaft* (S. 27–46). Wiesbaden: Springer Fachmedien.

Schlegel-Matthies, K. (1995). *„Im Haus und am Herd". Der Wandel des Hausfrauenbildes und der Hausarbeit 1880–1930.* Stuttgart: Steiner.

Schlegel-Matthies, K. (2016). *Zwischen Wissenschaft und Lebenswelt. Entwicklung, Stand und Zukunftsperspektiven haushaltsbezogener Bildung* (Paderborner Schriften zur Ernährungs- und Verbraucherbildung 10). Paderborn: Universität. [www.evb-online.de / docs / 10_2016_Zwischen_Wissenschaft_und_Lebenswelt.pdf]

Schlegel-Matthies, K. (2019). Haushaltsbezogene Bildung – quo vadis? Daseinsvorsorge und Lebensführung im Wandel. *Haushalt in Bildung & Forschung (HiBiFo), 8*(2), 88–106. doi.org / 10.3224 / hibifo.v8i2.07

Schlegel-Matthies, K., Bartsch, S., Brandl, W. & Methfessel, B. (Druck in Vorb.). *Konsum – Ernährung – Gesundheit. Studienbuch zur Ernährungs- und Verbraucherbildung.* o.O.

Senn, C. & Wespi, C. (2016). «Wirtschaft – Arbeit – Haushalt» als Neuakzentuierung der hauswirtschaftlichen Bildung in der Schule und in der Lehrpersonenbildung. *Beiträge zur Lehrerinnen- und Lehrerbildung (BzL), 34*(3), 335–343.

Tornieporth, G. (1979). *Studien zur Frauenbildung. Ein Beitrag zur historischen Analyse lebenswelt-orientierter Bildungskonzeptionen* (Neuausg.). Weinheim: Beltz.

Zymek, B. (2008). Die Tektonik des deutschen Bildungssystems. Historische Konfliktlinien und ihre Verschiebung durch den „Bologna-Prozess". In: W. Helsper, S. Busse, M. Hummrich & R.-T. Kramer (Hrsg.), *Pädagogische Professionalität in Organisationen. Neue Verhältnisbestimmungen am Beispiel der Schule* (S. 39–52). Wiesbaden: Springer VS.

CLAUDIA ANGELE

# REFLEXIONS-, BEWERTUNGS- UND ENTSCHEIDUNGSKOMPETENZEN ANBAHNEN

Angele, Claudia, Ass.-Prof. Dr. paed. habil., Universität Wien, Department für Ernährungswissenschaften und Zentrum für LehrerInnenbildung; Arbeitsschwerpunkte: Fachdidaktik Ernährung, Ernährungs- und VerbraucherInnenbildung, fachdidaktisch orientierte empirische Unterrichtsforschung.

*Welches fachwissenschaftliche und fachdidaktische Wissen und Können der Lehrperson sind aus Ihrer Sicht für die Qualität des Unterrichts für „Lebensführung" besonders wichtig?*

Fachunterricht in den Lernfeldern Ernährung / Gesundheit sowie Haushalt / Konsum speist sich fachwissenschaftlich als multidisziplinärer Bildungsgegenstand aus verschiedenen wissenschaftlichen Disziplinen, aus Natur-, Kultur- und Gesellschaftswissenschaften, worin gleichermaßen Chance wie Herausforderung für das fachwissenschaftliche Wissen und Können der Lehrpersonen liegen. Zentrale Bezugswissenschaften sind die Ernährungswissenschaften sowie die Haushaltswissenschaften. In Deutschland, näherhin in Baden-Württemberg, umfasst der Fachunterricht in den Sekundarstufenschularten zudem den Bereich der Textilen Bildung, so dass in diesem Kontext die Textilwissenschaften als weitere Bezugsdisziplin fungieren. Dies trifft auf das Unterrichtsfach Haushaltsökonomie und Ernährung bzw. Ernährung und Haushalt in Österreich so nicht zu. Lehrpersonen benötigen fundiertes Fachwissen in den benannten Bezugswissenschaften auf Basis des aktuellen Stands der fachwissenschaftlichen Forschung. Aufgrund der Multidisziplinarität des Bildungsgegenstandes ist es für die einzelne Lehrperson von besonderer Bedeutung, über Strategien der beständigen Weiterentwicklung und Vertiefung des eigenen fachwissenschaftlichen Wissens über die verschiedenen Phasen der Berufstätigkeit hinweg zu verfügen.

Im Bereich des fachdidaktischen Wissens und Könnens sind Grundlagen der Fachdidaktik in den Lernfeldern zentral, zu denen die Auseinandersetzung mit folgenden Aspekten gehört: zentrale Bildungsanliegen des aktuellen Fachunterrichts und Legitimation des Fachunterrichts im Kontext von Allgemeinbildung (Vermittlung von Alltagskompetenzen zur Lebensführung), historische Genese des Fachunterrichts in den Lernfeldern Ernährung / Gesundheit sowie Haushalt / Konsum einschließlich Genderfragen, aktuelle didaktische Rahmenkonzepte und Kompetenzmodelle zur Bildung in den Lernfeldern im internationalen wie nationalen Kontext, Auseinandersetzung mit der Situation des Fachunterrichts im jeweiligen Schulsystem (z. B. Verankerung in den Lehrplänen), Herausforderungen zur Weiterentwicklung des Fachunterrichts im schulischen Kontext (z. B. auch die Frage nach einer Verankerung des Bildungsgegenstandes in der Grundbildung der allgemeinbildenden Schularten), Methodik des Unterrichtsfaches (einschließlich Fragen der Differenzierung und des Umgangs mit Heterogenität in den Lerngruppen), Grundlagen der Unterrichtsplanung und Unterrichtsgestaltung im Fachunterricht, Formen des Feedbacks und der Leistungsbeurteilung. Das fachdidaktische Können kennzeichnet sich dadurch, dass die am aktuellen Stand der Forschung orientierte fachwissenschaftliche Expertise und das fachdidaktische Wissen für die Planung von Fachunterricht für verschiedene Klassenstufen genutzt und angewandt werden können. Zum Bereich des fachdidaktischen Könnens zählen auch Reflexionsfähigkeit und eine forschende Haltung der Lehrperson im Hinblick auf die Analyse und Weiterentwicklung des eigenen Fachunterrichts. In der so genannten dritten Phase der LehrerInnenbildung (Berufseinstieg) und darüber hinaus im Verlaufe der gesamten Berufstätigkeit erscheint auf dem Hintergrund des erforderlichen multidisziplinären fachwissenschaftlichen und des sich beständig weiter entwickelnden fachdidaktischen Wissens auch die Lehrpersonenfortbildung als besonders bedeutsam.

### *Welche Qualitätsmerkmale halten Sie für den Unterricht für „Lebensführung" für essenziell?*

Ich gehe in den folgenden Überlegungen aus von der von Wilhelm, Rehm und Reinhardt (in diesem Band) unter Bezugnahme auf Oser und Baeriswyl (2001) und Kunter und Trautwein (2013) dargelegten Unterscheidung der

Qualitätsmerkmale in Sicht- und Tiefenstrukturen des Unterrichts und möchte hierin jeweils einen Bereich der Qualitätsmerkmale fokussieren: die Unterrichtsmethoden (Sichtstrukturen) und die kognitive Aktivierung (Tiefenstrukturen).

Zu den Unterrichtsmethoden: In Anlehnung an internationale und nationale didaktische Konzepte der Ernährungs- und Verbraucherbildung (z.B. das europäische Kerncurriculum Ernährung, das deutsche REVIS-Konzept, der österreichische Referenzrahmen Ernährungs- und Verbraucher / innenbildung EVA) liegt das übergeordnete Ziel der Ernährungs- und Verbraucherbildung im Erwerb von ernährungs- bzw. konsumrelevanten Kompetenzen, um im Rahmen der persönlichen Lebensführung und der gegenwärtigen wie künftigen Alltagsbewältigung in den Handlungsfeldern Ernährung / Gesundheit und Haushalt / Konsum begründete und individuell wie gesellschaftlich verantwortungsvolle Entscheidungen treffen und diese in situationsorientierte Handlungen umsetzen zu können. Nach derzeitigem Erkenntnisstand kennzeichnen sich derart 'verantwortungsvolle Entscheidungen' in den benannten Handlungsfeldern durch die Berücksichtigung gesundheitlicher, ökologischer, ökonomischer, sozialer und kultureller Aspekte, wie diese etwa auch im Nachhaltigkeitsgedanken grundgelegt sind. Sowohl im Hinblick auf die Kompetenzorientierung in der Ernährungs- und Verbraucherbildung als auch im Hinblick auf den Anwendungsbezug der erworbenen Kompetenzen in einem komplexen, von Heterogenität und beständiger Veränderung sowie gesellschaftlicher Transformation geprägten Alltag der persönlichen Lebensführung sind Unterrichtsmethoden, die Reflexions-, Bewertungs- und Entscheidungskompetenzen der Schülerinnen und Schüler anbahnen helfen besonders bedeutsam für den Fachunterricht. Dies kann beispielsweise die Bearbeitung eines Fallbeispiels aus den benannten Lernfeldern sein, welches zur Findung (unterschiedlicher) Lösungswege motiviert. Da – hier mit Blick auf das Lernfeld Ernährung – Essen und Entscheidungen im Essalltag ein von unterschiedlichen Faktoren bestimmter Bereich der Lebensführung ist (auch emotionalen wie psychosozialen), erscheinen im Zuge der Anbahnung von Entscheidungskompetenz auch Unterrichtsmethoden als bedeutsam, die ein Lernen mit allen Sinnen – zumindest mit verschiedenen Sinnen – ermöglichen (z.B. Verkostungen (Kernbichler, 2011, S. 73–78), sensorische Übungen, SchmeXperimente (Oepping, 2005)).

Zur kognitiven Aktivierung: Orientiert an der Aufschlüsselung der Potentiale zur kognitiven Aktivierung nach Oser und Baeriswyl (2001) und Kunter und Trautwein (2013) (zit. nach Wilhelm, Rehm & Reinhardt, in diesem Band) liegen in den Themenfeldern der Ernährungs- und Verbraucherbildung große Potentiale, da Bereiche der Lebensführung (z.B. sich ernähren, sich kleiden, wohnen, Alltag organisieren, wirtschaften, zusammenleben) im Zentrum stehen, in denen Schülerinnen und Schüler unterschiedliches Alltagswissen und unterschiedliche Alltagserfahrungen besitzen. Neben Alltagswissen gehört zum Bereich des Vorwissens gegebenenfalls auch durch vorangehenden Fachunterricht erworbenes Wissen. Dies kann Chance wie auch Problem für die kognitive Aktivierung im Unterricht darstellen. Eine Chance für kognitive Aktivierung liegt – wie gesagt – im grundsätzlich hohen Lebensweltbezug der Themenfelder der Ernährungs- und Verbraucherbildung. Sie besteht auch darin, dass die Themenfelder zudem das Potential haben „kognitive Konflikte" (Wilhelm, Rehm & Reinhardt, in diesem Band) auszulösen (z. B. bei der Reflexion einer 'alltäglichen' Kaufentscheidung: Karotten aus biologischer Erzeugung aus Ägypten oder Karotten aus konventionellem Anbau der Region?). Die Herausforderung besteht darin, durch unterrichtliche Lernarrangements an dieses Vorwissen und diese Vorerfahrungen anzuknüpfen und infolge des Unterrichts über das vorhandene Alltagswissen und die Alltagserfahrungen durch den Erwerb sachbezogener Kenntnisse, Fertigkeiten und Fähigkeiten hinauszugehen, Alltagswissen zu reflektieren und zu erweitern, um bestenfalls begründete Entscheidungen in den jeweiligen Bereichen der Lebensführung treffen und in Handlung umsetzen zu können. Hier stellen sich auch didaktische Fragen hinsichtlich des Umgangs mit der Komplexität und Wandelbarkeit der Sachgegenstände sowie des Umgangs mit Ambivalenzen.

Eine Herausforderung für die Unterrichtsgestaltung liegt meines Erachtens auch in der Verknüpfung der beiden exemplarisch bedachten Qualitätsmerkmale („lernunterstützende Unterrichtsmethoden" und kognitive Aktivierung durch „Aufgaben, die an Vorwissen anknüpfen", Wilhelm, Rehm & Reinhardt, in diesem Band): Nicht zu jedem für die Ernährungs- und Verbraucherbildung unterrichtlich relevanten Themenfeld liegen ausreichende empirisch abgesicherte Erkenntnisse vor hinsichtlich des Vorwissens und der Präkonzepte von Schülerinnen und Schülern in einem Themenfeld (wie z. B. Ernährung und Nachhaltigkeit). Derartige Erkenntnisse wiederum sind jedoch beispielsweise für die Entwicklung von Unterrichtsmaterialien zu einem Themenfeld durchaus bedeutsam.

### *Welche Lernumgebungen und Lehr-/Lernformen halten Sie für einen wirksamen Unterricht für „Lebensführung" für besonders bedeutsam?*

Grundsätzlich gilt für den Fachunterricht in der Ernährungs- und Verbraucherbildung wie für Unterricht generell, dass sich die Lehr- und Lernformen an den Zielsetzungen – formuliert in den angestrebten Teilkompetenzen für eine Unterrichtstunde oder eine Unterrichtseinheit – orientieren und von diesen abhängen. Ich möchte auf einen Bereich fokussieren, der ein Spezifikum des Fachunterrichts, hier konzentriert auf das Lernfeld Ernährung, aufweist: Rahmenkonzepte zur Ernährungsbildung im Kontext schulischer Allgemeinbildung formulieren in ihren Bildungszielen neben dem Erwerb von Kenntnissen auch den Erwerb von Kompetenzen im Bereich der Fachpraxis Ernährung als ein wichtiges Bildungsziel. Aus diesem Grund halte ich u. a. Lehr- und Lernformen im Kontext einer „theoriegeleiteten Fachpraxis" (Bartsch & Bürkle, 2013, S. 20) für den ernährungsbildenden Unterricht in allen Schularten der allgemeinbildenden Schulen für bedeutsam. Hierzu zählen z. B. Methoden, die den Erwerb von Ernährungspraxis im Sinne eines Erwerbs der Kulturen und Techniken der Nahrungszubereitung unterstützen als auch Methoden zur Sinnes- und Geschmacksbildung (z. B. Verkostungen) und Küchenexperimente zur Erprobung küchentechnischer Eigenschaften von Lebensmitteln sowie auch weitere Methoden wie Schülerwarentest, Markterkundungen und Fachexkursionen (Bartsch & Bürkle, 2013, S. 20). Eingebettet in die Vermittlung grundlegender Kenntnisse und Begrifflichkeiten des Lernfeldes Ernährung und in problem- und handlungsorientierte Lernarrangements kann dies die Problemlösefähigkeit von Schülerinnen und Schülern im Hinblick auf die Gestaltung des Essalltags als einen Bereich der individuellen Lebensführung fördern. Empirisch zu erforschen ist die komplexe Frage nach der Lernwirksamkeit solcher Lernarrangements durch weitere empirisch orientierte fachdidaktische Forschung, hier im Hinblick auf den ernährungsbildenden Unterricht.

Ein weites Feld eröffnet zudem die Frage nach dem Einsatz digitaler Medien in Lernumgebungen der Ernährungs- und Verbraucherbildung. Die Auseinandersetzung damit findet gegenwärtig berechtigterweise im Kontext der fachdidaktischen Diskussion statt (vgl. u. a. Angele, 2018). Im Hinblick auf die Wirksamkeit – oder gar einen Mehrwert – digitaler Medien in der Ernährungs- und Verbraucherbildung bedarf es ebenfalls der (weiteren) Forschung.

### Wie sieht eine gute Differenzierung/Individualisierung Ihrer Meinung nach im Unterricht für „Lebensführung" aus?

Eine gute Differenzierung setzt voraus, dass die Lehrperson die Lernvoraussetzungen ihrer Schülerinnen und Schüler möglichst genau kennt – und zwar sowohl hinsichtlich der lernpsychologischen Voraussetzungen, die mit Entwicklungsstand und Alter der Lernenden zu tun haben, als auch hinsichtlich der inhaltsbezogenen Lernvoraussetzungen. Die inhaltsbezogenen Lernvoraussetzungen basieren auf dem Vorwissen, den bereits verfügbaren, erlernten Fähigkeiten und Fertigkeiten und den Vorerfahrungen der Lernenden. Grundsätzlich sind für eine Analyse der inhaltsbezogenen Lernvoraussetzungen zunächst die verbindlichen Curricula zu berücksichtigen, die Orientierung diesbezüglich geben, welche Inhaltsfelder und Kompetenzen in vorangehenden Jahrgängen und Unterrichtseinheiten thematisiert wurden. Dies bedeutet allerdings nicht, dass alle Schülerinnen und Schüler gleichermaßen darüber verfügen, die Curricula können lediglich eine Orientierung für die Lehrperson geben. Mit Blick auf die Ernährungs- und Verbraucherbildung kommt hinsichtlich der (ich nenne dies hier) ,curricularen Lernvoraussetzungen' erschwerend hinzu, dass es (ich spreche mit Blick auf die Situation in Österreich und in Baden-Württemberg, Deutschland) keine Verankerung durchgehender Spiralcurricula in den allgemeinbildenden Pflichtschularten gibt, da die Unterrichtsfächer der Ernährungs- und Verbraucherbildung in ausgewählten Jahrgängen, mit unterschiedlichen Stundentafeln und teils im Wahlbereich oder im Wahlpflichtbereich im Lehrplan verankert sind.

Auf dem Hintergrund dieser Situation – und selbstverständlich ohnehin unter Berücksichtigung der verschiedenen Vorerfahrungen der Schülerinnen und Schüler im außerunterrichtlichen Kontext – erscheint es für Lehrpersonen auch zentral, Methoden zu kennen, um Lernvoraussetzungen ihrer Lerngruppe gezielter erheben und analysieren zu können und in die Gestaltung von differenzierenden Aufgabenstellungen mit einzubeziehen. Hierzu gehören zum Beispiel: systematische Beobachtungsformen des eigenen Unterrichts (um Schülerinnen und Schüler in ihrem Arbeitsverhalten und Arbeitsvermögen beobachten zu können), kurze Tests zur Abfrage von Vorwissen oder situativ einsetzbare Methoden, die zum Beispiel zu Beginn einer Unterrichtsstunde themenbezogen Vorwissen und Vorerfahrungen der Schülerinnen und Schüler im Unterricht erörtern helfen (Brainstorming, Mind-Mapping zum Unterrichtsthema, Concept Maps, erste Leitfragen in einem Partnerinterview beantworten, etc.).

*Welche immer wiederkehrenden fachspezifischen Herausforderungen im Unterrichtshandeln müssen Ihrer Meinung nach die Lehrpersonen beherrschen, um im Unterricht für „Lebensführung" eine angemessene Unterrichtsqualität garantieren zu können?*

Grundlegende Herausforderungen im Unterrichtshandeln können aus meiner Sicht anhand dreier didaktischer (noch nicht fachspezifischer) Leitfragen formuliert werden: Wie steige ich in ein Unterrichtsthema ein? Wie können die Erarbeitung und die Anbahnung der angestrebten Kompetenzen beim ausgewählten Unterrichtsthema erfolgen? Wie erfolgt die Zusammen-fassung bzw. Ergebnissicherung beim ausgewählten Unterrichtsthema? Im Folgenden möchte ich einige ausgewählte, diesen drei Leitfragen inne-wohnenden fachspezifische Herausforderungen des Unterrichtshandelns beleuchten.

Im Hinblick auf die Gestaltung des Einstiegs in ein Unterrichtsthema im Bereich der Lernfelder Ernährung / Gesundheit und Haushalt / Konsum liegt eine fachspezifische Herausforderung darin, ein Themenfeld so zu eröffnen, dass der Bezug zur individuellen Lebensführung der Lernenden und zu ihren Vorerfahrungen im tangierten Bereich der Lebensführung ebenso deutlich wird wie die Eröffnung eines fachlichen Problems oder einer fachlichen Fragestellung, die dem jeweiligen Unterrichtsthema innewohnen.

Eine fachspezifische Herausforderung im Unterrichtshandeln im Hinblick auf die Erarbeitung eines Unterrichtsthemas liegt zum Beispiel in der Inte-gration praktischer Lernanteile, etwa in der Ernährungsbildung (z. B. der Erwerb fachpraktischer Kompetenzen der Nahrungszubereitung und Mahl-zeitengestaltung, Verkostungen, küchentechnische Experimente und Ver-suche o. a.), auch unter Berücksichtigung unterschiedlicher Rahmenbedin-gungen den Lernraum betreffend (Gibt es die räumlichen Möglichkeiten praktische Übungen, wie etwa sensorische Übungen oder eine Übung zum Erwerb einer Arbeitstechnik in der Nahrungszubereitung durchzuführen? Ist eine Lernküche vorhanden? Ist ein mobiles Arbeitsmodul, wie etwa eine Mobile Esswerkstatt (vgl. REVIS, Reform der Ernährungs- und Verbraucher-bildung, o. J.) verfügbar, das hierfür genutzt werden kann?). Neben den räumlichen und ggf. zeitlichen Herausforderungen stellen sich didaktisch-methodische: z. B. die Gestaltung der unterrichtlichen Gelenkstelle beim Übergang in eine praktische Arbeitsphase, das Erteilen eines Arbeitsauftrags für eine sensorische Übung o. a. (mündlich, schriftlich) oder vorgängig über-haupt die Frage, ob und warum problemorientiert (z. B. anhand eines Fallbei-spiels, das sich aus einer alltäglichen Esssituation ergibt) oder ob und warum instruktional (z. B. das Gestalten eines Lerngangs zum Erlernen einer Arbeitstechnik) vorgegangen wird.

Wenn wir fachspezifisch bei den sogenannten praktischen Lernanteilen blei-ben, so stellt sich zum Beispiel mit Blick auf die Ernährungspraxis auch die Ergebnissicherung dieser unterrichtlichen Phase als eine fachspezifische Herausforderung im Unterrichtshandeln dar.

## *Worauf gilt es bei der Entwicklung und dem Einsatz von Aufgaben bzw. Aufgabensets im kompetenzorientierten Unterricht für „Lebensführung" besonders zu achten?*

Fachunterricht in den Lernfeldern Ernährung / Gesundheit und Haushalt–Konsum besitzt eine hohe Relevanz für eine Bildung für Lebensführung, welche nicht nur für die Lebensgestaltung des einzelnen Menschen, sondern auch für die Gestaltung von Gesellschaft äußerst bedeutsam ist.

Bei der Entwicklung von Aufgaben / Aufgabensets für den Fachunterricht ist deshalb zum einen insbesondere auf den Alltagsbezug der Aufgabenstellungen zu achten. Durch Aufgabenstellungen, die einer möglichst konkreten Situation der alltäglichen Lebensführung entstammen, kann zum einen dem Ansatz der Kompetenzorientierung insgesamt (Erwerb von Handlungskompetenzen für variable Problemsituationen) Rechnung getragen werden. Zum anderen rückt durch einen hohen Alltagsbezug in den Aufgabenstellungen das spezifische Bildungsziel dieses Fachunterrichts, der Erwerb von Kompetenzen für die Alltagsbewältigung (Angele, 2008) bzw. für die alltägliche Lebensführung, in den Fokus.

Wie bereits ausgeführt, erscheint im haushalts- und ernährungsbezogenen Fachunterricht die Anbahnung von Bewertungskompetenz als besonders relevant, da die Handlungssituationen im Alltag heterogen, komplex, wandelbar und in Teilen unvorhersehbar sind. Aus diesem Grund sind Aufgabensets, die Bewertungskompetenz schulen, besonders relevant. Deren Entwicklung ist in der Fachdidaktik voranzutreiben. In der Unterrichtspraxis tätige Lehrinnen und Lehrer benötigen hier weitere, konkrete Beispiele für Aufgabenstellungen in den unterschiedlichen Themenbereichen der Lernfelder Ernährung / Gesundheit und Haushalt / Konsum.

Entwicklung, Erprobung, Evaluierung und Optimierung kompetenzorientierter Aufgabenstellungen für den Fachunterricht bedürfen zudem der Orientierung an Kompetenzmodellen für den Fachunterricht. Auch hier besteht weiterer Entwicklungsbedarf in der Fachdidaktik. Einen Ansatz bietet z. B. das Kompetenzmodell des Thematischen Netzwerkes Ernährung in seiner Handreichung 2018 (Thematisches Netzwerk Ernährung, 2018, S. 17), welches auch verschiedene Niveaustufen ausweist und hierfür exemplarische Beispielaufgaben aufzeigt: Reproduktion (Niveau 1), Transfer (Niveau 2), Reflexion (Niveau 3) (Thematisches Netzwerk Ernährung, 2018, S. 20).

*Welche Schritte empfehlen Sie aufgrund Ihrer wissenschaftlichen bzw. erfahrungsbasierten Expertise als „first steps" für angehende Lehrpersonen im Fach, die sie für guten Unterricht für „Lebensführung" umsetzen können?*

Als „first steps" für guten Fachunterricht im Kontext einer haushalts- und ernährungsbezogenen Bildung sind im Rahmen einer fundierten unterrichtlichen Planung aus meiner Sicht folgenden Teilaspekte hervorzuheben:

- eine solide fachwissenschaftliche Einarbeitung in das Unterrichtsthema
- die Klärung der Frage, welche Zielsetzungen bzw. welche Teilkompetenzen mittels des geplanten Unterrichts erreicht werden sollen
- die begründete Auswahl der Unterrichtsinhalte vor dem Hintergrund der zu erwerbenden Teilkompetenzen und vor dem Hintergrund des gesamten, übergeordneten Bildungsziels des Faches: Erwerb von Kompetenzen für Lebensführung und Alltagsbewältigung
- eine didaktisch-methodische Unterrichtsgestaltung, die insgesamt geprägt ist vom Wechsel zwischen handlungsorientierten Phasen, die den Erwerb von Wissen, Fertigkeiten und Fähigkeiten durch schülerzentrierte Arbeitsformen ermöglichen, und instruktionalen Phasen zur Einführung von Grundkenntnissen und Grundfertigkeiten (z. B. gezielte Inputphasen durch die Lehrperson zur Vermittlung von Basiswissen oder auch Lehrgänge zum Erwerb von grundlegenden Arbeitstechniken). Dabei ist Methodenvielfalt bei der Erarbeitung von Wissen und beim Erwerb von Fähigkeiten und Fertigkeiten ebenso bedeutsam wie gezielt geplante Phasen der Ergebnissicherung, welche Lernergebnisse dokumentieren und schließlich wiederum den Ausgangspunkt für weitere unterrichtliche Planungen bilden.

*Was ist Ihrer Ansicht nach das Besondere am Unterricht für „Lebensführung"?*

Das Besondere eines Faches, dessen Kernanliegen im Kontext von Allgemeinbildung eine Bildung für Lebensführung und Lebensgestaltung ist, liegt insbesondere darin, dass eine einzige wissenschaftliche Deutungsperspektive zur Erschließung der Themenfelder nicht ausreichend ist. Deshalb sind auf fachwissenschaftlicher Ebene in besonderem Maße Multidisziplinariät und auf fachdidaktischer Ebene mehrdimensionale (Buchner, 2011, S. 16) und mehrperspektivische Zugänge (Buchner, 2011, S. 19; Thematisches Netzwerk Ernährung, 2018, S. 8) erforderlich, um die Themenfelder des Faches im Unterricht zu erschließen. Dies stellt hohe Anforderungen an die Lehrpersonenprofessionalität, an die (zu entwickelnden) fachlichen und fachdidaktischen Kompetenzen der (angehenden) Lehrerinnen und Lehrer.

Durch das Kernanliegen des Faches, jungen Menschen in den Lernfeldern Ernährung / Gesundheit sowie Haushalt / Konsum Kompetenzen für eine selbstbestimmte Lebensführung und Alltagsbewältigung zu vermitteln, wird zudem der starke Anwendungsbezug des Faches für den Alltag von Individuen und für die Gesellschaft deutlich. Im Anwendungsbezug, d. h. in der Möglichkeit, die erworbenen Kompetenzen (verstanden als ein Zusammenspiel von Kenntnissen, Fähigkeiten und Fertigkeiten), (un)mittelbar im Alltag der Lebensführung anwenden zu können, begründet sich auch die Notwendigkeit des Erwerbs von (sogenannten praktischen) Fertigkeiten (wie z. B. der Fertigkeiten für die Nahrungszubereitung und Mahlzeitengestaltung), ohne die beispielsweise eine selbstbestimmte Gestaltung des eigenen Essalltags letztlich nur bedingt möglich ist. Der Anwendungsbezug wirft aber auch folgende weiterführende didaktische Frage auf: Für welchen Alltag in welcher Zukunft sollen – in Anbetracht einer sich rasant wandelnden Welt – welche Kompetenzen erworben werden?

Der Kontext der Allgemeinbildung in schulischen Settings, in den das Unterrichtsfach eingebettet ist, verweist zudem auch auf die Unverfügbarkeit oder anders gesprochen eben auf die Selbstbestimmung des Individuums in den Feldern der Lebensführung, für die die Kompetenzen erworben werden. Bildung sei dabei im Sinne Klafkis (1996) verstanden als Allgemeinbildung und als Individualbildung, letztere verstanden als eine Herausbildung der Selbstbestimmungs-, Mitbestimmungs- und Solidaritätsfähigkeit. Bildung in den Feldern der Lebensführung unterscheidet sich damit etwa von Ansätzen des Verhaltenstrainings, wie sie beispielsweise mit Blick auf das Lernfeld Ernährung und Gesundheit als Essverhaltenstrainings in verschiedenen außerschulischen Settings zu finden sind.

Dieser Bildungskontext gilt zwar für andere Unterrichtsfächer auch, seine Fokussierung erscheint mir jedoch mit Blick auf die vielfältigen Ansätze in Feldern außerschulischer Bildung, Erziehung und Beratung für die Lernfelder des Faches als besonders relevant.

### Welcher Name trifft aus Ihrer Sicht das Kernanliegen einer Bildung für „Lebensführung"?

Multipel sind die Fachbezeichnungen in den Lehrplänen, ebenso multipel die Fachbezeichnungen für das betreffende Unterrichtsfach in den Lehramtsstudiengängen an den Hochschulen, Pädagogischen Hochschulen und Universitäten im deutschsprachigen Raum. Die Namensgebung für ein Fach, dessen zentrales Ziel Bildung für Lebensführung, Bildung zur Vermittlung von Kompetenzen für Lebensführung und Alltagsbewältigung ist, steht meines Erachtens vor zwei Herausforderungen: Die eine ist die Frage, wie sich die Multidisziplinarität des Fachgegenstandes in der Fachbezeichnung widerspiegeln kann. Die andere ist das Bemühen, durch die Namensgebung

Bildungsrelevanz, Aktualität und Weiterentwicklung eines Faches deutlich zu machen, welches in der öffentlichen Diskussion teilweise noch immer mehr oder weniger stark mit seiner historischen Genese aus einem Fach der traditionellen Mädchen- und Frauenbildung heraus konnotiert wird.

„Ernährung, Gesundheit, Haushalt und Konsum" könnte als Fachbezeichnung insofern dienlich sein, als zentrale Bereiche der Lebensführung benannt werden und gleichzeitig der Begriff des „Haushalts" als zentrierender Begriff und zentraler Ort der Lebensgestaltung aufscheint. Die Frage ist, ob die Verwendung des Begriffes „Haushalt" innerhalb der Fachbezeichnung nicht wiederum – zwar unberechtigterweise aber eben doch – das damit konnotierte 'althergebrachte' Image des Faches verstärkt. Bleibt die Überlegung, ob „Ernährung, Gesundheit und Konsum" oder „Ernährung, Gesundheit, Konsum und Gesellschaft" alternativ als Fachbezeichnungen zu wählen sind. Bei letzterer kommt durch die Verwendung des Begriffes „Gesellschaft" zum einen die Verflechtung der individuellen Lebensführung im privaten Haushalt mit der lokalen bis globalen Gesellschaft zum Ausdruck und zum anderen schwingt im Begriff der Gesellschaft nicht nur der Bereich des ökonomischen, sondern auch des sozialen Handelns innerhalb einer Gemeinschaft mit, was aus meiner Sicht als adäquat einzuschätzen ist.

## Literatur

Angele, C. (2008). *Kompetenzen zur Alltagsbewältigung im privaten Haushalt. Ein Desiderat lebensnaher Allgemeinbildung.* Münster: Waxmann.

Angele, C. (2018). Didaktische Varianten von E-Learning vor dem Hintergrund zentraler Bildungsanliegen der Ernährungs- und Verbraucher*bildung im Kontext Globalen Lernens. *Haushalt in Bildung und Forschung, 4*(7), 3–15.

Bartsch, S. & Bürkle, P. (2013). Lernort Küche. Nahrungszubereitung als ein methodischer Zugang zur Fachpraxis Ernährung. *Haushalt in Bildung und Forschung, 4*(2), 18–31.

Buchner, U. (2011). Grundlagen und Grundbegriffe. In: U. Buchner, G. Kernbichler & G. Leitner (Hrsg.), *Methodische Leckerbissen. Beiträge zur Didaktik der Ernährungsbildung* (S. 10–64). Innsbruck: StudienVerlag.

Kernbichler, G. (2011). Ästhetisches Lernen. In: U. Buchner, G. Kernbichler & G. Leitner (Hrsg.), *Methodische Leckerbissen. Beiträge zur Didaktik der Ernährungsbildung* (S. 68–78). Innsbruck: StudienVerlag.

Klafki, W. (1996). *Neue Studien zur Bildungstheorie und Didaktik. Zeitgemäße Allgemeinbildung und kritisch-konstruktive Didaktik* (5. Aufl.). Weinheim: Beltz.

Oepping, A. (2005). *Das SchmeXperiment. Ein Konzept zum fachpraktischen Arbeiten im Unterricht im Rahmen der Ernährungs- und Verbraucherbildung.* Verfügbar unter http://www.evb-online.de/docs/SchmeXperiment-Druckfassung_280205.pdf

REVIS, Reform der Ernährungs- und Verbraucherbildung. (o. J.). *Die Mobile Esswerkstatt.* Verfügbar unter http://www.evb-online.de/docs/Kurzfassung_mew270405.pdf

Thematisches Netzwerk Ernährung e. V. (Hrsg.) (2018). *Referenzrahmen für die Ernährungs- und Verbraucher_innenbildung Austria – EVA. Handreichung zur überarbeiteten Neuauflage Poster 2015.* Linz: WIRmachenDRUCK GmbH.

Ute Bender

# Zu Fragen animieren und zu Problemlösungen motivieren durch alltagsnahe Situationen

Bender, Ute, Prof. Dr., Pädagogische Hochschule Freiburg, Institut für Alltagskultur, Bewegung und Gesundheit, Fachrichtung Ernährung und Konsum; Arbeitsschwerpunkte: Fachdidaktische Forschung in Ernährung und Konsum sowie Bildung für Nachhaltige Entwicklung, ernährungspädagogische Gesichtspunkte von Schulverpflegung.

*Welches fachwissenschaftliche und fachdidaktische Wissen und Können der Lehrperson sind aus Ihrer Sicht für die Qualität des Unterrichts für „Lebensführung" besonders wichtig?*

Bei meinen Antworten habe ich ein Fach vor Augen, das sich im Kern mit den beiden Bereichen Ernährung und Konsum befasst und sich an den Empfehlungen für Gesundheitsförderung, Verbraucherbildung und Nachhaltige Entwicklung der deutschen Kultusministerkonferenz ausrichtet (Sekretariat der Ständigen Konferenz der Kultusminister der Länder in der Bundesrepublik Deutschland, 2013a, 2013b; Ständige Konferenz der Kultusminister der Länder in der Bundesrepublik Deutschland [KMK] & Bundesministerium für wirtschaftliche Zusammenarbeit und Entwicklung [BMZ], 2016). Der Fokus liegt dabei auf dem Privathaushalt und seinen Akteuren. Dieses Fach entspricht damit im Ganzen der Konzeption, die im Rahmen des Projekts REVIS (Reform der Ernährung und Verbraucherbildung in Schulen, 2003–2005, Fachgruppe Ernährung und Verbraucherbildung, 2005) entwickelt wurde.

Lehrpersonen benötigen hierfür *fachwissenschaftliche* Kompetenzen zu den maßgeblichen Bezugswissenschaften Ernährungs- und Haushaltswissenschaften, Verbraucherwissenschaften und Nachhaltigkeitswissenschaften (bzw. jeweils ähnliche Bezeichnungen). Je nach Thema sind weitere wissenschaftliche Bezüge nötig; so kann es beispielsweise auch um Fragen der Ethik oder Philosophie gehen. Jede der maßgeblichen Bezugswissenschaften ist interdisziplinär angelegt. Die fachwissenschaftliche Interdisziplinarität umfasst dabei natur-, sozial- und geisteswissenschaftliche Zugänge und erfordert von Lehrpersonen die Kompetenz, unterschiedliche wissenschaftliche Paradigmen zu berücksichtigen, zu unterscheiden oder gegebenenfalls zu verknüpfen. Außerdem sollten Lehrpersonen in der Lage sein, mit Blick auf fachliche Fragen gegebenenfalls in seriösen Quellen aus unterschiedlichen Disziplinen zu recherchieren oder Schülerinnen und Schüler, etwa bei der Durchführung von Projekten, bei der Recherche zu beraten. Eine mögliche Überforderung tritt hierbei vor allem mit Blick auf Internetrecherchen ein. Vor dem Hintergrund vieler pseudo- oder populärwissenschaftlicher Informationen im Ernährungs- und Konsumbereich benötigen Lehrpersonen im Fach somit Recherchekompetenzen, die über verbreitete Such- und Beurteilungstechniken hinausgehen.

Im Sinne einer wissenschaftlichen *Fachdidaktik* verfügen Lehrpersonen im Fach insbesondere über die Kompetenz, Befunde aus den Bezugsdisziplinen und aus den affinen bildungswissenschaftlichen Disziplinen (Lehr-Lernpsychologie, Erziehungswissenschaften, weitere Fachdidaktiken) adäquat mit fachdidaktischen Befunden zu Ernährung und Konsum und der eigenen Unterrichtskonzeption, -inszenierung und -reflexion in Beziehung zu setzen. Zudem benötigen Lehrpersonen diejenigen Kompetenzen, die im Interview im Folgenden angesprochen werden: Kompetenzen zur (Selbst-)Reflexion bezüglich der eigenen Ziele, fachbezogenen Überzeugungen und Werteorientierungen sowie Kompetenzen zur Entwicklung von Lehr-Lernumgebungen insbesondere zu „Case-Based-Learning" und sogenannten „worked-examples", deren methodische Bedeutung im späteren Verlauf des Beitrags erläutert wird. Zudem sind Kompetenzen zur Differenzierung erforderlich, insbesondere (aber nicht nur) nach der Heterogenitätsdimension sozialer Herkunft, die das Ernährungs- und Konsumverhalten, wie im Folgenden noch erläutert, stark beeinflusst. Hinzu kommen Kompetenzen zur Auswahl adäquater Fallbeispiele unter dem Gesichtspunkt der didaktischen Reduktion und nicht zuletzt die Kompetenz, mit der Herausforderung umzugehen, dass das Fachcurriculum sich im Verlauf der eher kurzen Geschichte des Faches an der allgemeinbildenden Schule seit dem letzten Drittel des 19. Jahrhunderts beständig verändert hat und sich vermutlich weiterhin verändern wird.

### Welche Qualitätsmerkmale halten Sie für den Unterricht für „Lebensführung" für essenziell?

Meines Wissens liegen kaum / keine empirischen Daten vor, auf deren Basis wir sagen können, welche Qualitätsmerkmale einen empirisch wirksamen Unterricht in Ernährung und Konsum kennzeichnen. Im Rahmen des Projekts REVIS wurden zwar Bildungsziele von Expert / -innen entwickelt und auf Basis einer breiten Studie durch Rückmeldungen von Lehrpersonen und anderen Akteuren bundesweit evaluiert. Eine empirische Prüfung der Wirksamkeit fand jedoch nicht statt. Zudem ist festzuhalten, dass die angestrebten Wirkungen von Unterricht in Ernährung und Konsum nicht nur auf die Schule begrenzt sind, sondern das alltägliche außerschulische Handeln der Lernenden einbeziehen möchten. Die empirische Prüfung solcher Wirkungen ist anspruchsvoll und aufwändig.

Breite Anerkennung in der wissenschaftlichen Community zur Unterrichtsforschung finden die zehn Merkmale für Unterrichtsqualität von Helmke (2017). Bekanntlich sind dies: 1. Klassenführung, 2. Klarheit und Strukturiertheit, 3. Konsolidierung und Sicherung, 4. Aktivierung, 5. Motivierung, 6. Lernförderliches Klima, 7. Schülerorientierung, 8. Kompetenzorientierung, 9. Passung und 10. Angebotsvielfalt. Helmke argumentiert jedoch nicht fachbezogen; er postuliert die Bedeutung der Merkmale für jeden Unterricht.

In empirischer Hinsicht können Befunde einer quantitativen Studie aus Norwegen (Øvrebø, 2014) mit diesen Merkmalen in Verbindung gebracht werden. Sie beziehen sich auf das dortige Fach „Home Economics" und weisen unter anderem darauf hin, dass der Unterricht stärker als bislang darauf auszurichten wäre, ernährungsbezogenes Wissen aufzubauen und Voreinstellungen bzw. Haltungen der Lernenden zu thematisieren, um das Ernährungs- und Gesundheitshandeln der Lernenden zu verbessern. Hier wäre vermutlich das Qualitätsmerkmal *„kognitive Aktivierung"* nach Helmke (2017) im Rahmen von *„Aktivierung"* angesprochen, wobei die Übertragbarkeit der Befunde aus Norwegen auf den deutschsprachigen Raum nicht zwingend gegeben sein muss. Zudem weisen die Forschenden darauf hin, dass die Methodenvielfalt im Unterricht erweitert werden solle – eine Forderung, die das Qualitätsmerkmal *„Angebotsvielfalt"* nach Helmke (2017) betrifft.

Vergleichen wir die zehn Qualitätsmerkmale nach Helmke (2017) mit den drei didaktischen Prinzipien, die im Rahmen des Projekts REVIS entwickelt wurden, finden wir auf den ersten Blick eine Übereinstimmung zwischen dem Prinzip „Kompetenzorientierung" bei REVIS und „Kompetenzorientierung" nach Helmke (2017). Genauer betrachtet schwindet diese vermutete Übereinstimmung jedoch, da Helmke in dem gleichnamigen Kapitel vor allem auf die Orientierung an Bildungsstandards und Möglichkeiten der

Leistungsmessung eingeht und somit ein ganz anderes Verständnis vertritt als dies in REVIS der Fall ist. Übereinstimmungen lassen sich jedoch feststellen beim Prinzip der Salutogenese (lt. REVIS) und dem Qualitätsmerkmal *„Lernförderliches Klima"* (lt. Helmke, 2017). Im REVIS-Projekt ist das *salutogenetische Prinzip* in Verbindung gebracht mit der Orientierung an den Ressourcen der Lernenden und der Stärkung von Selbstwirksamkeit. Helmke (2017) wiederum hebt ab auf einen unterstützenden Umgang mit Fehlern, eine entspannte, humorvolle Atmosphäre im Unterricht, den Abbau von Leistungsangst sowie ein angemessenes Unterrichtstempo. Insbesondere zwischen dem unterstützenden Umgang mit Fehlern sowie dem Abbau von Leistungsangst und dem salutogenetischen Prinzip lassen sich Parallelen ziehen. So ist zwar nicht empirisch belegt, dass das Qualitätsmerkmal „Lernförderliches Klima" im Unterricht des Faches Ernährung und Konsum die Lernbereitschaft fördert, doch kommt die fachdidaktische Entwicklungsforschung zur Bedeutung des salutogenetischen Prinzips (Bartsch & Methfessel, 2014; Bender, 2010) zu einem ähnlichen Ergebnis wie die Unterrichtsforschung, die keinen Bezug zum Fach hergestellt hat.

Außerdem ist denkbar, dass wir uns auf empirische Studien beziehen, die den Erfolg von einzelnen ernährungs- bzw. gesundheits- oder konsumbezogenen Maßnahmen messen. Obwohl solche Maßnahmen in ihren Zielsetzungen weitaus weniger komplex sind als der ernährungs- und konsumbezogene Unterricht, können hier zumindest Anregungen gefunden werden, um Aussagen zur Unterrichtsqualität zu entwickeln. Grundsätzlich wäre möglich, auf erfolgreiche (sozial)psychologische Theorien aus dem Ernährungs-, Gesundheits- und Konsumbereich zu referieren. So zeigt sich etwa die Theory of Planned Behavior (TPB) von Ajzen und Kollegen als vermutlich valide Basis zur Vorhersage von „Intentionen" und „Verhalten" in den Feldern Gesundheit und Konsum (Ajzen, 1991; Ajzen & Fishbein, 2005). Nach dieser Theorie wären unter anderem soziale und persönliche *„beliefs"* (= Überzeugungen und Normen) sowie *„Perceived Self-Control"* (= wahrgenommene eigene Verhaltenskontrolle) für den Verlauf eines Entscheidungsprozesses wichtig. Im Unterricht von Ernährung und Konsum käme es folglich darauf an, Überzeugungen und Normen der Lernenden zu thematisieren und Lernende zudem darin zu unterstützen, konkrete realistische Umsetzungsmöglichkeiten in ihrem Alltag für das durch den Unterricht angestrebte Handeln zu erkennen. Hinsichtlich des Aspekts „Perceived Self-Control" lässt sich wiederum ein Zusammenhang zum didaktischen Prinzip der Salutogenese gemäß REVIS feststellen: Die Salutogenese beinhaltet auch den Anspruch, dass Menschen erkennen, wie angestrebte Ziele für sie handhabbar werden. Mit Blick auf die Notwendigkeit, „beliefs" im Unterricht anzusprechen, wäre außerdem eine Brücke zu schlagen zu den Befunden der eingangs erwähnten norwegischen Studie.

***Welche Lernumgebungen und Lehr-Lernformen halten Sie für einen wirksamen Unterricht für „Lebensführung" für besonders bedeutsam?***

In den vorigen Antworten wurde bereits darauf hingewiesen, dass der vorrangige Aufbau von praktischen Fertigkeiten im Fach vermutlich nicht genügt. Diese Vermutung ist zu verifizieren mit einer ganzen Reihe von Untersuchungen, auch Reviews, die sich mit den Wirkungen befassen, die „cooking skills" (CS) bzw. „food skills" (FS) auf das Ernährungsverhalten von Menschen haben (Lavelle et al., 2016; McGowan et al., 2017; Seeley, Wu & Caraher, 2010). Zwar lassen sich gewisse *Korrelationen* feststellen, die zeigen, dass Personen, die über CS verfügen, sich im Ganzen bedarfsgerechter ernähren – aber es lassen sich kaum *Kausalitäten* aufzeigen, d. h. es ist keineswegs zu belegen, dass besser ausgeprägte CS zu einer bedarfsgerechten Ernährung führen. Der Zusammenhang könnte vielmehr genauso umgekehrt sein, d. h., dass Personen, die eine bedarfsgerechte Ernährung umsetzen möchten, sich entsprechende CS aneignen. Zudem zeigen Forschende auf, dass weniger die vorrangige Vermittlung von CS wirksam sei, als vielmehr der Aufbau von umfassendem ernährungsbezogenem Wissen sowie die Reflexion von Emotionen, „beliefs" und Werten. Nur dann gelinge es Schülerinnen und Schülern, Kenntnisse, Fähigkeiten und Fertigkeiten längerfristig in ihren individuell unterschiedlichen alltäglichen Situationen zur Anwendung zu bringen. Über CS oder auch FS hinaus gehe es darum, *Food Literacy* zu unterstützen. Diese internationalen empiriegestützten Befunde lassen begründet annehmen, dass Maßnahmen außerschulischer Anbieter zum Aufbau von CS den Erwerb von Food Literacy (und Consumer Literacy) eher zu wenig fördern.

Obwohl in Ernährung und Konsum prinzipiell das Qualitätsmerkmal „Angebotsvielfalt" zu berücksichtigen wäre, ist im Sinne eines gemäßigt konstruktivistischen Lernverständnisses das Angebot von „case-based-learning" (Lernen mit Fallbeispielen, CBL) als bedeutsamer Zugang zur Unterstützung des Alltagsbezugs des Unterrichts zu nennen (Reinmann & Mandl, 2006; Seidel & Reiss, 2014). CBL gilt als eine Form des „problem-based-learning" (PBL) und hat, ursprünglich in der Erwachsenenbildung beheimatet, in der Allgemeinbildung Verbreitung gefunden (ebd.). Mit „Cases" sind keineswegs nur Personen gemeint, sondern alltagsnahe Situationen, die zu weiterem Fragen führen bzw. zu Problemlösungen motivieren. Die verschiedenen vorhandenen Formen des CBL ermöglichen eine Anpassung an unterschiedliche Leistungsniveaus von Lernenden. Nicht zuletzt kann auch mit

„worked examples" ein didaktischer Einstieg in CBL bzw. in PBL geschaffen werden (Renkl, 2008; Renkl, Atkinson, Maier & Staley, 2002): „Worked examples" sehen vor, an ausgewählten Beispielen den Schülerinnen und Schülern zu zeigen, wie sie den betreffenden Fall bearbeiten könnten und Bewältigungsstrategien zu modellieren, so dass Lernende in einem nächsten Schritt selbstständig arbeiten können. CBL bzw. „worked examples" bieten sich auch an im Kontext einer Bildung für Nachhaltigen Entwicklung (BNE): Da Nachhaltige Entwicklung durch mehrere Dimensionen definiert ist und Entscheidungen im Ernährungs- und Konsumbereich unter der Leitidee einer Nachhaltigen Entwicklung folglich den Umgang mit Komplexität und Widersprüchlichkeit mit sich bringen können, scheinen „worked examples" sinnvoll, um Schülerinnen und Schüler dabei zu unterstützen, verschiedene Handlungsoptionen zu entwickeln und zwischen diesen abzuwägen. Die Notwendigkeit solcher Unterstützung bei Entscheidungsprozessen wird durch Befunde aus diversen Studien nahegelegt (Böttcher & Meisert, 2013; Eggert & Bögeholz, 2010; Ratcliffe, 1997; Sakschewski, Eggert, Schneider & Bögeholz, 2014); darunter auch eine eigene qualitative Studie zum Entscheidungsverhalten von Schülerinnen und Schüler.

Während CBL und „worked examples" einen didaktischen Schwerpunkt auf die Förderung von Abwägungsprozessen, Argumentationen und Entscheidungsstrategien setzen, legen die Ergebnisse anderer Studien im Rahmen von BNE nahe, den Lernenden die Gelegenheit zu bieten, ihre Gedanken zu einer Nachhaltigen Entwicklung (NE) zu kommunizieren und dabei auch negative Gefühle, wie Ängste, zu äußern. Lehrpersonen können die Entwicklung von Hoffnung auf Seiten der Heranwachsenden unterstützen, indem sie deren Befindlichkeiten ernst nehmen und lösungsorientiert kommunizieren. Die Fähigkeit zur Selbstreflexion mit Blick auf eigene Emotionen, „beliefs" und Werte bei Ernährungs- und Konsumentscheidungen kann methodisch gefördert werden, z. B. mit speziellen Interviewtechniken, welche die Selbsterforschung anregen. Das explizite Thematisieren von Werten mit Blick auf die moralischen Implikationen von Ernährungs- und Konsumentscheidungen im Kontext einer NE schützt Jugendliche vor einseitigen moralisierenden Manipulationen.

### *Wie sieht eine gute Differenzierung/Individualisierung Ihrer Meinung nach im Unterricht für „Lebensführung" aus?*

Die Passung zwischen den heterogenen Voraussetzungen der Lernenden und dem Lernangebot kann sich auf unterschiedliche Lernermerkmale beziehen. Ich möchte im Folgenden auf das gesellschaftliche Strukturprinzip soziale Herkunft eingehen, wobei die anderen Prinzipien Geschlecht, Ethnie bzw. Migrationshintergrund und Körper den Unterricht ebenfalls beeinflussen. Zugleich richte ich meine Überlegungen zur Differenzierung an den Ausführungen zur vorigen Frage aus, in denen ich auf CBL und unterschiedliche Gesprächsformen als Lehr-Lernangebote eingegangen bin.

Ernährung und Konsum von Menschen ist bekanntlich hoch beeinflusst durch deren soziale Herkunft. Eine aktuelle Studie der Bertelsmann Stiftung zeigt, dass 21% der Kinder (unter 15 Jahren) in Deutschland fünf Jahre oder länger in einer Armutslage leben (Tophoven, Lietzmann, Reiter & Wenzig, 2017). Qualitative Studien in verschiedenen Fächern weisen zudem auf, wie Heterogenität bzw. „Differenz" bezüglich der sozialen Herkunft von Lehrpersonen und Lernenden im Unterricht immer wieder neu konstruiert werden. Vor allem durch die Wahl von Aufgabenstellungen und darauf bezogener Instruktionen durch die Lehrpersonen würden Leistungsunterschiede hervorgebracht. Für das Lehr-Lernangebot in Ernährung und Konsum folgt hieraus, dass Lehrpersonen bei der Auswahl der Ernährungs- und Konsumsituationen, etwa im CBL oder in Lernaufgaben, sorgfältig die unterschiedliche soziale Herkunft der Lernenden berücksichtigen und heterogene Situationen anbieten: Nicht jede Schülerin oder jeder Schüler kann sich jeweils das neueste Modell eines Produkts leisten und könnte sich schämen, dies zuzugeben. Letzteres trifft vor allem bei Konsumgütern mit hohem sozialem Status unter Heranwachsenden zu (Smartphones, Sneakers etc.).

Das Konstrukt „soziale Herkunft" wurde in den jüngeren PISA-Studien genauer erfasst und hierzu das Strukturmerkmal des sozioökonomischen Status (SES) unter anderem erweitert durch Prozessmerkmale wie kommunikative Praxis und konsumtive Praxis in der Herkunftsfamilie. Für die didaktische Gestaltung der Ernährungs- und Konsumbildung ist hier von Bedeutung, dass in PISA 2012 und PISA 2015 auch Problemlösekompetenzen der Lernenden erhoben wurden (OECD, 2014, 2017). In beiden PISA-Studien konnte nachgewiesen werden, dass Leistungsunterschiede beim Problemlösen unter anderem auf die soziale Herkunft der Schülerinnen und Schüler zurückzuführen waren. Dieser Befund lässt sich auch damit erklären, dass Kommunikationsstrukturen in Familien unterschiedlicher sozialer Herkunft unterschiedlich ausgeprägt sind und dass Lernende – je nach sozialer Herkunft – zuhause sehr heterogene kommunikative Umgangsweisen mit Entscheidungen oder Entscheidungsproblemen erwerben. Selbstverständlich sind sprachliche Kompetenzen (und Migrationshintergrund) hier ebenfalls von Bedeutung. Die Befunde sprechen einmal mehr dafür, mit „worked examples" zu arbeiten, um Lernende zu unterstützen. Im Ganzen liegen somit sowohl leistungs- als auch herkunftsbezogene Differenzierungen im Rahmen von Lernaufgaben (nicht nur) beim CBL nahe.

Wenn Lehrpersonen im Kontext ihres Unterrichts „alltagsbezogene" Fälle auswählen möchten, sind sie im Sinne einer optimalen Passung darüber hinaus gefordert, die eigenen subjektiven Annahmen über *„den* Alltag von Jugendlichen" kritisch zu prüfen. Nicht zuletzt spielt hierbei eine Rolle, dass die hohe Heterogenität der Lernenden in deutlichem Gegensatz steht zu dem eher homogenen Bild, das die Lehrpersonen in Bezug auf Geschlecht, soziale Herkunft und Migrationshintergrund abgeben.

*Welche immer wiederkehrenden fachspezifischen Herausforderungen im Unterrichtshandeln müssen Ihrer Meinung nach die Lehrpersonen beherrschen, um im Unterricht für „Lebensführung" eine angemessene Unterrichtsqualität garantieren zu können?*

Die Komplexität von fachlichen Zusammenhängen in Ernährung und Konsum und die im Unterricht angesprochenen unterschiedlichen moralischen Implikationen von Ernährungs- und Konsumentscheidungen bringen mit sich, dass es auf einige Fragen in Ernährung und Konsum keine „richtigen" oder „falschen" Antworten gibt und / oder dass einige Fragen nicht mit wenigen eindeutigen Sätzen zu beantworten sind. Konkret kann dies bedeuten, dass Lehrpersonen im interaktiven Kontext auf Fragen von Schülerinnen und Schüler mit einem „Das kommt darauf an!" oder „Das ist deine persönliche Entscheidung" antworten dürfen bzw. müssen, oder dass Lehrpersonen hohe Konzentration und Prägnanz benötigen, um die Fragen von Jugendlichen im Unterricht nicht allzu langatmig zu beantworten. Auch im Zusammenhang mit der Bearbeitung von Lernaufgaben im Rahmen des CBL kann es vorkommen, dass mehrere Lösungen „richtig" sind. Obwohl man argumentieren könnte, dass diese Offenheit bei den Antworten und Lösungen letztlich befreiend wirken kann, wird sie von Lernenden und Lehrenden teilweise als nichtssagend oder verwirrend erlebt.

*Worauf gilt es bei der Entwicklung und dem Einsatz von Aufgaben bzw. Aufgabensets im kompetenzorientierten Unterricht für „Lebensführung" besonders zu achten?*

Hier lassen sich die vorstehenden Überlegungen weiterführen: Lernaufgaben in Ernährung und Konsum können unter anderem im Rahmen eines CBL formuliert werden. Sie greifen Heterogenitätsdimensionen konstruktiv auf und eröffnen den Raum für unterschiedliche Lösungs- bzw. Handlungsentwürfe. Zudem motivieren und unterstützen sie Gespräche der Lernenden über emotionale und moralische Aspekte und Werte.

Darüber hinaus stehen Lehrpersonen bei der Konstruktion von Lernaufgaben in Ernährung und Konsum vor der Herausforderung, Fallbeispiele auszuwählen, die im Sinne einer *didaktischen Reduktion* die betreffenden fachlichen Themen sowohl quantitativ als auch qualitativ repräsentieren. Ich verwende den Begriff der didaktischen Reduktion hier im Anschluss an Lehner (2012) als Überbegriff über ähnliche Termini wie „didaktische Rekonstruktion" oder „didaktische Transformation". Während die *quantitative* Reduktion insbesondere (aber nicht nur) das Prinzip der Exemplarität umfasst, bezieht sich die *qualitative* Reduktion u.a. auf den Anspruch, inhaltliche Komplexität zu vereinfachen. Lehrpersonen wählen im Zuge des CBL für ihre Aufgabenstellungen somit Fälle aus, die über sich „hinausweisen" und deren Bearbeitung den Lernenden umfassendere Verstehens- und Handlungszusammenhänge eröffnet. Außerdem sind Lehrpersonen gefordert, Fälle zu nutzen, welche das zum Teil hohe Komplexitätsniveau der Themen in den Bereichen Ernährung und Konsum vereinfachen und trotzdem fachlich korrekt widerspiegeln. Die angesprochenen Auswahlkriterien setzen fachwissenschaftliche Kompetenz voraus, die untrennbar mit fachdidaktischen Kompetenzen verwoben sind.

### Welche Schritte empfehlen Sie aufgrund Ihrer wissenschaftlichen bzw. erfahrungsbasierten Expertise als „first steps" für angehende Lehrpersonen im Fach, die sie für guten Unterricht für „Lebensführung" umsetzen können?

Durch bildungspolitische Maßnahmen ist das Curriculum des Faches in Baden-Württemberg, aber auch in anderen Bundesländern, mehrfach umdefiniert worden. Angehende Lehrpersonen haben es aus diesem Grund schwer, eine fachbezogene professionelle Identität zu entwickeln: Auch dann, wenn sie Themen zu Ernährung und Konsum im Rahmen ihrer eigenen schulischen Biografie erfahren haben, geschah dies vermutlich unter einem anderen curricularen Vorzeichen. Zudem kennen viele Studierende das Fach nicht, weil es am Gymnasium oft nicht unterrichtet wird. Da wir aus der Forschung wissen, dass berufsbezogene Überzeugungen bzw. „beliefs" sowie moralische Überzeugungen im Unterricht wirksam werden, ist ein „first step" in der fachdidaktischen Bildung von Lehrpersonen, die subjektive Verortung der Studierenden im Fach zu fördern und sie dabei zu unterstützen, sich ihre Absichten, fachbezogenen Überzeugungen sowie Werteorientierungen bewusst zu machen und u.a. folgende Fragen zu reflektieren: Was möchte ich erreichen? Welche Ziele verfolge ich im Fach in kritisch-konstruktiver Auseinandersetzung mit dem Curriculum und mit fachdidaktischen Konzepten? Welche Werte sind im Fach angesprochen? etc. Eine schwedische Studie zu „Home Economics" (Håkansson, 2015) weist darauf hin, dass Lehrpersonen ohne formale Bildung im Fach („fachfremde" Lehrpersonen) eher dazu tendieren, Schülerinnen und Schüler moralisch indoktrinieren zu wollen, als fachlich gebildete Lehrpersonen. Bei der konkreten

Unterrichtsplanung bestehen die „first steps" dann darin, für den jeweiligen Kompetenzaufbau geeignete „Fälle" zu entwickeln, die den oben skizzierten Kriterien mit Blick auf die Lernenden und die Fachsystematik genügen.

### Was ist Ihrer Ansicht nach das Besondere am Unterricht für „Lebensführung"?

Aus Sicht der wissenschaftlichen Fachdidaktik besteht eine zentrale Besonderheit des Faches darin, dass seine curriculare Entwicklung durch hohe Unbeständigkeiten gekennzeichnet ist. Diese spiegeln sich wider in den zahlreichen unterschiedlichen Fachbezeichnungen, die das Fach in Vergangenheit und Gegenwart in den Bundesländern erhalten hat. Auch im deutschsprachigen Raum sowie im internationalen Kontext sind die Themenbereiche Ernährung und Konsum in diversen Fächern verortet: über „Hauswirtschaft" zu „Wirtschaft, Arbeit, Haushalt" (in der Schweiz) oder als „Home Economics" (gängige Übersetzung der Fachbezeichnung in den skandinavischen Ländern) oder „Family and Consumer Studies / Science" (in einigen Staaten der USA). Selbstverständlich werden mit den diversen curricularen Begriffen auch jeweils unterschiedliche curriculare Schwerpunkte verbunden. In die damit verknüpften Legitimationsdiskurse fließen umfangreiche Ressourcen der Akteure. Als weitere Besonderheit ist zu vermerken, dass es sich um ein verhältnismäßig „junges Fach" an der allgemeinbildenden Schule handelt. Im deutschsprachigen Raum wurde es „erst" ca. im letzten Drittel des 19. Jahrhunderts eingeführt, ohne dass es im Rahmen der Allgemeinbildung analoge Vorgängerfächer gab. Diese Aspekte tragen dazu bei, dass sowohl aus fachdidaktischer Sicht als auch aus Sicht der schulischen Akteure die Entwicklung einer spezifischen Fachkultur erschwert war und ist. Dies verunsichert Lehrpersonen darin, einen fachspezifischen Habitus zu entwickeln. Letzteres vollzieht sich vorrangig unbewusst und ist verbunden mit all den Praktiken, die als „doing teacher" (bzw. „doing student") das jeweilige Fach hervorbringen. Selbstverständlich liegt in dem Wechsel der Curricula und Fachbezeichnungen aber auch eine Chance zur lebendigen Veränderung des Faches und zu aktuellen Erneuerungsprozessen.

### Welcher Name trifft aus Ihrer Sicht das Kernanliegen einer Bildung für „Lebensführung"?

„Unterricht für Lebensführung" ist aus meiner Sicht zu wenig konkret und macht den curricularen Kern des Faches zu wenig deutlich. „Lebensführung" verbleibt auf einem ähnlich allgemeinen Niveau wie etwa der Begriff „Daseinskompetenz", der in den 1990er Jahren, ausgehend vom 5. Familienbericht, fachdidaktische Diskurse in Deutschland prägte. Ähnliches trifft aus meiner Sicht für den Begriff der „Alltagskompetenz" zu, zumal dieser Terminus derzeit deutlich im Kontext der Pflege alter Menschen verbreitet ist. „Lebensführung" oder auch „alltägliche Lebensführung" sind darüber hinaus Termini, die genuin in der Soziologie bearbeitet wurden. Eine angemessene Fachbezeichung sollte in der wissenschaftlichen Tradition des betreffenden Faches verankert sein.

Meine heimliche Sympathie gilt der Fachbezeichnung „Hauswirtschaft". Der private Haushalt als Akteur in all seinen Belangen stünde mit dieser Fachbezeichnung im Fokus, und insbesondere auch die Sozioökonomie des Haushalts fände (wieder) mehr Berücksichtigung.

Doch scheint mir dieses Vorhaben wenig aussichtsreich: Die Bezeichnung „Hauswirtschaft" ist im schulischen Kontext historisch belastet. Sie gilt als altmodisch, ist mit dem „Kochunterricht" verbunden, und bringt folglich die Gefahr mit sich, dass einseitige Fachorientierungen (wieder) den Aufbau von Food Literacy und Consumer Literacy stören. So plädiere ich für die Fachbezeichnung Ernährung und Konsum, ähnlich wie im REVIS Projekt vorgeschlagen. Mir scheint selbstverständlich, dass insbesondere ‚Ernährung' nur im Zusammenhang mit ‚Gesundheit' thematisiert werden kann, sodass ich bei der Benennung des Faches auf diesen Zusatz verzichten würde.

# Literatur

Ajzen, I. (1991). The theory of planned behavior. *Organizational Behavior and Human Decision Processes, 50*(2), 179–211.

Ajzen, I. & Fishbein, M. (2005). The influence of attitudes on behavior. In: D. Albarracín, B. T. Johnson & M. P. Zanna (Hrsg.), *The handbook of attitudes* (S. 173–221). Mahwah, N J.: Erlbaum.

Bartsch, S. & Methfessel, B. (2014). „Der subjektive Faktor". Bildung in einem lebensweltorientierten Fach. *Haushalt in Bildung & Forschung, 3*(3), 3–32.

Bender, U. (2010). Aufgabenkulturen in der Ernährungs- und Konsumbildung – ein Diskussionsbeitrag zur Unterrichtsentwicklung. *Hauswirtschaft und Wissenschaft, 58*(3), 122–129.

Böttcher, F. & Meisert, A. (2013). Effects of Direct and Indirect Instruction on Fostering Decision-Making Competence in Socioscientific Issues. *Research in Science Education, 43*(2), 479–506.

Eggert, S. & Bögeholz, S. (2010). Students' use of decision-making strategies with regard to socioscientific issues. An application of the Rasch partial credit model. *Science Education, 94*(2), 230–258.

Fachgruppe Ernährung und Verbraucherbildung. (2005). *Schlussbericht: REVIS Modellprojekt. 2003–2005.* Universität Paderborn. Verfügbar unter http://www.evb-online.de/docs/schlussbericht/REVIS-Schlussbericht-mit_Anhang-mit.pdf

Håkansson, A. (2015). Indoctrination or education? Intention of unqualified teachers to transfer consumption norms in home economics teaching. *International Journal of Consumer Studies, 39*(6), 682–691.

Helmke, A. (2017). *Unterrichtsqualität und Lehrerprofessionalität. Diagnose, Evaluation und Verbesserung des Unterrichts* (Schule weiterentwickeln, Unterricht verbessern Orientierungsband, 7. Aufl.). Seelze-Velber: Klett / Kallmeyer.

Lavelle, F., Spence, M., Hollywood, L., McGowan, L., Surgenor, D., McCloat, A., … Dean, M. (2016). Learning cooking skills at different ages: a cross-sectional study. *The international journal of behavioral nutrition and physical activity, 13*(119), 1–11.

Lehner, M. (2012). *Didaktische Reduktion* (UTB Pädagogik, Bd. 3715, 1. Aufl.). Bern: Haupt Verlag.

McGowan, L., Caraher, M., Raats, M., Lavelle, F., Hollywood, L., McDowell, D., … Dean, M. (2017). Domestic cooking and food skills: A review. *Critical reviews in food science and nutrition, 57*(11), 2412–2431.

OECD. (2014). *PISA 2012 Results: Creative Problem Solving: Students' Skills in Tackling Real-Life Problems* (Volume V). Paris: OECD Publishing. Retrieved June 13, 2019, from http: / / dx.doi.org / 10.1787 / 9789264208070-en

OECD. (2017). *PISA 2015 Results* (Volume V). Collaborative Problem Solving. Paris: OECD Publishing. Retrieved June 13, 2019, from http: / / dx.doi.org / 10.1787– 9789264208070-en

Øvrebø, E. M. (2014). Knowledge and attitudes of adolescents regarding home economics in Tromsø, Norway. *International Journal of Consumer Studies, 38*(1), 2–11.

Ratcliffe, M. (1997). Pupil decision-making about socio-scientific issues within the science curriculum. *International Journal of Science Education, 19*(2), 167–182.

Reinmann, G. & Mandl, H. (2006). Unterrichten und Lernumgebungen gestalten. In: A. Krapp & B. Weidenmann (Hrsg.), *Pädagogische Psychologie. Ein Lehrbuch* (5., vollst. überarb. Aufl., S. 613–658). Weinheim: Beltz PVU.

Renkl, A. (2008). Lernen und Lehren im Kontext der Schule. In: A. Renkl (Hrsg.), *Lehrbuch Pädagogische Psychologie* (S. 109–153). Bern: Huber.

Renkl, A., Atkinson, R. K., Maier, U. H. & Staley, R. (2002). From Example Study to Problem Solving. Smooth Transitions Help Learning. *The Journal of Experimental Education, 70*(4), 293–315.

Sakschewski, M., Eggert, S., Schneider, S. & Bögeholz, S. (2014). Students' Socioscientific Reasoning and Decision-making on Energy-related Issues – Development of a measurement instrument. *International Journal of Science Education, 36*(14), 2291–2313.

Seeley, A., Wu, M. & Caraher, M. (2010). Should we teach cooking in schools? A systematic review of the literature of school-based cooking interventions. *Journal of the Home Economics Institute of Australia, 17*(1), 10–18. Retrieved August 20, 2018, from http: / / openaccess.city.ac.uk / 7878 /

Seidel, T. & Reiss, K. (2014). Lerngelegenheiten im Unterricht. In: T. Seidel & A. Krapp (Hrsg.), *Pädagogische Psychologie* (6. vollst. überarb. Aufl., S. 253–275). Weinheim: Beltz.

Sekretariat der Ständigen Konferenz der Kultusminister der Länder in der Bundesrepublik Deutschland. (2013a). *Empfehlung zur Gesundheitsförderung und Prävention in der Schule.* Beschluss der Kultusministerkonferenz vom 15.11.2012. KMK. Zugriff am 28.09.2018 unter https: / / www.kmk.org / dokumentation-statistik / beschluesse-und-veroeffentlichungen / bildung-schule / allgemeine-bildung.html#c1399

Sekretariat der Ständigen Konferenz der Kultusminister der Länder in der Bundesrepublik Deutschland. (Hrsg.) (2013b). *Verbraucherbildung an Schulen*. Beschluss der Kultusministerkonferenz vom 12.09.2013. Berlin. Verfügbar unter https://www.kmk.org/dokumentation-statistik/beschluesse-und-veroeffentlichungen.html

Ständige Konferenz der Kultusminister der Länder in der Bundesrepublik Deutschland & Bundesministerium für wirtschaftliche Zusammenarbeit und Entwicklung. (Hrsg.) (2016). *Orientierungsrahmen für den Lernbereich Globale Entwicklung im Rahmen einer Bildung für nachhaltige Entwicklung. Ein Beitrag zum Weltaktionsprogramm „Bildung für nachhaltige Entwicklung"* (2. akt. u. erw. Aufl.). Berlin. Verfügbar unter https://www.kmk.org/dokumentation-statistik/beschluesse-und-veroeffentlichungen/bildung-schule/allgemeine-bildung.html#c1452

Tophoven, S., Lietzmann, T., Reiter, S. & Wenzig, C. (2017). *Armutsmuster in Kindheit und Jugend. Längsschnittbetrachtungen von Kinderarmut*. Zugriff am 28.08.2018 unter https://www.bertelsmann-stiftung.de/es/publikationen/publikation/did/armutsmuster-in-kindheit-und-jugend/

WERNER BRANDL

# DIE SCHLECHTE MEINUNG ÜBER DIE THEORIE
## (UND DAZU KOMPLEMENTÄR DIE GUTE ÜBER DIE PRAXIS) IST NICHT ANGEBRACHT

Brandl, Werner, M. A., Institutsrektor i. R., Staatsinstitut für die Ausbildung von Fachlehrern, Abteilung II, München.

***Welches fachwissenschaftliche und fachdidaktische Wissen und Können der Lehrperson sind aus Ihrer Sicht für die Qualität des Unterrichts für „Lebensführung" besonders wichtig?***

Unterricht für Lebensführung besteht darin, dass sich dessen lebensweltliche Bezugspunkte und Zielvorstellungen aus sehr differenten individuellen Kontexten speisen und damit auch die Inhalte des korrespondierenden *Fach*unterrichts sich aus Fragestellungen diverser natur-, sozial- und geisteswissenschaftlich ausgerichteter Wissenschaften ergeben: Biologie, Medizin, Psychologie, Soziologie, Ökonomie, Ethik – um nur ein paar zu nennen. Dass Lehrkräfte einer Bildung für Lebensführung nicht das gesamte Spektrum der genannten Wissenschaften abdecken können, liegt damit auf der Hand und verweist auf die Bedeutung und Notwendigkeit eines *inter- und transdisziplinären Vorgehens* und benennt auch gleichzeitig das Fundament einer entsprechenden fach*didaktischen* Ausrichtung. Dies impliziert notwendigerweise auch fundierte pädagogisch-psychologische Kompetenzen in der *Klassenführung (Classroom Management), der kognitiven Aktivierung und der konstruktiven*

*Unterstützung*, um entsprechend zielführend ergebnisorientierte Lehrarrangements konzipieren zu können, die sich auf *aktuelle Erkenntnisse der Lehr-Lernforschung*, wie z. B. der Bedeutung einer (lern-)effizienten Steuerung des sozialen Klassengefüges, der Auswahl herausfordernder Aufgabenstellungen und einer adaptiven und respektvollen Hilfestellung bei Verständnisproblemen für die Unterrichtsqualität, stützen.

### Welche Qualitätsmerkmale halten Sie für den Unterricht für „Lebensführung" für essenziell?

Die Qualitätsmerkmale für den Unterricht Lebensführung sind m. E. die gleichen / dieselben, die für den Unterricht allgemein gelten, nämlich solche Strukturen und Prozesse zu gestalten, die den *nachhaltigen Outcome sicherstellen*: Von *daher* sind quasi rückwärts gedacht der inhaltliche Input und *methodische Throughput* zu bestimmen. Und da ist die Unterscheidung von Tiefenstrukturen und Sicht- (bzw. Oberflächen)strukturen hilfreich: Der Blick allein auf die äußeren Gegebenheiten, wie die vielfältigen Organisations- und Sozialformen sowie zahlreichen Methoden des Unterrichtens, ist bei weitem nicht ausreichend, um damit seine Qualität zu beschreiben. Was und wie die Lernenden mit den Lerninhalten 'anstellen' bzw. umgehen, ist der alles entscheidende 'Knackpunkt' – und da hilft nur die *kognitive Aktivierung* als eigene Anstrengung der Lernenden und eine entsprechend *konstruktive Unterstützung* durch die Lehrenden, die sich z. B. durch einen geduldigen Umgang mit Verständnisproblemen und individuellen Schwierigkeiten, damit auch durch Fehlertoleranz und ein Feedback auszeichnet, das sich nicht nur auf das Lernergebnis bezieht, sondern auch den Lernprozess und eine zukünftig selbstständigere Aufgaben- und Problembewältigung einschließt.

### Welche Lernumgebungen und Lehr-/Lernformen halten Sie für einen wirksamen Unterricht für „Lebensführung" für besonders bedeutsam?

Die Termini Lern*umgebung* und Lehr- / Lern*form* verführen geradezu, die *äußerlichen* und *formalen / methodischen* Elemente des *Lernens* insoweit in den Vordergrund zu rücken, dass die Gefahr einer Verkürzung besteht, die meint, mit deren Gestaltung und Einsatz bereits den Lernerfolg zu garantieren. Der damit nahe liegende Blick auf die *Sicht*strukturen des Unterrichts begnügt sich mit den allzu offensichtlichen Bestandteilen des Unterrichts und verstellt bzw. verhindert den notwendigen Blick auf die *Tiefen*strukturen des *Lernens*. Auf diese ist allerdings nicht unmittelbar zuzugreifen und lediglich z. B. durch entsprechende kognitive Aktivierung anzuregen. Insofern präferiere ich auch den Begriff des *Lehrarrangements*, der m. E. zwar deutlicher die

*Verantwortung der Lehrenden* für die Her- und Zurverfügungstellung lernwirksamen inhaltlichen sowie methodischen und didaktischen Materials und Instrumentariums benennt, die *Zuständigkeit der Lernenden* für die Aneignung nicht ersetzen kann. Am Beispiel der von Hattie aus der Metaanalyse von Fendick (1990) mit immerhin einer Effektstärke von d=.75 als besonders lernwirksam herausgestellten *Klarheit der Lehrperson* kann deren Komplexität verdeutlicht werden: Die *Klarheit* bezieht sich nämlich auf den Kern der Professionalität einer Lehrkraft, klare Vorstellungen von den Unterrichtszielen, vom Lernstand der Lernenden, von der Organisation der Unterrichtseinheiten, der Erläuterungen, Beispiele, Übungen, auch von Lernprozess und -resultat zu haben und auch umsetzen zu können – und dazu gehört – wenig verwunderlich – auch eine klare Sprache!

### Wie sieht eine gute Differenzierung/Individualisierung Ihrer Meinung nach im Unterricht für „Lebensführung" aus?

Die Forderung nach einer Passung der Lern*angebote* und den Lern*voraussetzungen* treibt die Pädagogik und Didaktik ja bereits seit ihrer Etablierung um. In der Lehrerbildung werden sie als wesentliche Bestimmungsstücke gelingenden Unterricht postuliert und auch als solche in Unterrichtsentwürfen formuliert – bleiben dennoch meist schlicht *Etikett*. Und dies ist auch nicht verwunderlich, da die Voraussetzungen aufseiten der Lernenden weder in toto noch überhaupt in lernrelevanter Weise erfasst werden können, sondern immer eher auf einer Feststellung oberflächlicher (soziodemografisch verbrämter individueller) 'Merkmale' und hypothetischer Konstruktion 'innerer Wert' basieren. Mit den unsäglichen 'Lerntypen' z. B. wird eine theoretisch fundierte Fassung suggeriert, die weder die Lernenden und ihr Lernen auch nur ansatzweise korrekt beschreiben können, noch eine praktikable Handhabbarkeit durch die Lehrenden ermöglicht, sondern nur viel 'Geklippere' produziert. Man kommt gerade in Fragen der *Lebensführung* ja nicht umhin, die Adressaten in zweifacher Hinsicht zu thematisieren: Zum einen als *Lernende* mit ihren je individuellen Vorerfahrungen und damit verbundenen spezifischen Vorkenntnissen und zum anderen als unmittelbar betroffene und zuständige *Akteure* in ihren lebensweltlichen Kontexten. Damit stehen in der Tat die *Lernenden* und *die Inhalte* sehr pointiert im Zentrum eines 'analogen' Unterrichts für Lebensführung – alles Methodische und Mediale hat sich daran zu orientieren!

**Welche immer wiederkehrenden fachspezifischen Herausforderungen im Unterrichtshandeln müssen Ihrer Meinung nach die Lehrpersonen beherrschen, um im Unterricht für „Lebensführung" eine angemessene Unterrichtsqualität garantieren zu können?**

Um sich entlang eines stark vereinfachten Unterrichtsmodells mit *Einstieg – Entfaltung – Konsolidierung – Ausstieg* dieser Frage zu nähern: Für den *Einstieg* wird ja gerne auch die Frage der Motivation aufgeworfen, leider oftmals allein unter dem Aspekt, den Unterrichtsgegenstand *interessant* zu machen und damit eher am Gegenstand eine von außen herangetragene und von Äußerlichkeiten gekennzeichnete Betrachtungsweise vorzunehmen. Eine problemorientierte Herangehensweise hingegen verankert den Unterrichtsgegenstand in zweierlei Hinsicht: In welcher Weise betrifft er den Alltag und die Lebenswelt und welche Er- und Beiträge aus den relevanten Wissenschaften helfen dabei. Die Kernproblematik bleibt, entlang der *lebensweltlichen Kontexte und wissenschaftlichen Konzepte* zu *entfalten* und (lern-) schrittweise zu bearbeiten sowie Sorge dafür zu tragen, dass *jeder einzelne Lernschritt* konsolidiert wird, sodass der Aufbau konzeptionellen Wissens (ab-)gesichert werden kann. Dies gilt m. E. allgemein für jeden Unterricht und bedarf deshalb auch keiner Spezifizierung für die 'Lebensführung'.

**Worauf gilt es bei der Entwicklung und dem Einsatz von Aufgaben bzw. Aufgabensets im kompetenzorientierten Unterricht für „Lebensführung" besonders zu achten?**

Aufgaben sind unbestritten *Dreh- und Angelpunkt* des Unterrichts. Sie geraten dennoch häufig im wahrsten Sinne zu ‚oberflächlich', dringen sie in den Kern der Lerninhalte nicht in einer Tiefe ein, die den Sachverhalt in seiner Komplexität (von mir aus auch Kompliziertheit) tatsächlich erfassen hilft. Dies setzt unbedingt voraus, dass die Lerninhalte zunächst in ihren sachstrukturellen Facetten erfasst, die zugrunde liegenden Konzepte erkannt und die lebensweltlichen Kontexte aufgewiesen werden können. Essenziell ist die strikte Trennung von *Lern*aufgaben und *Aufgaben*, die der Dokumentation, Bewertung und Beurteilung der Lern*ergebnisse* dienen.

*Welche Schritte empfehlen Sie aufgrund Ihrer wissenschaftlichen bzw. erfahrungsbasierten Expertise als „first steps" für angehende Lehrpersonen im Fach, die sie für guten Unterricht für „Lebensführung" umsetzen können?*

Hier ist m. E. zuvorderst einmal etwas mehr Skepsis der Mär von der Notwendigkeit von ‚mehr (Unterrichts-)Praxis' als ‚first step' und Qualitätssicherung in der Lehrerausbildung entgegenzubringen. Die *Reflexionen* über das *Weiß-wozu, -wie, -womit, -wofür etc.* des *Unterrichtens* (und Erziehens – und damit von Bildung!) sind in ihren vielfältigen theoretischen Dimensionen unerlässlich: Das mag zwar anstrengend sein, lässt sich aber nicht durch den oberflächlichen Blick auf die praktische Durchführung ersetzen. Ebenso ist die Vorstellung obsolet, dass es eine ‚rezeptologische' Sicherstellung erfolgreichen Unterrichts geben könnte. Angesichts der strukturellen und prozessualen Unvorhersehbarkeit und Unsicherheit im Lehr-Lerngeschehen ist schon *mentale Flexibilität* das A&O für das Handeln der Lehrenden. Die schlechte Meinung über die Theorie (und dazu komplementär die gute über die Praxis) ist insofern nicht angebracht – und vielleicht als ‚first step' mit Lehramtsstudierenden zu diskutieren!

*Was ist Ihrer Ansicht nach das Besondere am Unterricht für „Lebensführung"?*

Kurz gesagt: Quasi *aus* der Lebensführung *für* die Lebensführung rekurrieren die Bildungsinhalte auf Alltag und Lebenswelt und zielen wiederum auf eine Verwendung und Verwertung zur Alltagsbewältigung und Lebensgestaltung. Was z. B. in naturwissenschaftlichen Fächern als Lebensweltbezug erst mühsam hergestellt werden muss, ist in der Lebensführung unmittelbar Gegenstand der Betrachtung. Dies könnte eigentlich ein ganz kommoder Anknüpfungspunkt sein, muss nämlich die Relevanz an den Inhalten nicht erst aufgewiesen werden, sondern ergibt sich quasi von sich aus. Leider ist aus dieser Tatsache in der Vergangenheit der Schluss gezogen worden, dass man dieses Faktum eher als Defizit betrachtete und „von den Füßen auf den Kopf" gestellt hat, indem man sich der Angelegenheit eher theoretisch abstrakt genähert hat. Die andere Seite der Medaille sei natürlich auch nicht verschwiegen: Es ist sicherlich nicht damit getan, das, was im alltäglichen Lebensvollzug tagtäglich stattfindet, auch ausschließlich in dieser Banalität zum Unterrichtsgegenstand zu machen, indem man sich eine intellektuelle Anstrengung dann ganz erspart.

### Welcher Name trifft aus Ihrer Sicht das Kernanliegen einer Bildung für „Lebensführung"?

„Lebens*führung*" beschreibt m. E. eher das von *außen betrachtende 'Reich der Notwendigkeit'* (ähnlich wie Lebens*art*, Lebens*stil*, Lebens*weise*, die gesellschaftlich relevante Funktionen und Prozesse beschreiben) und kann die *von den Individuen gewünschte Autonomie und Optionen in der Gestaltung* nicht deutlich (genug) aufzeigen. Allerdings bleibt mangels einer 'besseren' in diese Richtung zielenden begrifflichen Fassung *Lebensführung* wohl dennoch die bessere Wahl.

## Literatur

Fendick, F. (1990). *Correlation between teacher clarity of communication and student achievement gain: a meta-analysis.* Unpublished Ph.D., University of Florida, FL. Retrieved from https://ufdc.ufl.edu/AA00032787/00001

URSULA BUCHNER

# KOGNITIV ANSPRUCHSVOLLEN UNTERRICHT IM BEWUSSTSEIN PLANEN, WELCHES DENKEN DEM TUN INNEWOHNT

Buchner, Ursula, Mag. phil. Dipl. Päd.; bis Februar 2019 Dozentin an der Pädagogischen Hochschule Salzburg Stefan Zweig; Arbeitsschwerpunkt: Fachdidaktik Ernährung und Haushalt.

*Welches fachwissenschaftliche und fachdidaktische Wissen und Können der Lehrperson sind aus Ihrer Sicht für die Qualität des Unterrichts für „Lebensführung" besonders wichtig?*

Mit Qualität von Unterricht in der Pflichtschule assoziiere ich erstens eine langfristig wirksame, also nachhaltige Bildungsarbeit in dem Sinne, als dass Fachunterricht seinen Beitrag zu Allgemeinbildung im Verständnis einer gemeinsamen Bildungswirksamkeit der Fächer leistet. Dazu ist es notwendig, Fachunterricht in den Gesamtkontext zur Aufgabe von Schule und der jeweiligen Schulart zu stellen: der Vermittlung von Wissen und Werten, von Sach-, Selbst- und Sozialkompetenz. Neben einem konzeptionellen Verständnis von Allgemeinbildung braucht es Wissen über die Geschichte und Entwicklung des Fachunterrichtes, die in der Gestaltung der Lehrpläne und Stundentafeln sichtbar wird und die Wahrnehmung des Lernens im Fachunterricht heute prägt. Nur in Kenntnis der bildungstheoretischen und schulrechtlichen Grundlagen kann ein schulautonom gestaltbarer Rahmen für einen „wirksamen" Fachunterricht auch sinnstiftend genutzt bzw. ausgeschöpft werden.

Beide Gegenstandsbereiche – sowohl das Lernfeld *Ernährung* als auch das Lernfeld *Haushalt* – sind komplex und vielzielig. Daraus erwächst einmal die Notwendigkeit der Reduktion, zum anderen liegt genau hierin die Chance, sich über vielfältige Ansatzpunkte sinnstiftend in die Bildungsarbeit einbringen zu können. Mit Qualität assoziiere ich zweitens die Auswahl exemplarisch bedeutsamer Inhalte, an denen die Kernideen des Faches erschlossen werden. Dies ist nur mit Hilfe eines elaborierten Gegenstandsbewusstseins möglich. Die fachspezifischen Wissensbestände zu Ernährung und Lebensführung im Haushalt umfassen zum einen Sach- und Orientierungswissen zu Bedürfnissen und Ressourcen zur Bedarfsdeckung. Zum anderen sind die ernährungs- und haushaltsbezogenen Entscheide selbst Gegenstand einer Bildung für den Haushalt. Wie werden Prioritäten begründet, verantwortet, beeinflusst? Wie werden Entscheidungen zur Lebensgestaltung im Privathaushalt getroffen und durchgesetzt? Fachwissen umfasst auch Metawissen über die Wirksamkeit der (diversen) kulturellen Leitbilder, die als Werte und Normkonzepte in „gutes" soziales, ökonomisches und ökologisches Handeln im Haushalt einfließen.

Fachunterricht kann auf der Grundlage unterschiedlicher didaktischer Konzeptionen (vgl. Buchner, 2013, 2105) geplant werden, die sich in ihren zentralen Kernideen unterscheiden und diversen „Denkwegen" folgen, wie zum Beispiel *systemisches Denken* (Umweltfreundlich Haushalten) oder *Kosten-Nutzen-Analysen* (Kaufen oder Selbermachen?) oder *sozial-integratives Lernen* (Care-Arbeit). Die Wahl des Lernwegs, also welches Denken im Fachunterricht in den Vordergrund gestellt wird, ist eine didaktische Entscheidung der Lehrperson am Schulstandort, die von der Formulierung der Kernidee über die Auswahl beispielhafter Lernanlässe bis hin zu den Beurteilungskriterien für „gutes" Lernen den situativen Gegebenheiten entsprechend vorbereitet werden muss. Diverse Lernwege können zu „gutem" Fachunterricht führen, diese zu kennen erhöht die Gestaltungsalternativen von Fachunterricht im Rahmen schulautonom gestalteter Stundentafeln.

„Haushalten" im Sinne eines verantworteten Umgangs mit Ressourcen ist seit alters eine Tugend, ein am Gemeinwohl orientierter Lösungsansatz für die individuelle Daseinsvorsorge ist ein ethisch-moralisches Anliegen. Der Fachunterricht ist laut Vorgaben des Fachlehrplans (BMBWF, o. J.) den Orientierungen aus dem Gesundheits- und Nachhaltigkeitsdiskurs verpflichtet. Und so assoziiere ich drittens mit dem Wort „Qualität" den Beitrag des Faches zur Entwicklung der Persönlichkeit: die diversen handlungsleitenden Wertemuster wahrnehmen, Perspektivenwechsel und Differenzfähigkeit üben und reflektieren, was dieses Wissen aus dem jeweiligen Blick auf die Dinge mit mir macht – um solche Lernprozesse initiieren und begleiten zu können, benötigen angehende Lehrpersonen Wissen über z. B. eine dialogische und handlungsorientierte Unterrichtsgestaltung, einschlägige Selbsterfahrung und Reflexionskompetenz.

### Welche Qualitätsmerkmale halten Sie für den Unterricht für „Lebensführung" für essenziell?

In meinen Auslegungen gehe ich von einem kognitiv-konstruktivistischem Lernbegriff aus, der Unterricht in der Schule als Denkförderung im Sinne einer (interaktiven) Auseinandersetzung mit Wissensbeständen (diverser Art) versteht. Lernen **in** einem allgemeinbildenden Unterrichtsfach fördert die Wahrnehmung von Welt aus allen Modi der Welterschließung und regt die reflektierende Auseinandersetzung mit Sach- und Orientierungswissen an.

Kognitiv anspruchsvoller Unterricht wird im Bewusstsein geplant, welches Denken dem Tun innewohnt. Tagesmahlzeiten planen und zubereiten, Kulturtechniken der Nahrungsproduktion kennenlernen, Güter des täglichen Bedarfs und haushaltsnahe Dienstleistungen nach differenzierten Gesichtspunkten beurteilen, … im Sinne eines nachhaltigen Kompetenzerwerbs geht es bei jedem Lernweg um eine zentrale Kernidee, die über variierende Inhalte erschlossen wird. Die „Zumutung" an das Lernen im Fachunterricht besteht darin, dass die unmittelbare subjektive Betroffenheit und die alltägliche Routine zur persönlichen Daseinsgestaltung überwunden werden muss und das Allgemeine, das der spezifischen Situation innewohnt, das grundlegende Prinzip, welches dann – übertragen auf andere Situationen – wirksam wird, gesucht bzw. erkannt werden muss.

Dazu kann der klassische Dreischritt für nachhaltiges Lernen eine sinnstiftende Orientierung für die Planung, Durchführung und Evaluation des Lernens im Fachunterricht bieten: Analyse der Situation (Mehrdimensionalität), Bewertung aus differenzierter Sicht (Mehrperspektivität) und Erprobung von Handlungswissen als Ausgangspunkt für weitere Lernerfahrungen.

| Lernfeld (Themen laut Lehrplan) | Wissensebene (analytisch, synthetisch) | Werteebene (normativ) | Handlungsebene (gestaltend) |
|---|---|---|---|
| **Ernährung:** Mensch – Nahrung – Mitwelt – Umfeld<br><br>**Haushalt und Konsum:** Mensch – Bedürfnisse – Ressourcen zur Bedarfsdeckung | Wie stellt sich die Situation dar?<br><br>Beobachten, recherchieren, interviewen; Sekundärinformation auswerten.<br><br>Gegebenheiten festhalten und darstellen. | Wie ist die vorgefundene Situation (bzw. der ausgewählte Aspekt) zu bewerten?<br><br>Welche Beurteilungskriterien sind relevant?<br><br>Wie werden Normen legitimiert?<br><br>Tatsachen und Meinungen wahrnehmen und unterscheiden. | Potentiale, um die Situation in eine erwünschte Richtung zu ändern, suchen. Maßnahmen ableiten, weiterentwickeln, präsentieren, erproben, umsetzen.<br><br>Öffentlichkeit einbeziehen.<br><br>Active Citizenship Learning. |

Abb. 1: Qualitätsmerkmal für Fachunterricht: Dimensionen für kognitiv anspruchsvolles Lernen (TNE, 2018, S. 9).

<u>Einen</u> – den situativen Bedingungen am Schulstandort angemessenen – <u>Lernweg</u> zu wählen und diesen anhand beispielhafter Lernanlässe <u>mehrmals</u> zu gehen, erscheint mir essentiell, um durch das Einüben in die Denkfertigkeit auch eine Lernwirksamkeit zu erreichen. Das messen wir auch in kleinen empirischen Studien im Rahmen von Bachelorarbeiten, die natürlich nur eine begrenzte Aussagekraft haben (vgl. Buchner, Exner, Frauenlob, Meißl & Mühlbauer, 2017).

## *Welche Lernumgebungen und Lehr-/Lernformen halten Sie für einen wirksamen Unterricht für „Lebensführung" für besonders bedeutsam?*

Der Fachunterricht in *Ernährung und Haushalt* schließt in seiner Fachdidaktik an die Tradition der Arbeitspädagogik an, die Wissenserwerb mit einer manuellen und / oder sozialen Tätigkeit verbindet. Als wirksam wird ein erfahrungsbasiertes Lernen erachtet: Wissen in Handlungen erproben und aus der Handlungserfahrung Erkenntnisse erschließen.

Eine solcherart verstandene *Fachpraxis* geht über das enge Praxisverständnis von Nahrungszubereitung im Unterricht hinaus. Unabhängig vom Lernweg und unabhängig vom Modus der Bearbeitung (Wissen-Werten-Gestalten), wichtig für Lernwirksamkeit im Sinne einer Bewusstseinsbildung ist, dass der Unterricht Aktions- und Reflexionsphasen enthält: Konkrete Erfahrungen (die auf Basis bereits vorhandenen Wissens rezipiert werden), genaues Beobachten (Begriffswissen durch Benennen erweitern), Erklärungsansätze finden (Alltags- und Wissenschaftskonzepte) und die grundlegenden Regeln abstrahieren (Informationen verarbeiten, schlussfolgerndes Denken, vernetztes und systemisches Denken, empathisches Einfühlen), die wiederum auf ihre Tauglichkeit erprobt werden, … .

Ein mit Aktions- und Reflexionsphasen organisierter fachpraktischer Unterricht erfordert *Rahmenbedingungen* in Bezug auf:

- *Zeit*: Geblockte Lehreinheiten (2–3 Unterrichtsstunden), um die oben beschriebenen Theorie-Praxiserfahrungen an einem beispielhaften Lernanlass konzentriert zu ermöglichen; um den Lernweg an variierenden Themen wiederholt gehen zu können, um einen Übungseffekt zu erwirken.

- *Raum*: Ideal ist die Kombination eines Klassenzimmers mit einer Lehrküche. Die Küchenausstattung erlaubt sowohl Versuche und Warentests als auch das Erproben von Gartechniken und Zubereiten von Mahlzeiten. Zusätzlich zur Lehrküche als Arbeits- und Unterrichtsraum braucht es natürlich auch die Wirtschaftsräume für die sachgerechte Lagerung der diversen Lernbehelfe, Warenproben und Lebensmittel.

- *Soziale Arbeitsorganisation*: Der Unterricht wird – abhängig vom gewählten Lernweg – in Kleingruppen-, Partner- oder Einzelarbeit organisiert. Ein gutes Class-Room-Management und eine zielorientierte Lernhaltung werden als Qualitätsmerkmal auch von Schülerinnen und Schülern eingefordert, dazu liegen ausreichend Befunde aus (unveröffentlichten) Feedback-Studien der Studierenden vor.

- *Materielle Ressourcen*: Die Warenproben und Lebensmittel, die im Zuge des Unterrichts zu Übungszwecken ge- und verbraucht werden, werden in der Regel aus Lehrmittelbeiträgen der Eltern bezahlt. Daraus erwachsen notwendige Klärungen über die Reichweite pädagogischer und privater Ziele und Zwecke im Schulunterricht.

Bezogen auf die Lernumgebung ist auch die Schulkultur zu nennen, die das Lernen im Fachunterricht durch ein förderliches Setting wirksam unterstützt. Die Erziehungs- und Bildungsanliegen in Schule und Fachunterricht dürfen einander mit Blick auf den Umgang mit Menschen und den Dingen (z. B. Schulkultur und Gemeinschaftsverpflegung) nicht konterkarieren.

### Wie sieht eine gute Differenzierung/Individualisierung Ihrer Meinung nach im Unterricht für „Lebensführung" aus?

Alle Schülerinnen und Schüler verfügen über einen reichen – lebenslangen – Erfahrungsschatz in Fragen der Lebensführung. Schüler und Schülerinnen werden sich kraft ihrer individuellen Lernstile und Interessen unterschiedlich aktiv in den einzelnen Unterrichtsphasen einbringen. Kooperative Lernsettings stützen sich immer auf individuelle Ressourcen und legitimieren sich ja auch dadurch, dass Lernen als sozial-kognitiver Konstruktionsprozess aufgefasst wird. Gelingen kann eine Individualisierung, wenn Unterricht nicht im Aktionismus stecken bleibt, sondern das Tun (Beobachten, Denken, Erleben) durch Sprechen über die Sache begleitet wird. Dabei kann die Aufgabe, der Lernprozess oder die Selbstregulation angesprochen werden (Hattie, Beywl & Zierer, 2014, S. 151).

- Was habe ich heute gemacht / beobachtet?
- Was habe ich gelernt / erfahren? Was war neu für mich?
- Welche Unterschiede gibt es im Vergleich zu (vorher / nachher, selbstgemacht / industriell, frisch / konserviert. ..)? Wie erkläre ich diese?
- Wie bin ich zu diesem Ergebnis / zu dieser Schlussfolgerung gekommen?
- Welchen Fragen möchte ich das nächste Mal nachgehen / welche Aufgaben übernehmen?
- Welche Hilfestellung brauche ich? Wie werde ich mich vorbereiten?
- …

So können die Erwartungen an das Lernen für alle Beteiligten transparent kommuniziert werden, was zur Entwicklung einer *Lernkultur* im Fach beiträgt.

Eine darüber hinausgehende Differenzierung, die individuelle Lern- und Entwicklungspotentiale in den Vordergrund stellt, braucht professionell erstellte individuelle Förderpläne.

### *Welche immer wiederkehrenden fachspezifischen Herausforderungen im Unterrichtshandeln müssen Ihrer Meinung nach die Lehrpersonen beherrschen, um im Unterricht für „Lebensführung" eine angemessene Unterrichtsqualität garantieren zu können?*

Der Fachunterricht thematisiert mit seinen beispielhaften Lernanlässen das Leben, Entscheiden und Handeln der Menschen in Privathaushalten. In der Lebensnähe und damit in der unmittelbaren Betroffenheit der Lernenden liegen meines Erachtens die besonderen Herausforderungen, die nach einer fundierten Auseinandersetzung mit Konzepten einer Subjekt- und Lebensweltorientierung in der Fachdidaktik verlangen.

Fachunterricht ist mit seinen Themen immer eine Provokation dahingehend, wie „öffentlich" denn nun die „private" Haushaltsführung ist. Die gesellschaftliche Bedeutung einer qualitativ anspruchsvollen Versorgungs- und Betreuungsarbeit im Privathaushalt ist unbestritten, die Ausrichtung an

Standards professioneller Arbeit (z. B. effiziente Zeit- und Arbeitsablaufgestaltung) bedeutet gleichzeitig eine massive Einmischung in die private Lebensgestaltung und ihre Wertorientierung, z. B. hinsichtlich der Zeitverwendung.

Das Handlungswissen, das sich im Herkunftshaushalt bewährt, fließt als sogenanntes implizites Wissen (tacit knowledge) in Arbeitsroutinen im Unterricht ein. Wie oben bereits erwähnt, stützen sich gelingende Unterrichtsabläufe genau auf diese Vorerfahrungen. Der Zugang der Schülerinnen und Schüler bei der praktischen Durchführung von Arbeiten ist auch ein Hinweis auf deren Selbstkonzept. Im „Beweisen" des Könnens kann Autonomie und Selbstwirksamkeit erlebt werden. Gerade jüngere Lernende brauchen eine Vergewisserung über die Richtigkeit von Wissensbeständen und Werten, das Sich-Einbringen-Müssen in ein Lernteam bindet oft schon genug Energie! Andererseits gibt sich kognitiv anspruchsvoller Unterricht nicht mit der Reproduktion des Vorgefundenen zufrieden. Es bedarf eines hohen Durchhaltevermögens auf beiden Seiten, die „Komfortzone" zu verlassen und in einen anderen Modus der Bearbeitung zu wechseln.

Die Auseinandersetzung mit Geschlechterrollen, Wertigkeit von (unbezahlter Haushalts-) Arbeit und Sozialprestige erfährt im Fachunterricht geradezu eine Verdoppelung, sind sie doch im Jugendalter ohnedies zentrale Fragen der Persönlichkeitsentwicklung. So kann das Fach mit seinen Themen eine „gesunde" Reaktanz auslösen, die vielleicht gar nicht als solche verstanden wird: da ärgert sich die Lehrperson, dass sich Burschen oder Mädchen vor Ordnungsarbeiten „drücken", dass in der Mittagspause „Ungesundes" eingekauft wird, oder Eltern den Kochgeldbeitrag nicht zahlen, weil der Sohn oder die Tochter etwas sowieso nicht essen mag / darf oder kann. Die Herausforderung besteht darin, diese Irritationen zu verstehen und konstruktiv im Unterricht zu bewältigen, damit sie sich nicht in gruppendynamischen Effekten aufschaukeln.

### *Worauf gilt es bei der Entwicklung und dem Einsatz von Aufgaben bzw. Aufgabensets im kompetenzorientierten Unterricht für „Lebensführung" besonders zu achten?*

Das „besonders Beachtenswerte" ist die Frage nach der grundlegenden Kernkompetenz, die es zu fördern gilt. Aufgaben, an denen fachspezifische Kompetenzen geübt werden können, müssen naturgemäß in ihrer Problemstellung genau jenes Denken, Werten und Handeln einfordern: Aufgaben, an denen systemisches Denken geübt wird (z. B. den Lebenszyklus eines Produkts darstellen) unterscheiden sich von solchen, wo es um Entscheidungen fällen geht (z. B. Argumente und Begründungen für Prioritäten ermitteln, Standpunkte wechseln). Das Erlernen von Fertigkeiten braucht gutes Vormachen und Zeit zum Ausprobieren, Nachmachen und Übungsaufgaben. Sozial-integrative Aufgabenstellungen müssen ihren doppelten Anspruch an das Lernen auf der Sach- und Beziehungsebene explizit ausweisen.

Um Lernzeit effizient zu nutzen, stellt sich die Frage: Wie viel kann von einem situativen Kontext weggelassen werden, ohne dass die Aufgabe ihre Funktion verliert? Arbeitsplätze oder Lernstationen rüsten, Informationen für Recherchen aufbereiten oder Rezepte sinnerfassend erschließen, einen Einkauf simulieren und Zutaten bereitstellen, … sind diese Vor- und Planungsarbeiten unverzichtbarer Teil im Kompetenzerwerb?

Soll das Arbeiten an Aufgaben mündlich, schriftlich oder praktisch eingeführt, vermittelt, angeleitet werden? Zu- und Nacharbeiten (z. B. für Versuche oder Warentests) können auch als Auftragserledigung auf mündliche Anweisung durchgeführt werden, damit (schriftlich formulierte) Aufgaben nicht zu umfangreich ausfallen. Leittexte und Checklisten sind eine Hilfe für die Arbeit in Lernteams. Wie werden Ergebnisse festgehalten, kontrolliert und gewürdigt?

Wie komme ich über die Konfrontation mit einer Aufgabenstellung in einen Lernmodus, also über das Aktivieren des Vorwissens hinaus? Es gilt sowohl die Bewältigung der Aufgabe(n) in realistischer Zeit sicherzustellen, als auch das Erlernte an variierenden Aufgabenstellungen zu üben und anzuwenden. Auch das Feedback ist bedeutsam für wirksames Lernen, daher zu planen und zu kultivieren.

„Wirksam" ist der Fachunterricht dann, wenn sich ein Bewusstsein über die Bedeutsamkeit einer Sache entwickelt: Schülerinnen und Schüler probieren etwas zu Hause aus, erkennen ein Phänomen im Alltag wieder, überprüfen eine Hypothese oder können die Diskrepanz zwischen Perspektiven benennen usw. Aus diesem Bewusstsein erwächst die Motivation, sich eine Sache genauer anzusehen und dann, wenn im Lebensverlauf das Problem ansteht, daran weiter zu lernen.

***Welche Schritte empfehlen Sie aufgrund Ihrer wissenschaftlichen bzw. erfahrungsbasierten Expertise als „first steps" für angehende Lehrpersonen im Fach, die sie für guten Unterricht für „Lebensführung" umsetzen können?***

1. Das Studium in Eigenverantwortung fortsetzen: Im Bewusstsein, dass die Auseinandersetzung mit selbstständig rezipierter Fachliteratur während des Studiums nur selektiv erfolgen kann, ist eine eigenständige Vertiefung in den vielfältigen Bezugswissenschaften des Faches – insbesondere auch in den interdisziplinären Zugängen (wie z. B. Arbeits- und Verhaltenswissenschaften) – notwendig.

2. Den Perspektivenwechsel üben: Den Blick auf die Wahrnehmung der Lernbedürfnisse und Entwicklungspotentiale erweitern. Sich auch mit den Perspektiven der Außenstehenden, den Anforderungen von Vorgesetzten und den Erwartungen, die z. B. von Eltern an den Fachunterricht herangetragen werden, auseinandersetzen. Den Impact von Meinungsbildung in sozialen Medien erkennen: Professionsbewusstsein entwickeln und Stellung beziehen können.

3. Im Team arbeiten: Mit der Fachkollegenschaft die gemeinsame Bildungswirksamkeit des Fachunterrichts in ausgewählten Schwerpunkten (schulautonome Profilbildungen) realisieren. Die Unterrichtserfahrungen dokumentieren, diese auch mit Hilfe des kollegialen Feedbacks im Fachteam auswerten, also eine forschende Haltung dem eigenen Tun gegenüber einnehmen. Sich mit seinem Wissen in die wissenschaftliche Fachkollegenschaft einbringen und an der Weiterentwicklung der Fachkultur mitarbeiten – das wäre auch im Sinne eines intergenerativen Lernens lohnend.

4. Vertiefen und Generalisieren: Es gilt die Expertise in ausgewählten Lernwegen (z. B. sozial-integratives Lernen, Berufsgrundbildung usw.) zu vertiefen und diese auch in der Beteiligung an Fort- und Weiterbildungsmaßnahmen (siehe Punkt 3) zu teilen. Dabei – eingedenk der Weite des Gegenstandsbereichs – trotz der notwendigen Spezialisierung den Blick auf das Ganze nicht verlieren.

### Was ist Ihrer Ansicht nach das Besondere am Unterricht für „Lebensführung"?

Der Fachlehrplan des Unterrichtsfachs „Ernährung und Haushalt" weist bereits in der Bildungs- und Lehraufgabe das Fach als „themenzentrierten und handlungsorientierten Unterrichtsgegenstand" (BMBWF, o. J.) aus. Dem „Machen" im Sinne von Erproben von Handlungsalternativen im Unterricht wohnt ein hohes Motivationspotential sowohl für das fachbezogene Lernen als auch für den Erwerb überfachlicher Kompetenzen inne.

### Welcher Name trifft aus Ihrer Sicht das Kernanliegen einer Bildung für „Lebensführung"?

Ernährung und Haushalt trifft das Kernanliegen einer Bildung für Lebensführung.

Die explizite Nennung des Lernfelds *Ernährung* macht deutlich, dass Ernährung des Menschen nicht zwingend an (Eigen-)Arbeit in Privathaushalten geknüpft ist. Die Fähigkeit, sich und andere bedarfsgerecht mit Nahrung zu versorgen, ist grundsätzlich als Entscheidungsfähigkeit zu denken.

Alle Menschen leben in Haushalten. Mit der Bezeichnung des Lernfelds *Haushalt* wird der private Haushalt in seiner Gesamtheit als Lebens-, Wirtschafts- und Versorgungsraum verstanden. Die ökonomischen, ökologischen und sozialen Abhängigkeiten und Wechselwirkungen privater Haushalte mit Gesellschaft, Wirtschaft und Umwelt können aus diversen Gegenstandstheorien thematisiert werden.

Die Kernanliegen in Ernährung und Haushalt „auf einen Blick":

Bildung für Lebensführung ...

✓ orientiert sich an einem der Gesundheit dienlichen Lebensstil,

✓ bietet als Verbraucherinnen- und Verbraucherbildung Entscheidungshilfen für eine nachhaltige Lebensgestaltung

✓ schult Eigenverantwortlichkeit, Selbstwahrnehmung und Reflexionsfähigkeit

✓ ist ein Trägerfach für Soziale Bildung

✓ richtet sich an Mann und Frau

✓ ist Bewusstseinsbildung für die gesellschaftliche Bedeutung der in privaten Haushalten geleisteten Arbeit (Buchner, 2002, S. 9).

# Literatur

Buchner, U. (2002). *Auf einen Blick. Ernährung und Haushalt – Beiträge zur Fachdidaktik. Lehrerband* (Nachdruck). Wien: Ed. Hölzl.

Buchner, U. (2013). Ernährungspraxis: eine Taxonomie der Lernwege in der Schulküche. *Haushalt in Bildung & Forschung, 4*(2), 3–17.

Buchner, U. (2015). Lernwege in der Schulküche. *Haushalt in Bildung & Forschung, 2*(4), 58–72.

Buchner, U., Exner, K., Frauenlob, L., Meißl, S. & Mühlbauer, L. (2017). Einblicke in die Praxis der Lernwirksamkeitsmessung. *Haushalt in Bildung & Forschung, 4*(6), 63–79.

BMBWF Bundesministerium für Bildung, Wissenschaft und Forschung. (o.J.). *Lehrplan der Neuen Mittelschule.* Verfügbar unter https://bildung.bmbwf.gv.at/schulen/unterricht/lp/lp_nms.html

Hattie, J., Beywl, W. & Zierer, K. (2014). *Lernen sichtbar machen.* Baltmannsweiler: Schneider-Verlag Hohengehren.

TNE Thematisches Netzwerk Ernährung. (Hrsg.) (2018). *Referenzrahmen für die Ernährungs- und Verbraucher_innenbildung Austria – EVA.* Linz: wir-machen-druck.

ANTOINETTE BÜRGI

# NICHT DIE „RICHTIGE", SONDERN DIE BESTE ENTSCHEIDUNG FÜR DIE SITUATION TREFFEN KÖNNEN

Bürgi, Antoinette, Fachlehrperson Sek 1, Mittelpunktschule Ingenbohl-Brunnen, Unterrichtsfächer Wirtschaft – Arbeit – Haushalt, Technisches und Textiles Gestalten, Praxislehrperson der Pädagogischen Hochschule Luzern, Kaderlehrperson bei der Einführung des Lehrplans 21 der Pädagogischen Hochschule Schwyz.

***Welches fachwissenschaftliche und fachdidaktische Wissen und Können der Lehrperson sind aus Ihrer Sicht für die Qualität des Unterrichts für „Lebensführung" besonders wichtig?***

Aus fachdidaktischer Sicht ist es relevant, die Lernmethoden, die im Unterricht Wirtschaft – Arbeit – Haushalt (WAH) zum Tragen kommen, zu kennen und dem Thema entsprechend zu wählen. Entdeckendes, handlungsorientiertes und prozessorientiertes Lernen sind für mich die bedeutsamsten didaktischen Prinzipien im WAH-Unterricht. Um die Qualität des WAH-Unterrichts zu gewährleisten, ist es wichtig, sich mit den dauernden Veränderungen des Fachs auseinanderzusetzen. Als Lehrperson muss ich mir der Verantwortung dem gesellschaftlichen Umfeld gegenüber bewusst sein und mich damit beschäftigen, welches Rüstzeug ich den Lernenden mitgebe, damit sie sich in verschiedenen Situationen im Alltag zurechtfinden und bewusste Entscheidungen treffen können. Qualität bedeutet auch, dass die Nahrungszubereitung sinnvoll geplant, überwacht und ausgeführt wird und die Mahlzeiten rechtzeitig fertiggestellt werden. Mit gut überlegten und vorbereiteten Modellings, bei denen die Lernenden aktiv miteinbezogen werden, kann das gewährleistet werden. Qualität bedeutet ebenfalls, Handlungen im ernährungspraktischen Teil nicht nur zu erklären und zu demonstrieren, sondern auch zu begründen. Begründungen bezüglich Nahrungszubereitung können sehr oft wissenschaftlich angegangen und mit Hilfe von Experimenten, wie z. B. der Verlust von Nährstoffen wenn geschnittene Früchte und Gemüse in viel Wasser garen, dargelegt werden.

### Welche Qualitätsmerkmale halten Sie für den Unterricht für „Lebensführung" für essenziell?

Ich halte die zehn fachübergreifenden Merkmale, die guten Unterricht ausmachen, wie sie Helmke (2012) beschrieben hat, für essenziell. Aus diesen fachübergreifenden Merkmalen sind für den WAH-Unterricht nach meiner Erfahrung die Folgenden besonders bedeutsam: effiziente Klassenführung, lernförderliches Unterrichtsklima, vielfältige Motivation, Strukturiertheit und Klarheit, Wirkungs- und Kompetenzorientierung, Schülerinnen- und Schülerorientierung und Unterstützung, Förderung des aktiven und selbstständigen Lernens sowie Konsolidierung, Sicherung, intelligentes Üben und Passung.

All diese Qualitätsmerkmale kommen im WAH-Unterricht immer wieder zum Tragen.

Eine effiziente Klassenführung ist die Voraussetzung für erfolgreiches Unterrichten, das bedeutet auch wirksame Regeln festlegen und deren Einhaltung einfordern.

Ein lernförderliches Unterrichtsklima ist für mich, ein freundlicher Umgangston mit gegenseitigem Respekt, es darf auch mal gelacht werden, gegenseitige Toleranz und ein konstruktiver Umgang mit Fehlern sowie genügend Zeit zum Üben zur Verfügung zu stellen. Motivieren durch die eigene Vorbildfunktion, dabei Freude am Fach und Unterrichten zeigen, und bei den Lernenden die Neugier wecken, etwas zu lernen (intrinsische Motivation).

Strukturiertheit und Klarheit wird geschaffen, indem die Unterrichtssprache sowie der Wortschatz angemessen sind, den Lernenden der Ablauf des Unterrichtsblocks bekannt ist, sie wissen was auf sie zukommt und was von ihnen erwartet wird. Wichtiges muss zusammengefasst und transparent gemacht werden.

Kompetenzorientierung bedeutet, dass der Fokus des Unterrichts bei den Lernenden auf den Erwerb der fachlichen sowie den überfachlichen Kompetenzen gelegt wird.

Unter Schülerinnen- und Schülerorientierung und Unterstützung verstehe ich, den Lernenden als Ansprechpartner zur Verfügung zu stehen, sie zu begleiten und zu unterstützen. Hilfestellung geben beim Bewältigen von

Problemen, welche die Schülerinnen und Schüler noch nicht selbstständig lösen können. Den Unterricht zu reflektieren und auch Schülerinnen und Schüler-Feedback einzuholen, aber auch Mitbestimmung im Unterricht durch die Lernenden, da wo es möglich ist.

Aktives und selbstständiges Lernen wird gefördert durch die Methodenvielfalt, die verschiedenen Sozialformen und wenn möglichst viele Lerngelegenheiten für die Schülerinnen und Schüler geschaffen werden.

Konsolidierung, Sicherung und intelligentes Üben passiert im Unterricht indem den Lernenden verschiedene Übungsmöglichkeiten bereitgestellt werden, so dass Grundfertigkeiten in neuen Situationen angewendet werden können.

Passung bedeutet, dass der Schwierigkeitsgrad und das Tempo des Unterrichts den Lernvoraussetzungen der Schülerinnen und Schüler sowie der Situation angepasst werden, dabei ist es wichtig soziale, sprachliche und kulturelle Unterschiede der Lernenden zu berücksichtigen.

## *Welche Lernumgebungen und Lehr-/Lernformen halten Sie für einen wirksamen Unterricht für „Lebensführung" für besonders bedeutsam?*

Ich bin der Meinung, dass gut vorbereitete und durchdachte Lernumgebungen helfen, den Unterricht für die Schülerinnen und Schüler wirksam und fundiert zu gestalten.

Entdeckendes Lernen verlangt von den Schülerinnen und Schülern sich selbstständig mit einem Sachverhalt auseinanderzusetzen, eigenständig nach Informationen zu suchen und diese zu verarbeiten. Die Lernenden vertiefen das Vorwissen und eignen sich neues, zusätzliches Wissen an. Schülerinnen und Schüler übernehmen so Verantwortung für das eigene Lernen und suchen aus eigenem Interesse nach Erklärungen und Lösungen.

Fragen und Probleme aus dem Alltag der Schülerinnen und Schüler können Ausgangspunkte von Lerngegenständen sein. Durch interessante und lebensnahe Aufgabenstellungen werden die Lern- und Problemlöseprozesse bei den Lernenden ins Rollen gebracht und ihre Kompetenzen laufend gefördert. Durch dieses Vorgehen werden die Schülerinnen und Schüler motiviert und zu bedeutsamen Handlungen, wie Recherchieren, Zusammenfassen, Diskutieren, Präsentieren usw. aufgefordert. Dabei muss nicht zwingend das Finden einer richtigen Lösung im Zentrum stehen, sondern situatives Entscheiden und Begründen.

### Wie sieht eine gute Differenzierung/Individualisierung Ihrer Meinung nach im Unterricht für „Lebensführung" aus?

Um Unter- und Überforderung der Lernenden zu vermeiden, sollte der Unterricht die unterschiedlichen Voraussetzungen der Schülerinnen und Schüler berücksichtigen und entsprechende Lernangebote machen. Lernvoraussetzungen sollten im Voraus gründlich abgeklärt werden. Es ist wichtig zu wissen, ob ich eine leistungsstarke oder eine eher leistungsschwache Klasse oder ob ich in der Stadt oder in einem ländlichen Gebiet unterrichte. Die Lernenden unterscheiden sich auch in ihrem Lerntempo, der Lernbereitschaft, der Kommunikationsfähigkeit, der Selbstständigkeit, der Konzentrationsfähigkeit, der Arbeitshaltung, im sozialen Umgang miteinander sowie in den sprachlichen Voraussetzungen.

So kann bereits bei der Grobplanung differenziert und der Lernstoff den Lernenden angepasst werden. Differenzierung kann geschehen, indem Lernaufgaben geschaffen werden, die von allen Lernenden zu bearbeiten sind, um die geforderten Kompetenzen und Inhalte zu erwerben und Zusatzaufgaben, die sich für leistungsstärkere Lernende eignen. Solche Zusatzaufgaben können zum Beispiel ergänzende Aspekte eines Themas behandeln. Im ernährungspraktischen Bereich des WAH-Unterrichts können einfache Grundrezepte für schwächere und Rezeptvarianten für stärkere Lernende gelten oder ein Zusatzauftrag wäre, ein Grundrezept kreativ zu verändern.

### Welche immer wiederkehrenden fachspezifischen Herausforderungen im Unterrichtshandeln müssen Ihrer Meinung nach die Lehrpersonen beherrschen, um im Unterricht für „Lebensführung" eine angemessene Unterrichtsqualität garantieren zu können?

Damit eine angemessene Unterrichtsqualität garantiert werden kann, ist es immer wieder eine Herausforderung, den thematischen Teil des WAH-Unterrichts mit dem ernährungspraktischen Teil des Unterrichts zu vernetzen. Das bedeutet die Nahrungszubereitung so auszuwählen, dass diese mit dem thematischen Teil in Verbindung gebracht werden kann. Durch die Unterrichtserfahrung der Lehrperson im ernährungspraktischen Bereich wird die Flexibilität grösser und es fällt mit der Zeit leichter, die Vernetzungen herzustellen. Die ständig wachsende Heterogenität der einzelnen Klassen auf einen Nenner zu bringen, stellt sehr hohe Ansprüche an das Lehrerhandeln und verlangt, dass sich die Lehrperson mit den kulturellen, traditionellen und ethischen Hintergründen der Lernenden auseinandersetzt und die daraus resultierenden Erkenntnisse in den Unterricht einfließen lässt. Unterrichtsqualität kann erreicht werden, indem den Lernenden genügend

Zeit zum Üben von sich wiederholenden Abläufen zur Verfügung gestellt wird. Eine gute Unterrichtsplanung sowie Unterrichtsstruktur unterstützt die Unterrichtsqualität.

### Worauf gilt es bei der Entwicklung und dem Einsatz von Aufgaben bzw. Aufgabensets im kompetenzorientierten Unterricht für „Lebensführung" besonders zu achten?

Für mich hat erste Priorität, dass die Aufgaben und Aufgabensets so entwickelt werden, dass diese die Jugendlichen ansprechen, das heißt den Lebensalltag der Lernenden einbeziehen. Im WAH-Unterricht kann die Auseinandersetzung mit der Welt der Jugendlichen aus dem Blickwinkel der alltäglichen Lebensführung und deren Bewältigung, wie in keinem anderen Fach, initiiert werden. So generieren Fragen aus dem Alltag der Jugendlichen Situationen, die Ausgangspunkte von Lerngegenständen darstellen können. Dadurch werden Lernprozesse bei den Lernenden und damit auch der Kompetenzerwerb in den Mittelpunkt gestellt. Fragen können aus unterschiedlichen Perspektiven beantwortet werden. Es steht nicht das Finden einer richtigen Lösung im Vordergrund, sondern ein situatives Entscheiden unter Einbezug verschiedener Bedingungen und Begründungen.

### Welche Schritte empfehlen Sie aufgrund Ihrer wissenschaftlichen bzw. erfahrungsbasierten Expertise als „first steps" für angehende Lehrpersonen im Fach, die sie für guten Unterricht für „Lebensführung" umsetzen können?

Angehende WAH-Lehrpersonen sollen sich bewusst sein, dass das Unterrichten in diesem Fachbereich sehr zeitintensiv ist und viel Engagement verlangt, denn nur mit dem Unterrichten ist es nicht getan. Das A und O des WAH-Unterrichts sind die genaue Planung, Strukturierung und Organisation. Die Vorbereitung des Unterrichts braucht viel Zeit und auch die Nachbereitung ist dabei nicht zu unterschätzen. WAH-Unterricht ist nicht nur Wissen vermitteln, sondern die Lernenden dazu bringen, eigenständig, bewusst und nachhaltig zu handeln. Eine wichtige Aufgabe der angehenden WAH-Lehrperson ist es, die Lernenden in ihrer Kreativität zu bestärken und sie zunehmend in die Planung und Mitgestaltung des Unterrichts einzubinden, so dass sie eigene Entscheidungen begründen können und Verantwortung dafür übernehmen. Von Bedeutung ist auch, dass Lernziele und Beurteilungskriterien den Lernenden transparent gemacht werden, so dass sie wissen, was sie erwartet.

Für angehende Lehrpersonen kann es von Vorteil sein, zusammen mit einem erfahrenen Unterrichtsteam den WAH-Unterricht vorzubereiten und damit von verschiedenen Erfahrungen und Ideen gegenseitig zu profitieren.

### *Was ist Ihrer Ansicht nach das Besondere am Unterricht für „Lebensführung"?*

In keinem anderen Unterricht werden die Sozial- und Selbstkompetenzen der Schülerinnen und Schüler so stark geübt und gefördert wie im WAH-Unterricht. Je nach Aufgabenstellung wird in Lernpartnerschaften und / oder in Teams kooperativ zusammengearbeitet. Die Schülerinnen und Schüler lernen die Arbeiten selbstständig zu planen, zu organisieren, auszuführen und dabei Verantwortung für das eigene Handeln zu übernehmen.

WAH ist nicht nur handlungs- und prozessorientiert, sondern auch produktorientiert, das bedeutet Nahrungsmittel werden in kooperativer Zusammenarbeit im Team verarbeitet, es werden Gerichte zubereitet und zu guter Letzt zusammen genossen.

Besonders ist auch, dass im WAH-Unterricht alle Sinne miteinbezogen werden können, so dass bei den Schülerinnen und Schülern verschiedene Lernkanäle angesprochen werden. Lernaufgaben so gestalten, dass unterschiedliche Medien verwendet und vielfältige Darstellungsmöglichkeiten (z. B. Mindmap, Lerntagebuch, Skizzen) gewählt werden, die nicht nur den Geist, sondern auch den Körper in Bewegung bringen.

Im ernährungspraktischen Bereich stimmt bereits das Auge auf die Nahrungszubereitung ein, Nahrungsmittel können bei deren Verarbeitung erfühlt werden, übers Gehör kann festgestellt werden, ob ein Nahrungsmittel z. B. knackig, saftig oder knusprig ist. Beim Kochen werden verschiedene Gerüche wahrgenommen und durch Probieren, Degustieren und Vergleichen wird der Geschmackssinn gefordert und gefördert. Ebenfalls kann das Schulzimmer und die Küche so gestaltet werden, dass verschiedene Sinneserfahrungen (Sehen, Hören, Fühlen, Riechen) gemacht werden.

### *Welcher Name trifft aus Ihrer Sicht das Kernanliegen einer Bildung für „Lebensführung"?*

Nach meiner Erfahrung wird das Kernanliegen des WAH-Unterrichts im Namen „Ganzheitliche Alltagsbewältigung" am Treffendsten abgebildet.

Ganzheitlichkeit bedeutet für mich eine Ergänzung zu Handlungsorientierung, Lernorientierung und Prozessorientierung. Aufgabenstellungen im WAH-Unterricht fordern und fördern die Lernenden ganzheitlich, das heißt die drei Kompetenzdimensionen Wissen, Können, Wollen werden miteinander kombiniert, was im Lehrplan 21 wie folgt erläutert wird: „die Welt wahrnehmen, sich die Welt erschließen, sich in der Welt orientieren und in der Welt handeln."

Ganzheitlichkeit orientiert sich weniger an Lernprogression, am Lernen von Regeln und an der Gewinnung von Einsichten, sondern fokussiert sich auf den individuellen Lernprozess.

Ganzheitliches Lernen bedeutet Lernen mit allen Sinnen und Lernen mit Kopf, Herz und Hand.

## Literatur

Helmke, A. (2012). *Unterrichtsqualität und Lehrerprofessionalität*. Seelze: Klett-Kallmeyer.

IRMGARD EICHENSEHER

# „WESENTLICH IM LERNPROZESS IST AUCH DIE PHASE DER REFLEXION"

Eichenseher, Irmgard, FOL, Dozentin am Staatsinstitut für die Ausbildung von Fachlehrern, Abt. II, München-Pasing, Fachoberlehrerin, Fachbetreuung Ernährung; Arbeitsschwerpunkte: Ausbildung von Lehramtsanwärtern für Ernährung und Gestaltung (Erste Lehramtsprüfung), Seminare im Fachbereich Ernährung, Fachtheorie Ernährung, Fachdidaktik Ernährung, Schulpraxisbetreuung.

***Welches fachwissenschaftliche und fachdidaktische Wissen und Können der Lehrperson sind aus Ihrer Sicht für die Qualität des Unterrichts für „Lebensführung" besonders wichtig?***

Aus Erfahrung kann ich berichten, dass in der ersten Phase der Fachlehrerausbildung und der damit begleitenden Schulpraxisbetreuung immer wieder deutlich wird, wie schwer es für Studierende ist, den Fachunterricht in seiner Dimension, was ihn zu einem guten Unterricht macht, zu erkennen. Worin unterscheidet sich guter Fachunterricht von einer Gruppenstunde in der Jugendarbeit? Was macht die inhaltliche Qualität aus? Ein gefestigtes fundiertes Fachwissen über Inhalte der Ernährungs- und Verbraucherbildung ist eine wesentliche Grundlage. Ernährungskompetenz entwickelt sich aus der Aneignung von fachbezogenem Grundwissen. Dieses notwendige Basis- und Hintergrundwissen ergibt sich aus den unterschiedlichen Dimensionen, welche eine nachhaltige Ernährung in den Mittelpunkt stellen:

• Wissen über die gesundheitliche Dimension, welche die Ernährungsphysiologie reflektiert und somit die individuelle Gesundheit in den Mittelpunkt stellt.

- Bewusstmachen der kulturellen Dimension und des Einflusses von Alltagshandlungen auf die Esskultur. Persönliche Kompetenz entwickelt sich, indem ich meinen eigenen Lebensstil hinterfrage, über Einflussfaktoren der eigenen Essbiografie nachdenke, Vorlieben und Abneigungen erkenne und somit auch Einflussfaktoren jugendlichen Essverhaltens einordnen kann. Die Lehrperson sollte sich in jugendliches Essverhalten hineinversetzen und sich Schwerpunkte der Jugendesskultur bewusstmachen. Wie essen junge Menschen und warum? Jugendliche als Impulsgeber für gesellschaftliche Ernährungstrends, z. B. der Snackkultur, zu sehen, erleichtert es der Lehrkraft Handlungsmöglichkeiten in den Unterricht einfließen zu lassen.

- Weiter ist ein Wissen zu ernährungsökonomischen und ernährungsökologischen Aspekten von Bedeutung – auch hinsichtlich eines nachhaltigen Verbraucherverhaltens. Ernährungsökonomisch gesehen ist der Begriff der Lebensmittelqualität für die Lebensmittelauswahl eine wichtige Zielsetzung in der Unterrichtsarbeit. Ernährungsökologisch sollte man Konsum- und Kaufentscheidungen hinsichtlich der globalen Auswirkungen verantwortungsbewusst reflektieren. Hier finden sich auch wertorientierte Verbraucherentscheidungen wieder in Bezug auf gerechte, faire Lebensmittelproduktion, -verarbeitung und -entsorgung.

- Verbraucherkompetenz entwickeln und Ernährung als einen Konsumbereich erkennen, der die ökonomischen Regeln des Marktes nutzt. Ein fundiertes Wissen über Marktinteressen und Manipulationsstrategien ist wichtig, um Jugendliche für ihre eigenen Finanzmöglichkeiten zu sensibilisieren.

- Im Bereich der Lebensmittelbearbeitung und -verarbeitung ist Profession und Können hinsichtlich bestimmter Arbeitstechniken und Techniken der Mahlzeitengestaltung gefragt. Geübt, automatisiert und in bestimmte lebensnahe Situationen eingebunden werden entsprechende Arbeitsprozesse, Organisations- und Planungsaufgaben.

- Um Zusammenhänge und die Auswirkungen von Einflussfaktoren in Bezug zum Arbeitsergebnis zu verstehen, ist lebensmitteltechnologisches Wissen von Bedeutung, z. B. die Wirkung von verschiedenen Teiglockerungsmitteln bei der Herstellung von Brot, enzymatische und nichtenzymatische Bräunungsreaktionen, osmotische Vorgänge beim Garen von Lebensmitteln usw.

Was nützt mir gutes Fachwissen und praktisches Können, wenn die didaktischen Grundlagen und Überlegungen zur Vermittlung fehlen. Was macht die didaktische Dimension des Fachunterrichtes aus? Die Intention der Fachdidaktik und die damit verbundenen Bildungsaufgaben stehen hier im Mittelpunkt. Studierende planen und bereiten kompetenzorientierten Unterricht vor. Dazu vernetzen sie fachdidaktisches Wissen mit fachwissenschaftlichen und erziehungswissenschaftlichen Grundlagen. Zur unterrichtlichen Umsetzung müssen geeignete Unterrichtskonzepte überlegt und hinterfragt werden. Unterstützend werden hier Medien und zielführende Methoden eingesetzt. Ein lernförderliches Klima zwischen Lehrpersonen und Lernenden wird durch die sich entwickelnde pädagogische Kompetenz erreicht. Fachdidaktisch kompetent zu sein heißt, den Unterricht zu analysieren und zu strukturieren. Schüler-, Sach- und Zielorientierung stehen im Mittelpunkt der Analyse. Die Lehrkraft sollte ihre Schülerinnen und Schülern im Lernprozess beobachten, Lernvoraussetzungen wahrnehmen und somit wichtige Einflussfaktoren für erfolgreichen Unterricht erkennen. Weitere Aufgaben der Lehrperson sind, die Gruppe innerhalb ihrer Teamaufgaben zu analysieren und entsprechende Kommunikation und Gesprächsstrategien einzusetzen. Was vermittelte ich „wie" und „wozu" sind wesentliche Fragestellungen. Für Studierende ist es wichtig, den Unterricht als Prozessgeschehen zu sehen. Welche Ziele will ich erreichen? Welche inhaltlichen und prozessbezogenen Kompetenzen lege ich fest? Durch die Unterrichtsbeispiele der Praktikumslehrkräfte, durch eigene Lehrübungen und Lehrversuche in der Schulpraxis gewinnen Studierende vielfältige Erfahrungen und Sicherheit. Feedback-Methoden und die Erstellung eines Entwicklungsportfolios unterstützen durch Methoden der Auswertung und Reflexion das Erreichen der Unterrichtsziele bzw. Lernprozesse und hinterfragen somit auch Qualitätskriterien, welche für einen Fachunterricht wesentlich sind.

### Welche Qualitätsmerkmale halten Sie für den Unterricht für „Lebensführung" für essenziell?

Essenziell sind die vielen Dimensionen, die inhaltlich in den Unterricht einfließen, den Unterricht für die Schülerinnen und Schüler sowohl fachlich als auch fächerübergreifend interessant machen. Ein Qualitätsmerkmal ist die Auswahl der Lerninhalte in der Vernetzung von Theorie und Praxis. Es ist nicht einfach die Stofffülle aufs Wesentliche zu reduzieren, Alltagssituationen zu finden, die hinterfragt werden und vielfältige Lernwege ermöglichen. Das Formulieren von kompetenzorientierten Unterrichtsthemen hinsichtlich der Zielorientierung ist ein wesentliches Qualitätsmerkmal. Guter Fachunterricht stellt einen authentischen Situationsbezug in den Mittelpunkt. Möglichkeiten gibt es in Bezug zu Mahlzeitengestaltung, Freizeitverhalten, Ernährungstrends oder aktuellen Problem- und Interessensfragen der Schülerinnen und Schüler. Handlungsorientierung und ein hoher Anteil an Schüleraktivität kennzeichnen den Fachunterricht.

Methoden- und Medienkompetenz seitens der Schülerin und des Schülers ist essenziell. Strukturgebilde helfen eine Klarheit über den Lernweg zu bekommen. Hier können Mindmap-Darstellungen, Concept-Maps, Lernland-schaften oder Lernlandkarten Hilfe sein, Lösungsmöglichkeiten und Lern-wege sichtbar zu machen.

Ein weiteres essenzielles Qualitätsmerkmal ist die Ergebnissicherung und methodische Möglichkeiten des Wiederholens, Übens und Festigens von Lerninhalten. Durch häufig wiederkehrende Handlungen, wie das Anord-nen eines rationellen Arbeitsplatzes, Ausführen von Zerkleinerungstechni-ken oder den Einsatz von Geräten gewinnt die Schülerin und der Schüler Sicherheit und Routine. Wissen und Können wird gefestigt, wiederholt und kann auf neue Situationen übertragen werden. Hinsichtlich einer Kompe-tenzorientierung ist vor allem das Finden von Handlungsalternativen essen-ziell.

**Welche Lernumgebungen und Lehr-/Lernformen halten Sie für einen wirksamen Unterricht für „Lebensführung" für besonders bedeutsam?**

Der Fachunterricht findet in Fachräumen mit Ausstattung entsprechender Arbeitsplätze, Arbeitsmittel und Unterrichtsmaterialien statt, die für die Lebensmittelverarbeitung, Nahrungszubereitung und Mahlzeitengestal-tung notwendig sind. Entsprechend der Raumsituation ist auch die Grup-peneinteilung und das Arbeiten in Teams Voraussetzung für einen wirksa-men Unterricht. Teambildung ist eine soziale Herausforderung für die Lern-gruppe. Hier lernt man miteinander, voneinander und hat Freude an Arbeitsergebnissen. Das Ankommen im Fachraum ist auch mit einem gewis-sen Wohlfühlcharakter verbunden, der Sicherheit vermittelt. Der Unterricht im Fachraum lässt im Vergleich zu anderen Fächern, die im Klassenraum stattfinden, eine veränderte Unterrichtssituation und in gewisser Weise einen offenen Unterricht zu. Das Einhalten von Regeln und Ritualen in den Fachräumen gibt Struktur und Sicherheit. Der Einsatz immer wiederkehren-der Tätigkeiten am Anfang des Unterrichts erleichtern den Unterrichtsein-stieg und vermittelt Ruhe und Sicherheit. Flexibel und ideenreich können hier vertraute Symbole (z. B. Zeichen für jedes Arbeitsteam, Puzzleteile für Teamaufgaben), akustische Zeichen (Tonsignale) oder eingeübte Hand-lungsabläufe (Tragen von Arbeitskleidung, Hände waschen vor der Nah-rungszubereitung, Vorbereiten eines Schneidearbeitsplatzes) eingesetzt wer-den. Diese werden zur Routine und lassen die Schülerinnen und Schüler gewissermaßen im Unterricht ankommen – eine wichtige Voraussetzung für die Motivation und Aufmerksamkeit für den nachfolgenden Unterricht.

Aktionsformen als Schüleraktivitäten und Unterrichtsformen (darbieten, erarbeiten, entdecken lassen), als die von der Lehrperson initiierten methodi-schen Lernwege, die sowohl Instruktion als auch Konstruktion ermöglichen, sind wichtig für die Vermittlung der Inhalte. Der darbietende Unterricht innerhalb eines Lernschrittes hat hinsichtlich der Vermittlung grundlegender Arbeitsweisen und Techniken einen großen Stellenwert. Die Lehrerdemonstration steht hier im Vordergrund. Voraussetzung hinsichtlich der Unterrichtsvorbereitung ist die intensive Auseinandersetzung mit der Sache. Gerade in der ersten Phase der Fachlehrerausbildung fällt es den Studierenden erfahrungsgemäß schwer, die intensive Sachauseinandersetzung zu erkennen und als Vorbereitung für eine gelingende Demonstration zu sehen. Die Fachlehrkraft stellt sich mit ihrer Vorarbeit hinsichtlich Sprach- und Fachkompetenz in den Mittelpunkt. Dieses Lernen am Modell stellt für die Schülerinnen und Schüler eine wichtige Grundlage für das handelnde Umsetzen des Lerninhaltes in der sich anschließenden Schülerpraxis dar. Ziel einer Schülerdemonstration ist es den praktischen Lerninhalt zu festigen und zu wiederholen.

Die Vermittlung von Ernährungs- und Verbraucherwissen hat hinsichtlich seiner sensorischen Dimensionen eine wichtige Bedeutung, sie bietet viele Handlungsmöglichkeiten. Eine zielgerichtete Vorbereitung und Anleitung der Methode „sensorisches Prüfen" ist wichtig. Die Anforderungen an die Durchführung und auch die damit verbundene Selbsttätigkeit der Lernenden sollte sich kompetenzorientiert stufenweise steigern. Der Einsatz von Sensorik und der Methode „sensorisches Prüfen" ermöglicht es den Lernenden, individuelle Wahrnehmungen mit bereits erlebten Erfahrungen zu vergleichen. Neugierig kann man sensorische Eindrücke wahrnehmen und mit allen Sinnen erleben. Die Aussage „Erinnert mich an"…soll helfen neu gewonnene Eindrücke in Sprache umzusetzen, zu vergleichen, zu werten und Vorerfahrungen zuzuordnen. Hinsichtlich einer Zielorientierung und professionellen Nutzung von sensorischen Wahrnehmungen soll hier durch Übung und Erfahrung ein zielgerichtetes Beurteilen von Lebensmitteln durchgeführt werden. Angehende Lehrkräfte gewinnen Sicherheit und Flexibilität, die über ihre eigenen Vorlieben hinausgehen. Innerhalb der Unterrichtsarbeit und mit Einsatz unterschiedlicher Prüfverfahren können Kompetenzen hinsichtlich des Beurteilens von Lebensmittelqualität entwickelt werden. „Was ist ein Lebensmittel guter Qualität?" Eine weitere Zielsetzung kann die Entwicklung von individuellen Ernährungsentscheidungen sein. „Welches Obst wähle ich für meine Pause?"

Sensibilisierung hinsichtlich der sensorischen Wahrnehmung fordert zunächst ein hohes Maß an Anleitung und Fremdsteuerung durch die Fachlehrkraft (vgl. Forßbohm, Kober, Lehmann, 2014, S. 41).

Der Einsatz von „sensorischen Prüfungen" für ein nachhaltiges Lernen fordert das Schaffen von Lernsituationen, in denen viele sensorische Wahrnehmungen durch Vergleichen, Bewerten und Beschreiben stattfinden. Hierbei ist es schon im Vorfeld wichtig, Wahrnehmungsübungen in die Unterrichtsarbeit einzuplanen, in denen ein Beobachten und Beschreiben von visuellen, gustatorischen oder olfaktorischen Sinneseindrücken möglich ist. Innerhalb der Nahrungszubereitung ist auch ein Beschreiben des Endproduktes wichtig; methodisch findet dies in der Speisenbeurteilung statt.

Durch den Einsatz der Sinne soll Genussfreude erlebt und die Lebensmittelqualität bewusst werden. Einer kompetenzorientierten Verbraucherbildung dient das bewusste Einsetzen der Sinne für eine reflektierte, qualitätsbewusste Kaufentscheidung. Exemplarisch wird z.B. durch das Prüfen des Mindesthaltbarkeitsdatums („Mein Joghurt auf dem Prüfstand") ökologisches Denken und Handeln ermöglicht.

Bezüglich der Medienauswahl und Überlegungen zur Lernumgebung steht die originale Begegnung mit dem jeweiligen Lebensmittel, Arbeitsmittel und Gerät im Mittelpunkt. Unterstützend können analoge und digitale Medien eingesetzt werden. Außerschulische Lernorte erweitern die Lernumgebung und nutzen ein Expertenlernen, dass auch für die Berufsorientierung wichtig ist.

### Wie sieht eine gute Differenzierung/Individualisierung Ihrer Meinung nach im Unterricht für „Lebensführung" aus?

Basierend auf der Schülerbeobachtung und den Lernvoraussetzungen der Schülerinnen und Schüler ist es wichtig, möglichst alle Lernenden hinsichtlich ihrer Ressourcen und Fähigkeiten zu erreichen. Aufgrund der Gruppenstärke, die sich meist durch das Halbieren der Klassenstärke ergibt, ist die Teamarbeit in kleinen Gruppen eine gute Voraussetzung für das Differenzieren. Arbeitsteilige Gruppenaufträge und das Verteilen der Aufgaben auf unterschiedliche Arbeitsprozesse sind gute Möglichkeiten, individuelle Förderungsmöglichkeiten anzudenken. Mit entsprechenden Impulsen und der Formulierung von Themenstellungen eröffnen sich Lernwege, die individuelle Lösungen zulassen. Evaluationsbögen mit differenzierten Fragestellungen und Bezügen zu Mahlzeitensituationen oder auch Freizeitaktivitäten hinsichtlich des Essens und Trinkens ermöglichen situative Gestaltungsmöglichkeiten. Im Einsatz von Gruppenpuzzle und Expertenlernen kommen individuelle Stärken zur Geltung. Lernunterstützend gibt die Lehrkraft Hilfen für die Lösungsfindung. Aufgabe der Lehrkraft ist es, den Schülerinnen und Schülern immer wieder ihre eigenen Handlungsmöglichkeiten bewusst zu machen und ihnen Reflexionsaufgaben zu ihrer eigenen Lebenswelt zu geben. Projektthemen und Jahresthemen, die den Fachunterricht ergänzend begleiten, sind Möglichkeiten für Lernende individuelle Stärken einzubringen, z.B. Esssituationen in der Schule mitgestalten, Frühstückssituation einplanen, Handlungsalternativen zum Pausenverkauf gemeinsam entwickeln,

Überlegungen zur Mittagsverpflegung konkretisieren. Hierbei ist es lohnend möglichst viele Lernkanäle zu öffnen; mediale Grundbildung (lt. Lehrplan-PLUS Mittelschule in Bayern versteht man darunter, die selbstständige, rechtmäßige und verantwortliche Teilnahme an der Medien- und Informationsgesellschaft sowie die Bandbreite der Kommunikationstechnik fachgerecht anwenden, um Informationen zu beschaffen, zu verarbeiten, darzustellen, zu speichern und zu präsentieren) anzubahnen und individuelle Lernideen zu integrieren. In offenen Lehrformen, Projekten, Portfolios und Werkstattwochen können Schülerinnen und Schülern Möglichkeiten geboten werden, eigene Ressourcen zu entdecken.

## Welche immer wiederkehrenden fachspezifischen Herausforderungen im Unterrichtshandeln müssen Ihrer Meinung nach die Lehrpersonen beherrschen, um im Unterricht für „Lebensführung" eine angemessene Unterrichtsqualität garantieren zu können?

Den Unterricht als Lernprozess zu erkennen und ihm eine klare Struktur zu geben, ist eine immer wiederkehrende Herausforderung. Hierbei sind Unterrichtseinstiege und Anfangsphasen eine wesentliche Grundlage für zielorientierten Unterricht. Kompetenzorientiert gemeinsame Ziele festzulegen, garantiert die Unterrichtsqualität und begleitet den Lernprozess. Antworten auf Fragen nach „was" und „wozu" des Unterrichts sollen überlegt und genannt werden. Methodisch ist es eine Herausforderung, Unterrichtseinstiege zu finden, die der Zielfindung, Motivation und Hinführung dienen.

Fachunterricht ist auf fachwissenschaftliche Informationen aus Fachtexten angewiesen. Je nach Lernvoraussetzungen der Schülerinnen und Schüler kann man Alltagstexte zum Erarbeiten von Lerninhalten nutzen bzw. individuell auf die Lerngruppe angepasst in Form eines erstellten Informations- und Arbeitsblattes einsetzen. Es ist sinnvoll, Fachwissen anhand von Texten zielorientiert zu erarbeiten. Beim Einsatz von Geräten kann die Schülerin und der Schüler durch bewusstes Lesen der Gebrauchsanleitung wichtige Informationen nutzen, die für einen unfallfreien Geräteeinsatz unerlässlich sind.

Weiter ist die Rezepterarbeitung ein immer wiederkehrender Schwerpunkt des Unterrichts. Hier sollten Informationen in einer strukturierten Darstellung der praktischen Arbeitsaufgabe zugeordnet werden. Der Umgang mit einer Methodenkarte erleichtert die Textarbeit, in welcher auch die Fünf-Schritt-Lesemethode integriert ist.

Eine andere fachspezifische Herausforderung ist es, sinnvolle Übergänge im Lernprozess für die Schülerinnen und Schüler klar werden zu lassen. Überlegt sollten hier theoretische Inhalte mit praktischen Bezügen vernetzt werden. Beispielsweise wird bei der Auswahl von regionalen und saisonalen Lebensmitteln das Bewusstsein für nachhaltige Aspekte wie Klimaschutz und Ressourcenmanagement gestärkt. In der nachfolgenden Lebensmittelverarbeitung werden Techniken eingesetzt (wie z. B. sparsames Schälen von Äpfeln), welche die Überlegungen zu ökologischen Aspekten in den Mittelpunkt stellen (wie etwa die Lebensmittelverschwendung). Dadurch wird der Abschluss eines Lernschrittes klar bzw. ein Anschluss an den folgenden Lerninhalt und Lernschritt erleichtert.

Die Unterrichtsqualität macht auch die Vermittlung von praktischen Inhalten in einer strukturierten, überlegten Demonstration aus. Sensorische Merkmale von Lebensmitteln, wie z. B. der Apfel aus der Region, der sensorisch geprüft und zu Apfeltaschen weiterverarbeitet wird, dienen als Grundlage für Arbeitstechniken, Zerkleinerungstechniken, Herstellen und Verarbeiten von Teigen und den Umgang mit technischen Geräten. Methodisches Erkennen und Durchdringen der notwendigen Lehrervorarbeit sind wesentlich. Die fachkompetente Vermittlung von praktischen Inhalten, welche zielorientiert durchgeführt wird und eine Ergebnispräsentation mit einer Festigung der Lerninhalte zum Ziel hat, ist grundlegend für die sich anschließenden Schülerhandlungen.

Wesentlich im Lernprozess ist auch die Phase der Reflexion. Ein Bewerten und Reflektieren von Arbeitsergebnissen gibt den Schülerinnen und Schülern Feedback über den Lernweg und den Lernzuwachs. Ziel ist dabei die Übertragbarkeit auf den Lebensalltag, sowie Handlungsalternativen zu erkennen.

### *Worauf gilt es bei der Entwicklung und dem Einsatz von Aufgaben bzw. Aufgabensets im kompetenzorientierten Unterricht für „Lebensführung" besonders zu achten?*

Voraussetzung für den Einsatz von Lern- oder auch Leistungsaufgaben ist die Formulierung von Aufgabenstellungen, welche Klarheit hinsichtlich Inhalt und Ziel erkennen lassen. Welche Fragestellung, welches Problem gilt es zu lösen? Um welche inhaltliche Auseinandersetzung geht es? Ein erkennbares „Wozu" zeigt sich in einer klaren Zielangabe bzgl. der Aufgabenstellung. Durch den Einsatz von Anwendungsaufgaben sollen Erfahrungsräume entstehen, in die sich Lernende kreativ einbringen können. Die Aufgabenstellung berücksichtigt Lernvoraussetzungen der Schülerinnen und Schüler in Bezug auf Kompetenzorientierung. Weiter soll erkennbar werden, mit wem die Aufgabe zu lösen ist (Sozialform) und wieviel Zeit dafür eingeplant ist (konkrete Zeitangabe). Das Erteilen der Arbeitsaufträge kann mündlich oder schriftlich erfolgen. Der formulierte Arbeitsauftrag grenzt das Problemfeld ein, gibt Denkorientierung und erzeugt Motivation. Die konkrete Aufgabe, was die Lernenden tun sollen, wird kurz und präzise formuliert. Die Arbeitsaufgabe sollte überschaubar sein und eine Öffnung hinsichtlich individueller Lösungswege signalisieren. Hinsichtlich der Sache muss auf die Eignung des Lerninhaltes, auf die Abfolge und fachliche Richtigkeit geachtet werden. Der Umfang der Aufgabenstellung und der Schwierigkeitsgrad sollten den Möglichkeiten der Schülerinnen und Schüler gerecht werden.

Bezüglich der Entwicklung und dem Einsatz von kompetenzorientierten Aufgabenstellungen sind vor allem Aktionsformen als Lehr- und Lernformen für Handlungen zu berücksichtigen, die sich an ein Wissen, Verstehen, Anwenden, Analysieren, Verknüpfen und Beurteilen anlehnen.

Welches Fachwissen und Allgemeinwissen sollen Schülerinnen und Schüler durch die Lernaufgaben gewinnen, kann dieses eingeordnet und vernetzt werden mit bereits vorhandenem Wissen?

Verstehen die Schülerinnen und Schüler dieses Wissen und dient dieses zum Verständnis von Hintergrundwissen? Die jeweilige Aufgabenstellung sollte das Reflektieren des eigenen Wissensstandes ermöglichen. Können sich die Schülerinnen und Schüler mit der eigenen Lebenssituation z. B. in Fragen der Ernährungs- und Verbraucherbildung wiederfinden. Hat die Fragestellung einen Individualitätsbezug? Im Sinne von Kompetenzorientierung sollte die Handlung das Ziel der Aufgabenstellung sein sowie alltagspraktische Bezüge beinhalten. So ist vor allem die Textarbeit ein Hauptbereich für die Vermittlung fachlich fundierter Informationen, sowie für die Klärung von Definitionen und für konkrete Sprechanlässe. Fächerübergreifend geht es um die Notwendigkeit des Lesens und Verstehens von Texten als eine das Leben begleitende Grundlage.

In der Projektprüfung (Abschlussprüfung im Fach Ernährung und Soziales als Bedingung für den qualifizierenden Mittelschulabschluss) bekommen die Schülerinnen und Schüler dann konkret Leistungsaufgaben, die eine Eigen- und Fremdbewertung zulassen. Hier kommt die Leittextmethode zum Einsatz; Leittexte sind vorbereitete schriftliche Materialien, mit denen sich die Lernenden weitgehend selbstständig Informationen aneignen können. Sie strukturieren den Lernprozess und geben nicht alle Informationen und Schritte vor, sondern beinhalten Möglichkeiten zum selbstständigen Arbeiten. Die Schülerinnen und Schüler sollen sich selbstständig informieren, planen, entscheiden, ausführen, kontrollieren und bewerten. Die Arbeiten, die sie ausführen werden in Form einer Projektmappe dokumentiert und ermöglichen eine Reflexion, die die Behaltensleistung im Gedächtnis erleichtert.

*Welche Schritte empfehlen Sie aufgrund Ihrer wissenschaftlichen bzw. erfahrungsbasierten Expertise als „first steps" für angehende Lehrpersonen im Fach, die sie für guten Unterricht für „Lebensführung" umsetzen können?*

Beobachtung, Selbstreflexion und Strukturklarheit sind wichtige Schritte auf dem Weg zur Fachlehrkraft. Innerhalb der Schulpraxis haben Studierende die Möglichkeit, Schüler- und Lehrerbeobachtungen zu fixieren, sich darüber auszutauschen um nachfolgend Unterricht vorbereiten und durchführen zu können. Die Selbstbeobachtung und das kritische Hinterfragen der eigenen Lehrerpersönlichkeit ist ein wichtiger Schritt zur Selbstfindung. Der bewusste Rollenwechsel von der Schülerrolle, die die Studierenden jahrelang selbst eingenommen hatten, zur Lehrperson ist anfangs schwierig. Dies zeigt sich im Auftreten der angehenden Lehrkräfte. Sprache und Verhaltensweisen zeigen noch große Unsicherheit bezüglich der veränderten Rolle. Lehrversuche, Übungen auch kleiner Unterrichtsteile vermitteln Sicherheit und unterstützen die persönliche Entwicklung zur Lehrperson. Weitere exemplarische Reflexionsfragen wären: Wie wirke ich auf Schülerinnen und Schüler? Welche Rückmeldung bekomme ich von Lernenden, Mitstudierenden und der Praktikumslehrperson?

Impulse für angehende Lehrkräfte als „first steps":

- Schaffe klare Strukturen!
- Beobachte und höre genau zu!
- Nutze die Erfahrung von Lernbegleitern!
- Setze dir eigene Ziele und freue dich über deine Erfolge!
- Entdecke deine eigenen Stärken und Fähigkeiten!
- Akzeptiere konstruktive Kritik und nutze sie!
- Lerne aus im Unterricht gemachten Fehlern und nutze sie als Chance!
- Arbeite an einem lernförderlichen Klima!
- Reflektiere dich selbst – bewahre dir einen selbstkritischen Ansatz!

*Was ist Ihrer Ansicht nach das Besondere am Unterricht für „Lebensführung"?*

Das Besondere dieses Unterrichts sind vor allem die praktischen Tätigkeiten, die sich mit theoretischen Inhalten vernetzen und in Alltagssituationen wiederfinden, konkret das Erstellen und Zubereiten von Mahlzeiten, Techniken und Prozesse der Lebensmittelbearbeitung und -verarbeitung. Freude an der praktischen Umsetzbarkeit, das Einbringen von Kreativität prägt die Unterrichtsarbeit. Ein sichtbares Ergebnis, eine Speise, ein Gericht, das freudvoll mit allen Sinnen genossen werden kann. Nahrungszubereitung und

Nahrungsaufnahme stehen im Mittelpunkt. Grundlegende hauswirtschaftliche Tätigkeiten werden in ein soziales Miteinander eingebunden. Jugendliche finden sich im Unterricht in Peers, die gemeinsam etwas erkunden, entdecken, verarbeiten, produzieren, und so Impulsgeber für neue Trends sind. Gemeinsam Handlungsalternativen entdecken und umzusetzen bringt Motivation, weckt Interesse und ermöglicht gemeinsames Genusserleben. Die originale Begegnung mit Lebensmitteln, Arbeitsplätzen und Geräten erleichtert das Lernen. Unterrichtsinhalte und Themen, die sich in aktuellen gesellschaftlichen Fragestellungen wiederfinden, prägen den Unterricht. Vernetzt wird die Praxis mit theoretischen Inhalten und Schwerpunkten. Eine Herausforderung ist es, die Praxissituation zu nutzen. Dabei können theoretische Inhalte bewusst werden sowie deren Bedeutsamkeit für die Ernährung und andere damit verbundene Aspekte klar werden. Praxisorientierung motiviert, Theorielastigkeit nimmt die Freude am Fachunterricht.

### Welcher Name trifft aus Ihrer Sicht das Kernanliegen einer Bildung für „Lebensführung"?

Im LehrplanPLUS der Mittelschule in Bayern wird das Fach als Ernährung und Soziales bezeichnet. Als solches steht vor allem die Berufsorientierung als Kernanliegen im Mittelpunkt. „Das berufsorientiere Wahlpflichtfach Ernährung und Soziales umfasst handlungsorientierte praktische Aufgaben zur Bewältigung konkreter Alltagssituationen.

Im Mittelpunkt steht dabei der Erwerb von Kompetenzen hauswirtschaftlicher Tätigkeiten des sozialen Miteinanders" (lehrplanplus.bayern.de).

Der Begriff Hauswirtschaft als Fächerbezeichnung wirkt veraltet und ist auch hinsichtlich einer nicht nur hauswirtschaftlich zugeordneten Berufsorientierung nicht mehr passend. Überlegenswert wäre, ob nicht der Gesundheitsaspekt auch hinsichtlich von körperlicher Bewegung als Kernanliegen aufgenommen werden müsste – Ernährung, Bewegung und Gesundheit als mögliche Fachbezeichnung! Kritiker mögen hier einwenden, dass ein Bezug zu einem wirtschaftlichen und finanziellen Ressourcenmanagement der Daseinsfürsorge und Lebensgestaltung zu kurz kommen. Eine Fachbezeichnung Ernährung, Verbraucherbildung und Alltagskultur würde auch diese Aspekte berücksichtigen.

# Literatur

Forßbohm, A., Kober, K. & Lehmann, R. (2014). *Sensorisches Prüfen in Lern-Lehr-Arrangements. Ein Arbeits- und Studienbuch der Berufsfelddidaktik Ernährung und Hauswirtschaft sowie der Fachdidaktik Hauswirtschaft*. Dresden.

Staatsinstitut für Ausbildung von Fachlehrern. (2018). *Kompetenzorientierte Lehrpläne, Fachbereich Fachdidaktik. Auszug aus den Kompetenzbereichen Unterrichten, Erziehen, Beurteilen*. München.

Staatsinstitut für Schulqualität und Bildungsforschung (ISB). (2017). *LehrplanPlus Mittelschulen in Bayern. 7.–9. Jahrgangsstufe. Auszug aus dem Fachprofil Ernährung und Soziales*. München: Maiß.

Felicitas Fässler

# „Lernumgebungen sind Tools, die ich auf meine Lerngruppe zuschneiden muss"

Fässler, Felicitas, Mittelpunktschule Rothenthurm, Klassenlehrperson, Leitung der Arbeitsgruppe Schulentwicklung.

*Welches fachwissenschaftliche und fachdidaktische Wissen und Können der Lehrperson sind aus Ihrer Sicht für die Qualität des Unterrichts für „Lebensführung" besonders wichtig?*

Seit meiner Ausbildung, das ist jetzt sechs Jahre her, arbeite ich auf einem der tieferen Schulniveaus (Niveau B, Kanton Schwyz). In der Sekundarstufe I (7. bis 9. Schuljahr) werden die Jugendlichen in die Sekundarschule / Stammklasse A und Realschule / Stammklasse B eingeteilt. Für Jugendliche, welche ein sonderpädagogisches Angebot benötigen, ist eine Werkschule / Stammklasse C vorhanden, oder es findet eine integrative Förderung in der Realschule / Stammklasse B statt.

Es ist sicherlich wichtig, dass die Lehrperson fachwissenschaftlich auf dem aktuellen Wissensstand ist. Noch wichtiger scheint für mich die Qualität der Passung des Unterrichtsstoffes auf die jeweilige Lerngruppe, besonders auf den tieferen Schulniveaus. Dafür muss eine Lehrperson die Schülerinnen und Schüler gut kennen bzw. gut einschätzen können. Ansonsten haben die Lernenden keine Chance, den Inhalten zu folgen, geschweige denn daran aktiv teilzunehmen.

Das Fach WAH stößt bei den Jugendlichen meiner Erfahrung nach nicht gerade auf breites Interesse, besonders nicht die Theorie des Faches. Der praktische Teil, die Nahrungszubereitung, kommt oft sehr gut an. Mein Erfahrungshorizont beschränkt sich allerdings auf eine ländliche, eher konservative Region. Sind die theoretischen Auseinandersetzungen zu „ökolastig" wird die aktive Teilnahme schwieriger. Gute Erfolgsaussichten erreicht die Lehrperson, aus meiner Sicht, mit den folgenden drei Varianten:

- Wirtschaftliche Prozesse werden mit schülergerechten Miniprojekten (zum Beispiel die Organisation von einem Anlass) oder im direkten Schulalltag miterlebt.

- Es findet außerschulisches Lernen statt. Die Jugendlichen erfahren die Lerninhalte vor Ort, sie sind „live" dabei. Sie nehmen am „echten Leben" teil.

- Aktuelle Ereignisse werden direkt in den Unterricht integriert (zum Beispiel aus aktuellen Medienberichten).

Mit diesen Möglichkeiten kann die Lehrperson die Inhalte des Fachs „verpacken" und mehr Jugendliche erreichen bzw. zum Mitdenken animieren. Schließlich sollte bei allen drei Varianten eine Reflexionsphase eingebaut sein, in der den Lernenden aufgezeigt wird, wo sie nun welchen Lerninhalt des Fachs angetroffen haben. Ich bin davon überzeugt, dass die tieferen Schulniveaus etwas mehr Überzeugungsarbeit seitens der Lehrperson brauchen, damit sich die Schülerinnen und Schüler überhaupt erst auf Unterricht für „Lebensführung" einlassen.

### Welche Qualitätsmerkmale halten Sie für den Unterricht für „Lebensführung" für essenziell?

Ein Qualitätsmerkmal dieses Fachs ist aus meiner Sicht der geschickte Einsatz der unterschiedlichen Sozialformen. Schafft es beispielsweise die Lehrperson eine funktionierende Gruppenarbeit einzusetzen, erhöht dies die Qualität des Outputs bei den Schülerinnen und Schülern. Eine funktionierende Gruppenarbeit zeichnet sich dadurch aus, dass sich alle Mitglieder am Auftrag beteiligen können. Durch diese Beteiligung entsteht eine persönliche Auseinandersetzung mit dem Lerninhalt. Damit die Teilnahme überhaupt stattfinden kann, braucht es davor eine gute Einzelauseinandersetzung mit dem Thema, welche eventuell durch eine Partnerkontrolle abgeschlossen wird.

Weiter finde ich den Einsatz von verschiedenen Kommunikationsmitteln ein Qualitätsmerkmal. Für den Aufbau der Wissenskomponenten oder die Aufnahme von Abläufen ist der Frontalunterricht mit einem Lehrervortrag oft sinnvoll. Dieses Setting gibt den Lernenden eine Struktur, mit welcher sie danach in einen tieferen Verarbeitungsprozess gelangen. Es gibt ihnen sozusagen die Basis fürs Weiterdenken und Vertiefen. Für diese intensive Auseinandersetzung mit den Lerninhalten ist eine Klassendiskussion, ein Gruppengespräch, eine mündliche Präsentation oder ein Partneraustausch oft effektiver. Dies bedingt wiederum, dass die Schülerinnen und Schüler überhaupt an Diskussionen, Gesprächen, etc. teilnehmen können. Sie müssen ihre gehörten Informationen nutzen können. So findet eine intensivere Auseinandersetzung mit den Lerninhalten statt. Damit meine ich zum Beispiel, wenn die Jugendlichen beginnen, sich selbst inhaltliche Fragen zu stellen, fängt bei ihnen der Prozess des Lernens bzw. das Aufbauen / Erweitern einer Kompetenz im WAH Unterricht an. Versuchen die Lernenden ihre Fragen zu klären, beispielsweise durch die Teilnahme an einer Diskussion, durch das Zuhören oder Fragestellen, gehen sie noch einen Schritt weiter. Fühlen sich die Jugendlichen sicher genug in einem Bereich, haben sie also genügend Selbstvertrauen und Wissen, nehmen sie auch eher teil an Diskussionen, Gesprächen oder übernehmen gar einfachere Teile einer Präsentation.

Es ist auch ein Qualitätsmerkmal des Unterrichts, wenn sich die Schülerinnen und Schüler wohl fühlen, und die Lehrperson für ein angenehmes Lernklima sorgt. Dies ist gerade im Fach WAH wichtig, in dem es oft auch um persönliche Aspekte (zum Beispiel das Budget) geht.

### Welche Lernumgebungen und Lehr-/Lernformen halten Sie für einen wirksamen Unterricht für „Lebensführung" für besonders bedeutsam?

Ich denke, es gibt diverse Lehr- / Lernformen und Lernumgebungen, die sich im WAH Unterricht einsetzen lassen. Wichtiger scheint mir die Anforderung an die Lehrperson, zu schaffen, dass sich die Jugendlichen wirklich in die Materie hineingeben bzw. damit auseinandersetzen. Dass sie beispielsweise bei einer Plakatarbeit wirklich ihren Lernfortschritt aufzeigen und nicht einfach tolle Texte aus dem Internet aufkleben. Oder dass die Schülerinnen und Schüler bei einem Vortrag ihren Themenbereich erklären können und nicht nur herunterleiern ohne nachzudenken.

Damit dieser Anspruch erreicht werden kann, muss die Lehrperson ihre Lernenden gut kennen bzw. den individuellen Lernstand der einzelnen Schülerinnen und Schüler präsent haben. Es ergeben sich daraus passende Lernumgebungen mit Lehr- / Lernformen unter Berücksichtigung der individuellen Kompetenzen der beteiligten Lernenden auf der Sach-, Sozial- und Individualebene. Die Lehrperson wählt also die passende Lehr- / Lernform für ihre Lerngruppe so aus, dass sie ihr Wissen über den Lernstand der einzelnen Schülerinnen und Schüler miteinbezieht. Ich sehe neue Methoden oder Lernumgebungen wie Tools, die ich auf meine Lerngruppe zuschneiden bzw. schauen muss, ob die Individuen über die benötigten Werkzeuge verfügen, um die Aufgaben zu lösen. Nur dann erhalten die Lernenden eine Möglichkeit, ihre Kompetenzen weiter aufzubauen.

### Wie sieht eine gute Differenzierung/Individualisierung Ihrer Meinung nach im Unterricht für „Lebensführung" aus?

Eine gute Differenzierung geht für mich über das Anbieten einer Aufgabe mit unterschiedlichen Schwierigkeitsgraden hinaus. Sie berücksichtigt die kognitive Heterogenität der Lernenden genauso wie die individuellen methodischen Fähigkeiten. Beispielsweise kann man für eine Lernaufgabe verschiedene Methoden als Lösungsweg anbieten, eine freie Recherche im Internet für die stärkeren Lernenden und ein vorgegebener Informationstext aus einem Buch für die schwächeren Schülerinnen und Schüler.

Zusätzlich kommen die Lenkung und das Coaching der Lehrperson dazu, so dass sich die Schülerinnen und Schüler auch den für sie passenden Aufgabenstellungen annehmen. Daraus entwickelt sich mit der Zeit eine Annäherung der Fremd- und Selbsteinschätzung der Lernenden. Dadurch können sich die Jugendlichen auch besser auf die Differenzierung im Unterricht einlassen bzw. sie wissen immer besser, welche Aufgaben für ihren Lernprozess förderlich sind.

Schließlich entwickelt sich die Differenzierungsfähigkeit der Lehrperson mit der Erfahrung, welche sie mit der jeweiligen Lerngruppe erlebt. Diese sollte im Schulalltag stets reflektiert und die Konsequenzen für die nächste Lektion genutzt werden.

### Welche immer wiederkehrenden fachspezifischen Herausforderungen im Unterrichtshandeln müssen Ihrer Meinung nach die Lehrpersonen beherrschen, um im Unterricht für „Lebensführung" eine angemessene Unterrichtsqualität garantieren zu können?

Im Fach WAH muss die Lehrperson den Umgang mit den verschiedenen, oft sehr vorgefassten Meinungen und Einstellungen beherrschen (zum Beispiel „alle billigen Produkte (Esswaren) sind schlecht" oder „Bio ist nur für die reichen Linken" etc.). Gerade im Altersbereich der Schülerinnen und Schüler auf der Oberstufe verfestigen die Lernenden ihre Überzeugungen, auch wenn sie sie später im Leben wieder verwerfen oder neu überdenken. Sie vertreten oft einen ganz klaren Standpunkt. Versucht die Lehrperson ein Thema im Unterricht neutral zu behandeln, blockieren diese oft einfachen und plakativen Meinungsäußerungen die Aufnahme von neuen Kompetenzen. Die Lehrenden sind also gefordert, den Fokus wieder auf den Unterrichtsinhalt zu lenken, ohne sich auf Diskussionen einzulassen, die zu keinem Ende führen oder die Schülerinnen und Schüler noch mehr in ihre Tunnelsicht drängen. Oft hilft es auch, wenn die Lehrperson durchaus einmal auf die Äußerungen der Jugendlichen eingeht und die Lernenden durch ein Nachfragen der Begründung ihrer Annahmen zum Überdenken ihrer Meinung oder zumindest zum Mitmachen oder Mitdenken bewegen kann.

### *Worauf gilt es bei der Entwicklung und dem Einsatz von Aufgaben bzw. Aufgabensets im kompetenzorientierten Unterricht für „Lebensführung" besonders zu achten?*

Eine wichtige Komponente ist für mich, dass die Aufgabensets den Jugendlichen die Möglichkeit eines Erfolgserlebnisses verschaffen. Ich habe gute Erfahrungen mit der Produktorientierung gemacht. Die Jugendlichen haben am Ende der Aufgabenstellung ein Produkt (Plakat, Präsentation, Lernlandkarten, Quiz etc.) erarbeitet. Am Ende, bei erfolgreicher Bearbeitung bzw. Herstellung dieser Produkte, sind die Jugendlichen auch oft stolz auf ihre Erarbeitung. Gerade dann, wenn sie es schaffen, ihre Produkte gut zu präsentieren. Dies wirkt sich positiv auf die Lernmotivation aus.

Damit diese Aufgaben erfolgreich erarbeitet werden können, ist die Passung sehr zentral. Die Lehrperson orientiert sich bei der Herstellung oder Auswahl der Aufgabensets an den Lernvoraussetzungen ihrer Lerngruppe. Dann muss die Aufgabe erfolgsversprechend, herausfordernd, nicht aber überfordernd daherkommen. Gerade auf meinem tieferen Schulniveau ist es hilfreich, wenn die Schülerinnen und Schüler den ersten Bearbeitungsschritt gleich erfassen und loslegen können. Dies verhilft wiederum der Motivation, sich in die Aufgabe zu vertiefen. Zusätzlich ist es wichtig, dass man den Lernenden genügend Zeit für solche Aufgaben zur Verfügung stellt, gerade auch um die Präsentation vorzubereiten. Die Lehrperson muss hier die Coachingfunktion aktiv einnehmen und die Jugendlichen betreuen bzw. immer wieder auf den Weg bringen, damit ein zufriedenstellendes Resultat möglich ist.

### *Welche Schritte empfehlen Sie aufgrund Ihrer wissenschaftlichen bzw. erfahrungsbasierten Expertise als „first steps" für angehende Lehrpersonen im Fach, die sie für guten Unterricht für „Lebensführung" umsetzen können?*

Der erste Schritt sollte allgemein mit einer Unterrichtseinheit angegangen werden, in der die neue Lehrperson sich sicher fühlt bzw. eine, welche sie im besten Fall schon einmal ausprobiert hat in einem Praktikum. Das verschafft ihr die nötige Sicherheit im Unterrichten und sie kann bereits eigene Erfahrungen einfließen lassen. Zusätzlich verhilft eine solche Einheit der Lehrperson flexibel im Unterrichtsgeschehen zu agieren. Gerade in einem Fach wie WAH ist dies ein Vorteil, um auf die Jugendlichen während des Unterrichts reagieren zu können. Die Lernenden merken dadurch, dass die Lehrperson auf die Individuen eingehen kann, ohne gleich aus dem Konzept zu geraten, auch wenn kontroverse Meinungen auftauchen. So kann die Lehrperson die Jugendlichen und ihre Anliegen im Unterricht auffangen und gegebenenfalls die Unterrichteinheit darauf abstimmen. Sie verliert aber nicht den gesamten Überblick, inklusive ihrer Ziele, welche sie mit der Einheit verfolgen will.

Inhaltlich funktioniert es immer gut, wenn die Schülerinnen und Schüler mit einem Thema abgeholt werden, welches sie direkt betrifft oder das momentan in den Medien vertreten ist. Dann können die Lernenden zu Beginn ihr Vorwissen äußern und sie stecken mitten im Unterrichtsinhalt, ohne dass sie merken, dass sie schon unterrichtet werden. Das Fach (Theorie) ist vordergründig oft nicht von großem Interesse bei den Jugendlichen. So kann man diese Hürde zu Beginn der Einheit gut überwinden. Bei einer solchen Startmethode gilt es zu beachten, dass man die Vorwissenserkundung der Jugendlichen dann auch in die Unterrichtseinheit einbaut. So können sie direkt an ihrem Wissen anknüpfen bzw. eventuell falsche Informationen korrigieren.

### Was ist Ihrer Ansicht nach das Besondere am Unterricht für „Lebensführung"?

Die Lehrperson sollte insofern achtsam sein, ihren Schülerinnen und Schüler keine Meinungen zu vermitteln. Den Lernenden werden Konzepte, Inhalte und Systeme der Bereiche Wirtschaft, Arbeit und Haushalt erklärt sowie daraus gebildete Werthaltungen aufgezeigt. Dazu kommen viele übernommene Ansichten von zu Hause mit in den Unterricht, welche schon sehr verfestigt sein können. So ist es manchmal schwierig, diese Jugendlichen zu erreichen, weil sie sich gar nicht auf eine Kompetenzerweiterung einlassen können bzw. wollen. Dies ist für mich die besondere und spannende Herausforderung dieses Schulfaches.

### Welcher Name trifft aus Ihrer Sicht das Kernanliegen einer Bildung für „Lebensführung"?

Ein passender Name wäre vielleicht „Zusammenleben auf einer Welt" oder „Alltagskompetenz". Der erste Vorschlag würde den Fokus auf die Ressourcenorientierung in allen Bereichen legen, die zweite Variante auf den persönlichen Alltag, welchen die Jugendlichen irgendwann alleine meistern müssen / sollten.

HEIDRUN FORSTMAIER

# LERNENDE ZU SELBSTVERANTWORTLICHEM LERNEN FÜHREN

Forstmaier, Heidrun, Seminarleiterin für die Ausbildung von Fachlehrerinnen und Fachlehrern für Ernährung und Gestaltung im Regierungsbezirk Schwaben / Bayern, Fachreferentin, Multiplikatorenausbilderin des LehrplanPLUS für das Fach „Ernährung und Soziales" in Bayern, Schulbuchautorin, von 2007 – 2011 Mitglied in den Arbeitskreisen „Berufsorientierung" und „Projektprüfung" am Staatsinstitut für Schulqualität und Bildungsforschung München.

*Welches fachwissenschaftliche und fachdidaktische Wissen und Können der Lehrperson sind aus Ihrer Sicht für die Qualität des Unterrichts für „Lebensführung" besonders wichtig?*

Ein Blick zurück zeigt, wie stark sich unser Lebensalltag in den letzten Jahren verändert hat und somit auch die Anforderungen an den Unterricht für „Lebensführung". Deshalb möchte ich mich kurz mit unseren Lebensrealitäten befassen. Wir leben in einer hoch spezialisierten Konsumgesellschaft, in der es dem Einzelnen zunehmend schwerfällt, unabhängig und neutral zu agieren. Wegen des unglaublich starken Einflusses durch Werbung und Medien auf allen Kanälen ist es für viele schwierig, z. B. Produkte nach gesundheitsförderlichen und nachhaltigen Aspekten auszuwählen. Der Unterricht für „Lebensführung" bietet große Chancen, den heutigen und künftigen Herausforderungen der Gesellschaft gerecht zu werden. Dazu brauchen Lehrpersonen aktuelles fachspezifisches Wissen und die notwendige Bereitschaft, sich selbst auf den neuesten Stand der Wissenschaft einzulassen. Die fachliche Kompetenz der Lehrperson ist eine wesentliche Grundlage. Im Zuge der kompetenzorientierten Ausrichtung von Unterricht ist es aus meiner Sicht notwendiger denn je, die Sache für sich zu klären, in ihrer Komplexität zu erfassen und zu vernetzen, um das Bedeutungsvolle in einer Sache zu sehen. (Was sind die wesentlichen Kernideen, die nachhaltig und unverzichtbar sind? Wie kann das Wissen der Anwendung dienen? Wie kann erworbenes Wissen und Können zur Urteilsfähigkeit führen?). Damit Heranwachsende Kompetenzen erwerben können, bedarf es bedeutungsvoller, lebensnaher Lernsituationen, in denen fundamentales Wissen erworben wird und zur Anwendung kommen kann. Gerade im Unterricht für „Lebensführung" haben die Lernenden aufgrund ihrer Alltagserfahrungen und Meinungsbilder individuelle Vorstellungen zu einem Thema. Guten Lehrpersonen ist es wichtig, dieses Vorwissen zu berücksichtigen und darauf aufzubauen.

### *Welche Qualitätsmerkmale halten Sie für den Unterricht für „Lebensführung" für essenziell?*

Ein wesentliches Qualitätsmerkmal des Unterrichts für „Lebensführung" besteht darin, Schülerinnen und Schülern zu ermöglichen, kompetente Alltagsakteure zu werden, die die vielen Anforderungen ihres gegenwärtigen und zukünftigen Lebens meistern lernen. Daher ist es wichtig, das praktische Tun der Lernenden schwerpunktmäßig an konkreten Inhalten und realen Handlungsfeldern, wie Gesundheit, Ernährung, Haushaltsführung, verantwortungsvolles Verbraucher- und Umweltverhalten sowie Nachhaltigkeit in den Mittelpunkt zu stellen. In diesem Zusammenhang können Heranwachsende sensibilisiert werden, passende Fragen zu stellen, um über Informationsdienste an bedeutsame Antworten zu kommen. Der Unterricht für „Lebensführung" muss ein tätigkeitsintensiver, handelnder Unterricht sein, wobei das Handeln nicht auf praktische, händische Tätigkeiten beschränkt werden darf. Kognitive Handlungsprozesse müssen in den Handlungsbegriff eingeschlossen sein. Ein solcher Unterricht leistet einen erheblichen Bildungsbeitrag, weil er Handlungsräume öffnet. Dadurch können die Heranwachsenden ihr auf Alltagserfahrungen beruhendes Wissen mehren, Fähigkeiten und Fertigkeiten ausweiten und in der Folge ihr Urteilsvermögen, letztendlich ihr Selbstbewusstsein stärken. Das bedeutet in der Konsequenz, dass der Unterricht über das Handeln der Lernenden eine zweite Ebene erfordert: Das Entscheidungshandeln. Dies gelingt nach meiner Erfahrung am besten, wenn der Wissenserwerb in konkrete Lernsituationen eingebunden wird, die ein Entscheidungshandeln erforderlich machen, z.B. Auswahl von Lebensmitteln nach saisonalen und regionalen Gesichtspunkten. Selbstverständlich können und müssen Ernährungsempfehlungen und persönliche Vorlieben berücksichtigt werden. Schülerinnen und Schüler können folglich an und mit konkreten Objekten Erfahrungen sammeln, die sich dann positiv auf eine gesundheitsförderliche Ernährung, den wirtschaftlichen Umgang mit Geld bis hin zum ökologischen Handeln auswirken. Wichtig dabei ist, an das eigene Leben der Heranwachsenden anzuknüpfen, das eigene Interesse anzusprechen, um damit den besten Zugang zur Aufmerksamkeit der Lernenden zu schaffen.

## Welche Lernumgebungen und Lehr-/Lernformen halten Sie für einen wirksamen Unterricht für „Lebensführung" für besonders bedeutsam?

Da im Unterricht für „Lebensführung" die subjektiven Vorstellungen der Lernenden mit ihren Alltagstheorien eine große Rolle spielen, ist es besonders wichtig, eine Lernumgebung im Sinne eines positiven, demokratischen Lernklimas zu gestalten und sich stets um förderlich-soziale Beziehungen zu den Lernenden zu bemühen. Die große Chance für einen Unterricht für „Lebensführung" liegt in aktiven Unterrichtshandlungen, d. h. Lernumgebungen sollen zum Denken und Handeln in Zusammenhängen anregen. Dabei sollten die Heranwachsenden mit ihren Lebenssituationen und das Lernen aus Erfahrungen im Zentrum des Unterrichts stehen. Bei der Betrachtung der Lernumgebung in Bezug auf die Aufgaben, Materialien, Medien und die Gestaltung der Lernsituation ergeben sich viele Möglichkeiten, den Unterricht effektiv zu gestalten. Als wichtigen Schritt möchte ich dabei das Festlegen der Inhalte hinsichtlich angestrebter fachlicher Kompetenzen erwähnen. Die Erfahrung, vor allem in Beratungssituationen von Lehramtsanwärterinnen und Lehramtsanwärtern zeigt, dass zwar oft eine Methode im Vordergrund steht. Nicht geklärt hat man aber die Frage, welche Ziele damit angebahnt bzw. inwieweit diese Methode den Aufbau von Fach-, Sozial- und Selbstkompetenz der Lernenden fördert und Werthaltungen entstehen lässt. Ein lebendiger Unterricht entsteht u. a. dadurch, dass Methoden und soziale Organisationsformen variieren. Besonders bedeutsam sind Lernformen zur Erschließung von Inhalten, wie Texten, Internetinformationen, Fachbegriffen, Arbeitsanleitungen, Rezeptanalysen, Erkundungsaufgaben einschließlich sensorischer Prüfungen, Warentests, Durchführung von Experimenten zur Klärung unterschiedlicher Sachverhalte bzw. zum selbstständigen Finden von Lösungswegen. Um Lernende zu selbstverantwortlichem Lernen zu führen, eignet sich auch Portfolio- und Projektarbeit. Ebenso erwähnen möchte ich eine wohldosierte, gut platzierte und anschauliche Demonstration. Bei allen Lernformen ist sowohl individuelles und konzentriertes Nachdenken in Einzelarbeit als auch gegenseitige Unterstützung und Förderung von Teamfähigkeit in Partner- bzw. Gruppenarbeit wichtig.

## Wie sieht eine gute Differenzierung/Individualisierung Ihrer Meinung nach im Unterricht für „Lebensführung" aus?

Die wohl größte Herausforderung besteht darin, den unterschiedlichen Lernvoraussetzungen, dem jeweiligen Entwicklungsstand der Schülerinnen und Schüler, auch ihr durch die Umwelt geprägtes Alltagsverständnis, gerecht zu werden. Die Lernenden sollen ihre individuell gegebenen Leistungsdispositionen und Interessen entfalten können. Damit dies gelingt, ist es erforderlich, die unterschiedlichen Begabungen / Fähigkeiten, Interessen / (Geschmacks-)Vorlieben, Arbeitstempi / Konzentrationsfähigkeit, sozialen Komponenten der Schülerinnen und Schüler wahrzunehmen und nach Möglichkeit ihre außerschulischen Erfahrungen bzw. Belastungen zu berücksichtigen. Nach meiner Erfahrung gelingt Differenzierung am besten, wenn am Ausgangspunkt der Lernschritte ein Inhalt steht, der unterschiedliche Lösungswege zulässt. Die Lernenden sollten sich die jeweiligen Inhalte so auf ihre eigene Weise erschließen können. Die Lehrperson stellt dazu verschiedene Lernangebote und Materialien, ggf. ergänzt durch Arbeitsanleitungen und Lernvideos zur Verfügung. Diese sollten so beschaffen sein, dass unterschiedliche Lösungen möglich sind. Durch die Vielfalt an Angeboten zur Differenzierung haben die Schülerinnen und Schüler die Möglichkeit, sich Lern- und Arbeitstechniken individuell zu erwerben. Auf diese Weise kann sowohl ein quantitativ als auch qualitativ differenzierter bzw. individueller Kompetenzaufbau gefördert werden. Voraussetzung zum Gelingen ist neben vielfältigen Lernangeboten zur individuellen Aneignung oder Vertiefung besonders das Austesten und Ausprobieren lassen der eigenen Fähigkeiten durch unterschiedlich hohe Anforderungen. Bei allen unterrichtlichen Bemühungen sollten die Lernenden stets Resonanz mit Blick auf ihren individuellen Kompetenzstand erhalten. Zusammenfassend möchte ich erwähnen, dass eine wirksame Differenzierung einer gründlichen Analyse der Sache / des Inhalts sowie einer gut durchdachten Organisation und Durchführung seitens der Lehrperson bedarf.

## Welche immer wiederkehrenden fachspezifischen Herausforderungen im Unterrichtshandeln müssen Ihrer Meinung nach die Lehrpersonen beherrschen, um im Unterricht für „Lebensführung" eine angemessene Unterrichtsqualität garantieren zu können?

Im Unterricht für „Lebensführung" kommt der Dimension „kompetentes Alltagshandeln" eine bedeutende Rolle zu, damit Kinder und Jugendliche Orientierung für ihren Lebensweg finden. Lehrpersonen sind deshalb ständig gefordert, die Alltagswelt der Schülerinnen und Schüler zu eruieren und

Beispiele zu finden, an denen die gegenwärtigen und zukünftigen Anforderungen erfahrbar werden. Deshalb ist der Unterricht für „Lebensführung" so zu planen, dass der Wissenserwerb an praktischen Aufgaben, d. h. ein Lernen aus dem Vollzug, ein Denken durch Planen und Handeln geschieht. Fehlt die Verknüpfung von Theorie und Praxis, geht dies meiner Erfahrung nach zu Lasten der Motivation. Es fehlt die Einsicht in die Notwendigkeit für die Theorie und der Handlungsgrund für die Lösung von Aufgaben. Die knapp bemessene Unterrichtszeit verlangt ein professionelles Zeit- und Organisationsmanagement und die Ausrichtung des Unterrichtsthemas auf wenige, jedoch klare Ziele – weniger ist mehr. Eine weitere Herausforderung ist der Einsatz bzw. der Erwerb von Fachsprache. Um die Variablen einer Fachsprache nutzen zu können, ist es notwendig Sprachanlässe zu schaffen, z. B. Prüfergebnisse versprachlichen lassen, aber auch zusätzliche Unterstützung der Lernenden zu Erwerb und Anwendung der Fachsprache. Auch Lehrpersonen sind gefordert, eine angemessene Sprache zu verwenden und ihr eigenes Sprechen immer wieder zu beobachten. Erklärungen durch Lehrpersonen müssen fachlich richtig, klar und präzise formuliert werden. Werden Demonstrationen in den Unterricht integriert, ist es wichtig, Beobachtungsaufträge mit klaren Kriterien zu formulieren, um den Anschauungsprozess der Schülerinnen und Schüler zu steuern. Durch die starke Reizüberflutung fällt vielen das genaue Hinsehen schwer; das Sehen und Erkennen von Details fehlt häufig. Eine korrekte Durchführung einer Demonstration versteht sich von selbst. Im Unterricht für „Lebensführung" spielt das geschriebene Wort ebenfalls eine große Rolle. Auch hier ist ein entsprechender Wortschatz, eine den Schülerinnen und Schülern gewohnte, strukturierte Form wichtig für das Leseverstehen.

### *Worauf gilt es bei der Entwicklung und dem Einsatz von Aufgaben bzw. Aufgabensets im kompetenzorientierten Unterricht für „Lebensführung" besonders zu achten?*

In meinen Ausführungen habe ich bereits erwähnt, dass ein Unterricht für „Lebensführung" nach selbstständiger Auseinandersetzung mit lebensbedeutsamen Inhalten mittels Denkens, Sprache und praktischen Tuns, nach sachgerechtem, strukturiertem Vorgehen verlangt. Damit Aufgaben die Aktivitäten der Lernenden anregen und steuern können, ist eine gründliche Vorbereitungsarbeit der Lehrperson eine der wichtigsten Voraussetzungen. Ausgehend von den Lernvoraussetzungen der Schüler und Schülerinnen ist es notwendig, zuerst die Inhalte zu prüfen, inwieweit sie zum eigenständigen Bildungserwerb geeignet sind. Danach sind aus den vorgegebenen Kompetenzerwartungen der Lehrpläne Aufgaben abzuleiten bzw. ist zu überprüfen, auf welche Kompetenzen sich die Aufgaben beziehen. Die tägliche Praxis zeigt, wie wichtig es ist, mit Schülerinnen und Schülern Lernaufgaben aus ihrem Lebensumfeld zu entwickeln, damit sie diese verstehen und bearbeiten können. Gleichzeitig werden Vorstellungen geschaffen, wie die Aufgabe gelöst werden kann. Schülerinnen und Schüler entwickeln zugleich Strategien, wie sie sich Wissensbereiche und Sachverhalte erschließen können. Es herrscht Klarheit über Ziele, Erwartungen und möglichem Vorgehen. Diese Struktur ist gerade schwächeren Schülerinnen und Schülern eine große Hilfe. Für sie ist Offenheit nicht per se ein Qualitätsmerkmal. Für die Bearbeitung von Lernaufgaben sind aktuelle Informationen und Lernmaterialien bereitzustellen, die den Lernenden helfen, neue Erkenntnisse zu gewinnen. Besonders wirksam ist nach meiner Erfahrung, die konkrete Auseinandersetzung mit der Wirklichkeit, z. B. Erkundungsaufgaben stellen. Der Einsatz digitaler Medien unterstützt den Bildungsprozess. Bieten Lernaufgaben Möglichkeiten zum sozialen Austausch, sind sie zum einen für die Lernenden motivierend und leisten gleichzeitig einen Beitrag zur Entwicklung sozialer Kompetenzen. Unersetzlich ist ein Reflexionsteil, der den Heranwachsenden Gelegenheit bietet, Lernprozess und -fortschritt einzuschätzen und sie somit zu stärken.

**Welche Schritte empfehlen Sie aufgrund Ihrer wissenschaftlichen bzw. erfahrungsbasierten Expertise als „first steps" für angehende Lehrpersonen im Fach, die sie für guten Unterricht für „Lebensführung" umsetzen können?**

Gerade für angehende Lehrpersonen ist die Gestaltung von Anfangssituationen, auch für einen Unterricht für „Lebensführung", sehr entscheidend. Denn oft werden im ersten Kontakt mit den Lerngruppen die Weichen für eine gelingende Zusammenarbeit gestellt. Deshalb rate ich meinen Lehramtsanwärterinnen und Lehramtsanwärtern, sich gezielt auf diese Erstkontakte vorzubereiten. Bedeutsam sind auch das äußere Erscheinungsbild, die Körperhaltung und die Vorstellung. Mein Tipp: Die Wirkung auf Menschen vor dem Spiegel, vor Freunden oder mithilfe einer Videokamera zu üben. Ebenso wichtig sind Überlegungen zu Regeln, Routinen und Umgangsformen inklusive sinnvoller Konsequenzen bei Nichteinhaltung. Gerade zu Beginn ist es schwer, alle dienstlichen Aufgaben im Blick zu haben. Damit negative Überraschungen ausbleiben, empfehle ich in diesem Zusammenhang, sich mit Fragestellungen zur Sicherheit im Unterricht einschließlich fachbezogener Hinweise in Bezug auf Hygiene auseinanderzusetzen. Für die ersten Unterrichtseinheiten habe ich für meine jungen Kolleginnen und Kollegen eine Art Fahrplan entwickelt. Das Feedback der Lehramtsanwärterinnen und Lehramtsanwärter dazu ist Ansporn, weiter mit ihm zu arbeiten. Worum geht es? Es gilt im ersten Schritt, sich mit der Sache (Fachwissen,

Fachwissenschaft, praktisch relevante Bezüge) umfassend und detailliert auseinanderzusetzen. In dieser ersten Phase werden sachliche Zusammenhänge erschlossen, Bezüge zum Lehrplan geschaffen, eigene Erfahrungen und Versuche einbezogen. Danach ist es notwendig, Bedingungen zu klären, um Klarheit über strukturelle, personal-soziale und fachliche Voraussetzungen zu erhalten. Es ist hilfreich, kritische Fragen nach dem Sinn und der Bedeutung zu stellen bzw. Fragestellungen aus der Recherche in der Auseinandersetzung mit dem Inhalt und mit Bedingungen zu entwickeln. Ansätze für Fragen können z. B. sein: Wo im Umfeld, Leben spielt das Thema eine Rolle? Welche gegenwärtige und zukünftige Bedeutung hat das Thema für die Lernenden und für die Lehrperson (Situationsbezug, Kontext, Perspektiven). Erst dann besitzt die Lehrperson eine klare innere Struktur, kann das Unterrichtsthema auf schlüssige Ziele ausrichten und Wissenselemente in einer sinnvollen Reihenfolge aufbauen. In einem nächsten Schritt kann sie dann festlegen, wie der Wissenserwerb bzw. die Lernentwicklung durch den Einsatz verschiedener Methoden erfolgen soll. Auch wenn der Einsatz verschiedener Methoden Abwechslung schafft, sollte vor ihrem Einsatz immer geklärt werden, ob sie der Sache, dem Inhalt dient, denn Können heißt, über ein Repertoire zu verfügen. Dieses Repertoire muss sich erst bilden, sowohl bei Lehrpersonen als auch bei Lernenden. Ohne Wiederholung wird nichts verinnerlicht, entsteht kein Fundus, aus dem Können schöpft.

### Was ist Ihrer Ansicht nach das Besondere am Unterricht für „Lebensführung"?

Das Besondere am Unterricht für „Lebensführung" sind die Themen, die die individuelle Lebensführung betreffen und die in ihrer Anwendung im Alltagshandeln direkt nutzbar sind. Die Schülerinnen und Schüler stehen als handelnde Alltagsakteure im Zentrum des Unterrichts, der sich demzufolge mit den Lebenssituationen der Heranwachsenden auseinandersetzt und eine Mitgestaltung erlaubt. Auftakt eines jeden Lernprozesses ist deshalb das Ernährungs- und Verbraucherverhalten der Heranwachsenden. Wann immer es sich anbietet, sollten sie lernen, sich dies über ihre eigenen Wahrnehmungen (z. B. beim Besuch eines Fastfood-Restaurants, Motive für einen Besuch hinterfragen) bewusst zu machen, um zu erkennen, dass es nicht in allen Fällen ein richtiges oder falsches Verhalten gibt. Jetzt gilt es, die eigenen Wahrnehmungen einzuordnen und daraus eine neue Perspektive zu entwickeln. Auch der Erwerb von Fähigkeiten und Fertigkeiten muss angebahnt werden, um situative Entscheidungen fällen zu können. Wie schon erwähnt, ist entscheidend, die Lebenssituationen der Heranwachsenden aufzugreifen und zum Ausgangspunkt für motivierende Lernszenarien bzw. Aufgabenstellungen zu machen. Meiner Ansicht nach ist der Unterricht für „Lebensführung" dafür geradezu prädestiniert, denn nach dem Wahrnehmen, Bewerten des eigenen Verhaltens, Erkunden und Experimentieren können Schülerinnen und Schüler Erfahrungen sammeln und die Vielgestaltigkeit des Faches erleben. Die Fülle der Aufgaben bzw. Themen eines Unterrichts für „Lebensführung" erlaubt Schülerinnen und Schülern, Schlussfolgerungen zu ziehen bzw. Entscheidungen für die Gestaltung von Alltagssituationen zu treffen. In diesem Zusammenhang erwerben sich die Lernenden planerische und haushälterische Fähigkeiten, entwickeln lebensbedeutsame Kompetenzen und können z. B. die Versprechen der Werbung beurteilen. Die Ernährungspraxis macht den Unterricht für „Lebensführung" besonders reizvoll – gleichzeitig auch anspruchsvoll – wenn sie zur Anwendung ernährungsrelevanter Erkenntnisse dient.

### Welcher Name trifft aus Ihrer Sicht das Kernanliegen einer Bildung für „Lebensführung"?

Um diese Frage zu beantworten, bedarf es einer Gesamtsicht auf eine Bildung für „Lebensführung" und auf die Potentiale, die in einem solchen Unterrichtsfach stecken. Aber auch die Heranwachsenden mit ihren gegenwärtigen und zukünftigen Herausforderungen sind Ausgangspunkt meiner Überlegungen, unser Fach so zu positionieren, dass Substanz und Legitimation zum Ausdruck kommen. Da die Ernährung und die damit verbundene Lebensqualität unserer Kinder und Jugendlichen in der heutigen Zeit eine so große Rolle spielt und die Kernanliegen unseres Faches beinhaltet, sollte sich meiner Meinung nach der Begriff „Ernährung" in der Fächerbezeichnung wiederfinden. All meine seminardidaktischen und unterrichtlichen Bestrebungen zielen darauf ab, Schülerinnen und Schüler bei der Entwicklung von Kompetenzen zu unterstützen. Sie sollen befähigt werden, sich systematisch mit Fragen zur Lebensführung auseinanderzusetzen und die Antworten für einen verantwortungs-, gesundheitsbewussten, individuellen Lebensstil zu finden, um selbstbestimmt und verantwortungsbewusst leben zu können. Ausgehend von den Bedürfnissen und Lebenssituationen der Lernenden kann ein solcher Unterricht mit strukturierten, aktuellen Sachinformationen, Instrumenten – auch digitalen – dazu dienen, das eigene Verhalten zu reflektieren und zu bewerten. Bei Entscheidungsprozessen der Schülerinnen und Schüler spielen soziale Aspekte, ein emotionaler Zugang und die Empathie der Lehrperson eine große Rolle. Fasse ich dies nun alles zusammen, trifft aus meiner Sicht der Name „Angewandte Ernährungsphilosophie" das Kernanliegen einer Bildung für Lebensführung.

Luzia Frei

# Ressourcen der Schülerinnen und Schüler behutsam und wertschätzend im Unterricht integrieren

Luzia Frei, Oberstufe Bronschhofen, Fächergruppenlehrperson Wirtschaft – Arbeit – Haushalt, Textiles Gestalten, Bildnerisches Gestalten; Pädagogische Hochschule St. Gallen, Studiengang Sekundarstufe I, Fachleiterin und Dozentin Textiles Gestalten, Mentorin Berufspraktische Studien; Pädagogische Hochschule Thurgau, Studiengang Sekundarstufe I, Lehrbeauftragte Textiles Gestalten; Arbeitsschwerpunkte: Fach- und Unterrichtsentwicklung, Kompetenzförderung, Lerncoaching, Lehrmittelentwicklung, Berufseinführung und Weiterbildung von Lehrpersonen.

*Welches fachwissenschaftliche und fachdidaktische Wissen und Können der Lehrperson sind aus Ihrer Sicht für die Qualität des Unterrichts für „Lebensführung" besonders wichtig?*

Für einen wirksamen WAH-Unterricht ist es zentral, an die Lebenswelt der Jugendlichen anzuknüpfen. Es sind Themen aufzugreifen sowie Lernaufgaben und Lernsituationen zu entwickeln, welche den Schülerinnen und Schülern vertraut sind. Problemstellungen sind zu finden, die Jugendliche aktuell im Alltag beschäftigen und deshalb dazu einladen, sich damit auseinanderzusetzen. Diese wecken bei den Schülerinnen und Schülern Neugier, was wiederum die Lernmotivation fördert. Ziel ist das Eintauchen in die Problemstellung, um eine Auseinandersetzung zu erreichen, die eine gewisse Tiefe im Lernprozess ergibt. Das Vorwissen und somit die Ressourcen der Schülerinnen und Schüler sind behutsam und wertschätzend im Unterricht zu integrieren.

Zudem ist das Aufzeigen der Relevanz des Lerninhaltes für die Zukunft der Lernenden zentral. Das Erklären, wieso dieser Lerninhalt für die Jugendlichen wichtig ist, klärt die Sinnhaftigkeit des Themas, der Problemstellung und der Unterrichtsschwerpunkte. Ein Advance Organizer kann helfen, den Jugendlichen einen Überblick über die Lerninhalte zu geben.

### Welche Qualitätsmerkmale halten Sie für den Unterricht für „Lebensführung" für essenziell?

Ein optimales Lernklima ist die Voraussetzung, damit sich die Schülerinnen und Schüler in einen Lernprozess einlassen können. Die Beziehung der Lernenden zur Lehrperson ist dabei zentral. Mir ist es wichtig, dass die Jugendlichen mit all ihren Problemen, Fragen und Wünschen zu mir kommen, und wir darüber sprechen können. Somit werden gemeinsam Lösungen zu beispielsweise Rahmenbedingungen, Lernwegen, Zeitfenstern sowie Abgabeterminen gefunden. Die Jugendlichen übernehmen Verantwortung für ihr eigenes Lernen und erkennen, welche Bedingungen für sie optimal sind und können ihre Bedürfnisse begründen. Ich erkläre den Schülerinnen und Schüler, was mich im Unterricht leitet, was mir wichtig ist, was ich mit ihnen zusammen erreichen möchte, was sie können müssen und warum. Ehrlichkeit beispielsweise ist für mich wichtig und eine bedeutsame Voraussetzung für ein optimales lernförderndes Unterrichtsklima. Ich kommuniziere bewusst, dass die Jugendlichen alles mit mir besprechen können, jedoch auch Farbe bekennen müssen, wenn sie einmal etwas ausgeheckt haben.

So können sie in den Lernsituationen wachsen und Selbstwirksamkeit erleben. Vertrauen ist die Basis zum Wachsen, sich entwickeln und aus den Fehlern zu lernen. Deshalb ist ein wertefreies Lernklima, in welchem sich Lehrperson und Lernende unvoreingenommen und mit Respekt begegnen, zentral. Lernen heißt auch, Fehler machen zu dürfen. Wichtig ist es, diese Fehler zu analysieren und daraus neue Erkenntnisse zu gewinnen.

Ziel eines qualitativ guten WAH-Unterrichts ist es, dass die Ressourcen der Lernenden gestärkt werden, damit sie ihr Potenzial erkennen, ausbauen sowie zeigen können und dabei sich selbst treu bleiben.

Guter WAH-Unterricht ermöglicht den Schülerinnen und Schülern den Lernstoff sowie dessen lebensweltlichen Kontext besser zu verstehen. In Lernauseinandersetzungen sind unter anderem folgende bedeutsamen Handlungsaspekte zu integrieren: recherchieren, analysieren, entscheiden, argumentieren, begründen, vergleichen, transferieren, vernetzen sowie Zusammenhänge erkennen können.

Die Jugendlichen sollen mit diversen kreativen Strategien Lösungen für die problemorientierten Aufgaben selbstständig finden können. Ich möchte die Denk- und Verstehensprozesse der Jugendlichen somit in Gang setzen. Dabei frage ich mich immer wieder, wie ich das Lernen der Jugendlichen im Unterricht sinnvoll als Ergebnissicherung sichtbar machen kann (vgl. Hattie,

Beywl & Zierer, 2015, „Visible Learning" ⇨ „Lernen sichtbar machen") und ihnen somit die Wirkung der Lernauseinandersetzung aufzeigen kann.

Die Förderung der Sozialkompetenz ist in einem qualitativ guten WAH-Unterricht zentral. Beim Vorbereiten wähle ich die Sozialformen bewusst für die entsprechende WAH-Klasse aus, damit die Jugendlichen mit ihren individuellen Ressourcen optimal miteinander ko-konstruktiv lernen können.

Dies bedingt, dass der Lernweg bei jeder Lerngruppe wieder anders zu gestalten ist, um die Lernvoraussetzungen zu berücksichtigen und einen Lernzuwachs zu ermöglichen. Sozialkompetenz braucht es im Zusammenleben von Menschen in der Familie und in der Gesellschaft. Die Jugendlichen werden unterstützt, sich in einer Gruppe für ein gemeinsames gutes Ergebnis zu engagieren, anderen ihr Wissen und Können zur Verfügung zu stellen, eigene Positionen zu begründen und dafür einzustehen, auf die Anliegen anderer einzugehen, aus der Perspektive von anderen Menschen eine Sache oder Situation zu betrachten.

Immer wieder halte ich im WAH-Unterricht Lernsequenzen videografisch oder fotografisch fest, insbesondere während Präsentationen. Diese Aufnahmen dienen den Jugendlichen zur Reflexion und unterstützen sie neue Erkenntnisse für das eigene Lernen zu gewinnen.

Bei der Auswertung der Lernergebnisse der Schülerinnen und Schüler frage ich mich, was haben die Jugendlichen aus dem WAH-Unterricht wirklich verstanden? Wo waren die Hürden? Wie kann ich sie optimal in ihrem Lernprozess begleiten?

### Welche Lernumgebungen und Lehr-/Lernformen halten Sie für einen wirksamen Unterricht für „Lebensführung" für besonders bedeutsam?

Kooperatives Lernen ist für einen wirksamen WAH-Unterricht zentral. Eine soziale Lerngemeinschaft zu schaffen, in der die Schülerinnen und Schüler voneinander und miteinander lernen, erachte ich als einen wichtigen Bildungsauftrag der Schule. Die Jugendlichen sollen aktiv Verantwortung für das eigene Lernen übernehmen. Auf diese Weise können fachliche sowie überfachliche Kompetenzen des Lehrplans entwickelt, vertieft und erweitert werden. Es ist wertvoll, mit der Klassenlehrperson sowie den weiteren Fachlehrpersonen abzusprechen, ob und welche Methoden des kooperativen Lernens die Klasse bereits kennt und umsetzen kann. Eine bewusst geplante und fächerübergreifende Einführung ist für den kooperativen Lernprozess wichtig. Der Zeitplan im Arbeitsauftrag muss angepasst werden, da die kooperativen Methoden mehr Zeit benötigen.

Wie bereits erwähnt ist das Lernklima für einen wirksamen WAH-Unterricht zentral.

Es gibt kein Rezept, welche Lehr- / Lernform bei einem Thema für alle Jugendlichen ideal ist. Aus der räumlichen Situation im Schulzimmer, der Bedingungen aufgrund der Klassensituation sowie aus der Sache heraus entwickle und bestimme ich im Arbeiten das Vorgehen sowie die Lehr- / Lernformen. Ich möchte möglichst realitätsnahe Situationen schaffen und somit authentische Lernumgebungen herstellen. Beispielsweise hatte eine Klasse aus der aktuellen Pausenkioskarbeit die Idee, eine kleine Firma zu gründen, welche in der Region Catering-Aufträge für Meterbrote anbieten möchte. Im WAH-Unterricht wurde ein Businessplan erstellt (Geschäftsidee, Zielgruppendefinition, Klärung des Finanzbedarfs, Machbarkeitsstudie und Chancen- & Risikoanalyse). Von Seiten der Lehrperson benötigt es Offenheit, damit im Unterricht solche Gestaltungsspielräume vorhanden sind und genutzt werden dürfen, sowie das Zutrauen, dass die Jugendlichen das Ziel erreichen. Wie bereits erwähnt, ist Vertrauen die Basis zum Wachsen, sich entwickeln und in der Aufgabe „groß" zu werden. Durch solche problemorientierten Aufgabenstellungen bekommen die Jugendlichen kreative Möglichkeiten zur Verantwortungsübernahme und erleben die damit verbundene Selbstwirksamkeit.

### Wie sieht eine gute Differenzierung/Individualisierung Ihrer Meinung nach im Unterricht für „Lebensführung" aus?

Meiner Meinung nach geht es im Unterricht nicht primär um Differenzierung / Individualisierung, sondern um Kooperation. Die Schülerinnen und Schüler bringen je nach familiärem lebensweltlichem Kontext unterschiedliche Erfahrungen und Kompetenzen mit in den WAH-Unterricht. Meine Erwartung ist es nicht, dass alle Jugendlichen das Gleiche können müssen, sondern dass sie mit ihren Voraussetzungen einen möglichst großen Lernzuwachs generieren können, damit sie einen Mehrwert erhalten.

Mit einer bewussten Lernbegleitung steuere ich die Differenzierung / Individualisierung im Unterricht. Wer mehr Unterstützung benötigt, begleite ich enger und in kleineren Schritten, wer mehr Voraussetzungen mitbringt, erhält mehr Gestaltungsspielraum. Fragen wie „Wie kannst du nun vorgehen?" laden die Schülerinnen und Schüler ein in der Situation mit Denken anzufangen. Ich als Lernbegleitung sehe mich als Denkpartnerin.

Auch hier wiederhole ich mich bezüglich des Lernklimas. Es ist wichtig, dass sich die Schülerinnen und Schüler gegenseitig nicht ausspielen. Das soziale Lernen ist das A & O eines guten Unterrichts.

***Welche immer wiederkehrenden fachspezifischen Herausforderungen im Unterrichtshandeln müssen Ihrer Meinung nach die Lehrpersonen beherrschen, um im Unterricht für „Lebensführung" eine angemessene Unterrichtsqualität garantieren zu können?***

Die Aktualität der diversen Themen im WAH-Unterricht immer zu gewährleisten ist sicherlich eine Herausforderung. Je nach aktuellen Forschungsergebnissen müssen Themen neu vermittelt werden. Durch regelmäßige Recherchen, Weiterbildungen, Netzwerkausbau und Gesprächen mit Fachexperten sowie Fachkolleginnen kann es gelingen, immer wieder die aktuellen Trends und neuen Forschungsergebnisse aufzuspüren. Zudem braucht es Aufgabenstellungen, welche einen Neuigkeitswert integrieren sowie Mehrperspektivität (fachlich und überfachlich) aufweisen, um den Transfer in die Lebenswelt der Jugendlichen sowie in die Zukunft zu gewährleisten.

Das Loslassen von bewährten Inhalten ist zudem eine Herausforderung, jedoch notwendig. Um im Lernprozess Tiefe zu erreichen, gilt: weniger ist mehr. Die Kompetenzorientierung im neuen Lehrplan zeigt dies eindrücklich auf. Loslassen, um Neues anzupacken, lohnt sich.

Kriterienbezogene Anforderungen (Wünsche, Regeln, Kriterien) an den Output der Schülerinnen und Schüler in verständlicher Sprache für die Lernenden zu formulieren, benötigt immer wieder Formulierungstalent und Fingerspitzengefühl.

WAH-Lehrpersonen benötigen ein großes Improvisationstalent und Kreativität. Immer wieder gibt es im WAH-Unterricht Situationen, in denen schnell adäquat und kreativ entschieden und gehandelt werden muss.

***Worauf gilt es bei der Entwicklung und dem Einsatz von Aufgaben bzw. Aufgabensets im kompetenzorientierten Unterricht für „Lebensführung" besonders zu achten?***

Aufgaben haben immer eine bestimmte Funktion im Lernprozess. Deshalb ist es zentral zu wissen, wo man im Lernprozess mit den Jugendlichen steht. Das LUKAS-Modell (Luzerner Modell zur Entwicklung kompetenzfördernder Aufgabensets, vgl. Luthiger, Wilhelm, Wespi & Wildhirt, 2018) kann dazu eine Orientierung sein. Unterricht funktioniert jedoch nicht so, dass ein Modell „abgespult" wird. Die Lehrperson muss im WAH-Unterricht genau hinschauen, was die Schülerinnen und Schüler machen, und was sie für ihren Lernprozess als Nächstes benötigen. In der Unterrichtsvorbereitung formuliere ich Ziele, mache mir einen Plan wohin ich mit den Lernenden, dem Unterricht sowie den Aufgabenstellungen möchte. Im Unterricht muss ich immer wieder innehalten. Ich muss wahrnehmen, wo wir im Moment stehen und mir überlegen, ob das geplante Vorgehen sinnvoll ist oder ob im Moment die Jugendlichen etwas anderes benötigen, damit sie optimal begleitet werden können. Es soll ein echter Lernprozess generiert werden und nicht ein Abarbeiten meiner vorbereiteten Aufgabenstellungen. Ich versuche zudem Lerngelegenheiten im Alltag zu nutzen. Anstelle des Bearbeitens von Arbeitsblättern gebe ich praktische Hausaufgaben. Für die Nahrungszubereitung bedeutet dies beispielsweise, dass die Jugendlichen pro neu gelernte Zubereitungsart ein frei wählbares Gericht zuhause zubereiten und ihre Ergebnisse fotografieren. Für den Lernprozess nutze ich die Echtsituationen aus dem Lebensalltag der Jugendlichen. Die Jugendlichen erleben die Wirksamkeit ihres Lernens. Sie analysieren und dokumentieren ihren Lerngewinn. Ergänzt wird dies mit dem Feedback der Testesser.

Aufgaben sind gut, können jedoch immer nur ein Teil des WAH-Unterrichts sein. Folgende Fragen begleiten mich im Unterricht: *Wie arbeite ich mit der Aufgabe im WAH-Unterricht? Was machen die Jugendlichen im WAH-Unterricht?*

**Welche Schritte empfehlen Sie aufgrund Ihrer wissenschaftlichen bzw. erfahrungsbasierten Expertise als „first steps" für angehende Lehrpersonen im Fach, die sie für guten Unterricht für „Lebensführung" umsetzen können?**

Die Unterrichtsvorbereitung muss für die entsprechende WAH-Lehrperson stimmig sein. Es ist wichtig, dass eine Lehrperson authentisch vor die WAH-Klasse stehen und aus Überzeugung den Unterricht anleiten kann. Die Jugendlichen spüren sofort, wenn die Lehrperson nicht hinter den Unterrichtsschwerpunkten steht.

Grundvoraussetzung als Lehrperson muss es sein, sich für Menschen insbesondere für Jugendliche zu interessieren. Dies ist insbesondere wichtig, wenn sich die Jugendlichen nicht adäquat verhalten. Das Verständnis für die Jugendlichen muss vorhanden sein, und sie müssen ernst genommen werden.

Wie bereits erwähnt, finde ich eine wertefreie Kommunikation mit einem offenen Ohr für alle Problemen, Fragen und Wünsche der Jugendlichen zentral. Sie prägt auch das Lernklima. Es gibt beispielsweise keine dummen Fragen. Alle können alles sagen und werden dabei respektiert. Die Unterschiedlichkeit der Jugendlichen wird als Einzigartigkeit und die Individualität als etwas Wertvolles anerkannt.

Für mich war und ist es immer wieder zentral, dass ich regelmäßig Feedbacks von den Jugendlichen mit verschiedenen Methoden einholen kann. Auch ich benötige die Lernenden für meinen Lernprozess. Ich lerne jeden Tag von den Jugendlichen. Das heißt, auch Lehrpersonen dürfen Fehler machen – wie dies auch Schülerinnen und Schüler zugestanden wird. Ich kommuniziere jedoch sehr klar und bewusst, was ich aus meinen Fehlern lernen werde. Dies generiert wiederum Vertrauen, was die Basis zum Wachsen ist.

**Was ist Ihrer Ansicht nach das Besondere am Unterricht für „Lebensführung"?**

Für mich ist klar, WAH ist eines der wichtigsten Fächer.

Die Kompetenz zur Gestaltung und Bewältigung der alltäglichen Lebensführung braucht jeder Mensch. Im WAH-Unterricht werden kulturelle, ökologische, ökonomische, soziale und gesundheitliche Perspektiven in konkreten Alltagssituationen betrachtet. Gesellschaftsthemen werden zum Unterrichtsthema. Der Umgang mit alltäglichen Situationen wird mit Handlungskompetenz gefördert, welche Wissen und Können verlangen. Das Fach WAH befähigt die Schülerinnen und Schüler selbstständig zu werden, was ihrer aktuellen Lebensphase entspricht. Der WAH-Unterricht trägt zur Entwicklung von Argumenten sowie zur Bildung einer eigenen Meinung und Positionierung bei. Beides unterstützt die Jugendlichen in ihrer Identitätsentwicklung.

**Welcher Name trifft aus Ihrer Sicht das Kernanliegen einer Bildung für „Lebensführung"?**

Ich finde es sehr schwierig einen kurzen, pfiffigen und stimmigen Namen zu finden, der alles, was das Fach WAH beinhaltet, integriert und auch so verstanden wird.

Der Name muss die ganzheitliche Seite des WAH-Fachs aufzeigen, zukunftsweisende Themen widerspiegeln, Aktualität gewährleisten und kulturelle, gesundheitliche, ökologische, soziale sowie ökonomische Aspekte beinhalten. Zudem müsste im Namen eine Entwicklungsperspektive ersichtlich werden, da sich Menschen entfalten und entwickeln dürfen. Ziel des Fachs WAH ist meiner Meinung nach, einen Beitrag zu leisten, damit Menschen zukünftig ein zufriedenes glückliches Leben im Kontext unserer Gesellschaft führen können. Kreativität, Sozialkompetenz sowie Verantwortung sind dabei zentrale Schlüsselkompetenzen, welche im WAH-Unterricht allgegenwärtig sein sollten.

# Literatur

Hattie, J., Beywl, W. & Zierer, K. (2015). *Lernen sichtbar machen. Überarbeitete deutschsprachige Ausgabe von „Visible Learning". Erweiterte Auflage mit Index und Glossar.* Baltmannsweiler: Schneider Verlag Hohengehren.

Luthiger, H., Wilhelm, M., Wespi, C. & Wildhirt, S. (Hrsg.) (2018). *Kompetenzförderung mit Aufgabensets. Theorie – Konzept – Praxis.* Bern: hep verlag ag.

108

Angela Häussler / Katja Schneider

# Sozial und kulturell differenzierte Lebenswelten von Kindern und Jugendlichen berücksichtigen

Häußler, Angela, Prof. Dr., Pädagogische Hochschule Heidelberg; Arbeitsschwerpunkte: Alltägliche Lebensführung / Haushaltswissenschaft, Verbraucherbildung, Bildung für nachhaltige Entwicklung, Gender & Care.

Schneider, Katja, Prof. Dr., Pädagogische Hochschule Heidelberg; Arbeitsschwerpunkte: Ernährung und Gesundheit, Ernährungsbildung, Ernährungsökologie, Bildung für nachhaltige Entwicklung, Schulverpflegung.

***Welches fachwissenschaftliche und fachdidaktische Wissen und Können der Lehrperson sind aus Ihrer Sicht für die Qualität des Unterrichts für „Lebensführung" besonders wichtig?***

Konkret nach dem Wissen und Können der Lehrperson gefragt, ist natürlich wie in jedem anderen Unterrichtsfach auch, fundiertes Fachwissen eine unabdingbare Voraussetzung für guten Unterricht. Aufgrund der enormen Komplexität und Mehrdimensionalität alltäglicher Aufgaben und Fragestellungen im Kontext der Lebensführung ist es allerdings kaum möglich, einen Kanon des Fachwissens zu identifizieren und in Breite und Tiefe weder konkret noch dauerhaft zu benennen. Ein disziplinär vertieftes Wissen sowohl bspw. in Ernährungsphysiologie, Textiltechnologie, Konsumpsychologie, Lebensmittelchemie oder Haushaltsökonomie ist sicher kaum zu erlangen. Da in der Lebensführung viele verschiedene Bereiche zusammenkommen, ist die Skala des Wissens und der Fertigkeiten nach oben offen – was aber vermutlich keinen Unterschied zu anderen Fächern darstellt. Für einen fundierten Unterricht für Lebensführung braucht es viel mehr eine sehr breite, interdisziplinäre Wissensbasis zu den Handlungsfeldern des Alltags wie Ernährung, Gesundheit, Bekleidung, Konsum; weiterhin Kompetenzen für vernetztes Denken und Reflexionsfähigkeit. Da Alltagsversorgung in Konsumgesellschaften überwiegend über Waren- und Dienstleistungsmärkte organisiert wird, ist grundlegendes ökonomisches Wissen elementar.

Die Erfahrungen mit gelingendem Unterricht zeigen, dass Lehrpersonen eine deutlich stabilere Identität als Fachlehrerin oder Fachlehrer entwickeln, wenn sie in mindestens einem der Bereiche über eine vertiefte wissenschaftliche Fachexpertise verfügen. Eine fundierte wissenschaftliche Ausbildung der Lehrpersonen ist nicht nur aus diesem Grund absolut notwendig. In der universitären Ausbildung sind die bisher gelehrten Fächer im Bereich der Ernährungswissenschaft, Haushalts- und Verbraucherwissenschaft oder Gesundheitswissenschaften sinnvoll und weiter ausbaufähig angelegt. Weiterhin sind durch die praktischen Handlungsfelder der alltäglichen Lebensführung Essen und Ernährung sowie Mode, Textilien und Bekleidung fachpraktisches Können und umfassende Fertigkeiten ebenso elementar. Beide Bereiche stehen in der Tradition hauswirtschaftlichen Unterrichts. In der lebensweltnahen Verbindung der fachwissenschaftlichen theoretischen Wissensbasis und dem praktischen Tun im Unterricht liegt unter anderem das fachdidaktische Können der Lehrperson. Um mit Kindern und Jugendlichen fachdidaktisch reflektiert in der Textilwerkstatt oder im Lernort Küche arbeiten zu können, ist empirisch und theoretisch fundiertes Wissen über sozial und kulturell differenzierte Lebenswelten von Kindern und Jugendlichen sowie ihre altersgemäßen Entwicklungsaufgaben genauso von Bedeutung wie die sichere fachpraktische Kompetenz der Lehrperson. Darüber hinaus sind im Unterricht für Lebensführung jedoch noch einige weitere Dinge für die Qualität bedeutsam, die mit den eingegrenzten Begriffen „Wissen" und „Können" noch nicht zufriedenstellend abgedeckt sind. Diese lassen sich besser fassen mit dem Begriff einer fachspezifischen didaktischen Haltung als Grundlage der Professionalität einer Lehrperson für die Lebensführung. Diese Haltung zu entwickeln, ist ebenfalls ohne spezifisches Wissen und Können nicht denkbar und zeigt sich unter anderem durch eine reflektierte Auseinandersetzung mit den mehrperspektivisch ausgerichteten Lerngelegenheiten, die sich aus Situationen und Fragestellungen im Kontext der Lebensführung ergeben und vor allem der spezifisch kindlichen oder jugendlichen Perspektive darauf.

Ein wesentliches Charakteristikum ist die besondere Lebensweltnähe des Unterrichtsfachs, die aus didaktischer Sicht viele Vorteile bietet, aber auch einige Herausforderungen mit sich bringt, mit denen sich Lehrpersonen immer wieder auseinandersetzen und die sie für die Gestaltung des Unterrichts berücksichtigen müssen. So sind alle Themen- und Handlungsfelder der alltäglichen Lebensführung untrennbar mit den familiären und sozialen Kontexten sowohl der Lehrpersonen als auch der Schülerinnen und Schüler verbunden. Und alle Kinder / Jugendlichen bringen Vorerfahrungen, Wissen und Kompetenzen mit, jedoch in großer Heterogenität.

- Ernährung und Gesundheit sind für viele von großem Interesse und als Thema in allen Medien umfangreich vertreten. Bei weitem nicht alle transportierten Inhalte sind jedoch wissenschaftlich fundiert, neutral oder praxistauglich. Außerdem spielen subjektive Theorien oder überlieferte Überzeugungen für alltägliche Entscheidungen im Privaten eine wichtige Rolle. Eine zentrale Kompetenz von Lehrpersonen ist es daher, sich in der Fülle an Informationen, Überzeugungen, Haltungen und Interessen orientieren zu können, um gesicherte Erkenntnisse und begründete Positionen des aktuellen wissenschaftlichen Diskurses zu identifizieren. Dafür braucht es sowohl ein solides Grundlagenwissen als auch wissenschaftliche Kompetenzen für die Recherche und Bewertung von Wissen.

- Grundlegend für die Professionalität ist eine hohe Reflexionsfähigkeit im Hinblick auf eigene Routinen, subjektive Theorien, Überzeugungen und auch Vorurteile zu Fragen der Lebensführung und ihren Handlungsbereichen, um diese nicht unreflektiert zum Inhalt und Ausgangspunkt des Unterrichts zu machen. So ist es beispielsweise notwendig, die eigenen Überzeugungen zu einer „gesunden Ernährung" zu identifizieren und kritisch auf den Prüfstand wissenschaftlicher Erkenntnisse zu stellen oder sich mit den weit verbreiteten Vorurteilen gegenüber Übergewichtigen auseinanderzusetzen, die ein individuelles Versagen implizieren. Hier verändert fundiertes Wissen über die multifaktorielle Genese, die soziale Mit-Bedingtheit und Folgen von Übergewicht die Perspektive auf das gesellschaftliche Phänomen und Problem.

- Damit verbunden ist die Bereitschaft und Kompetenz, die Heterogenität der Schülerinnen und Schüler im Hinblick auf Erfahrungen, Haltungen und Vorwissen wahrzunehmen und ohne Bewertung zum Ausgangspunkt des Unterrichts zu machen. Da dies eng mit den Herkunftsfamilien verbunden ist, ist eine neutrale Haltung zu den Vorerfahrungen ganz entscheidend. Eine wertende Betrachtung des familiären Kontextes, z. B. von Ernährungsweisen, ist weder fachdidaktisch vertretbar noch zielführend. Es liegt auf der Hand, dass Schülerinnen und Schüler nicht für ihre Herkunft bewertet werden dürfen. Selbst wenn die familiale Ernährungsversorgung in mehreren Punkten weit entfernt ist von der Umsetzung der DGE-Ernährungsregeln, so verkennt diese Perspektive die Komplexität der Aufgabe und damit auch die Leistung, die Familien erbringen, an 365 Tagen im Jahr die Ernährungsversorgung der Familienmitglieder im Alltag sicherzustellen. In diesem Punkt ist ein ressourcenorientierter, wertschätzender Zugang wünschenswert und für Bildungsprozesse produktiv.

- Eine reflektierte Haltung der Lehrperson zu normativen Leitbildern der Lebensführung wie Gesundheit und Nachhaltigkeit sind im Unterricht für Lebensführung unerlässlich. Im Rahmen der Bildung für Nachhaltige Entwicklung oder des Globalen Lernens ist beispielsweise Wissen über die problematischen Auswirkungen aktueller Produktions- und Konsummuster notwendig. Damit es in diesem Punkt nicht zu einer Überbetonung der individuellen Handlungsspielräume kommt, ist eine intensive Auseinandersetzung mit Verbraucherleitbildern und Verbraucherverantwortung notwendig.

Was sich hier in allen Punkten übergeordnet zeigt: Es bedarf einer Haltung der Lehrpersonen zur alltäglichen Lebensführung, die diese Aufgabe nicht isoliert als Leistung oder Verantwortung einer einzelnen Person versteht. Aufgrund des institutionellen Kontextes der Schule als Bildungseinrichtung und der Schülerinnen und Schüler als Zielgruppe des Unterrichts für Lebensführung besteht das Risiko einer Überbetonung der individuellen Verantwortung und einer normativ ausgerichteten Differenzierung von „richtigen / falschen" oder „gesunden / ungesunden" Verhaltensweisen und einer defizitären Perspektive. Lehrpersonen im Fach benötigen daher ein reflektiertes Verständnis der gesellschaftlichen, strukturellen Eingebundenheit aller Aufgaben der Lebensführung in soziale und kulturelle Kontexte:

- Leistungen, die in privaten Haushalten im Rahmen der alltäglichen privaten Lebensführung im Kleinen erbracht werden, sind eine wesentliche Voraussetzung für das Funktionieren von Wirtschaft und Gesellschaft im Ganzen. Hier zeigt sich die Verbindung zwischen Reproduktion und Produktion und auch der Arbeitscharakter in den Handlungsfeldern der Lebensführung. Lehrpersonen sollten in der Lage sein, Fragen der alltäglichen Lebensführung sowohl mikro- als auch makroperspektivisch zu betrachten.

- Ziele, Aufgaben und Verantwortlichkeiten im Rahmen der alltäglichen Lebensführung sind nicht neutral, objektivierbar oder frei wählbar. Je nach individueller Lebenssituation, Haushaltsform, Alter, Geschlecht, sozialem Milieu, Wohnort oder Familienstand sind Handlungsspielräume, verfügbare Ressourcen und Wertorientierungen sehr unterschiedlich. So sind zum Beispiel nach wie vor gesellschaftliche Arbeitsteilungsmuster verankert, die die Verantwortung für Versorgungsaufgaben als weiblichen Zuständigkeitsbereich verstehen.

- Entscheidungen im Rahmen der alltäglichen Lebensführung werden in aller Regel bezogen auf den Haushalt und als Ergebnis von Aushandlungsprozessen zwischen den Haushaltsmitgliedern getroffen – wobei der Begriff „Entscheidungen" nicht ganz treffend ist, denn alltägliches Handeln ist überwiegend durch Routinen und Gewohnheiten geprägt. Nur selten liegen dem Handeln bewusst getroffene, umfassend reflektierte und diskutierte Entscheidungen zu Grunde. Viele Routinen und Gewohnheiten sind eher unbewusst entstanden und eng mit biografischen Erfahrungen und Prägungen verbunden.

Mit Blick auf die Schülerinnen und Schüler bedeutet dies, dass sie aufgrund ihres familiären Kontextes, ihres Geschlechts, ihres Alters und ihrer Rolle in der Familie oder der Peergroup sehr spezifische Perspektiven für die Zusammenhänge der alltäglichen Lebensführung haben und nur über begrenzte Handlungs- und Gestaltungsspielräume verfügen. Diesen Ausgangspunkt wahrzunehmen und zu reflektieren, ist eine Grundvoraussetzung für die übergeordnete Zielsetzung der Bildung, Handlungsspielräume der Schülerinnen und Schüler zu erweitern.

### Welche Qualitätsmerkmale halten Sie für den Unterricht für „Lebensführung" für essenziell?

Auch wenn die Metastudie von Hattie keinen differenzierten Einblick in die Hintergründe der ermittelten Ergebnisse ermöglicht und recht plakativ rezipiert wurde, soll doch an dieser Stelle die prominent transportierte Botschaft der Studie „Auf den Lehrer / die Lehrerin kommt es an" an den Anfang gestellt werden (Hattie, Beywl & Zierer 2013). In den Beobachtungen von Unterricht für Lebensführung und durch Gespräche mit Schülerinnen und Schüler sehen wir vor allem zwei grundlegende Qualitätsmerkmale:

- Schülerinnen und Schüler können erkennen, dass die Lehrperson eine eigene intrinsische Motivation und Neugier für die Zusammenhänge des Fachs hat und auf dieser Grundlage ihre fachlichen Kompetenzen ständig erweitert.

- Schülerinnen und Schüler können erkennen, dass die Lehrperson Interesse an ihren Lernerfolgen sowie an ihren spezifischen, individuellen Perspektiven und Handlungsspielräumen ihrer alltäglichen Lebensführung hat und diese wertschätzend zum Ausgangspunkt ihrer fachdidaktischen Weiterentwicklung macht.

Dies sind sicher sehr anspruchsvolle Anforderungen und Entwicklungsaufgaben für die Professionalisierung einer Lehrperson. Wir sehen das Potenzial durchaus bei vielen angehenden Lehrerinnen und Lehrern angelegt, die mit großer Begeisterung und Motivation starten, Interesse für die vielfältigen Lern- und Entwicklungsmöglichkeiten des Fachs und auch hohe didaktische Motivation mitbringen. Beeindruckt haben uns auch erfahrene Lehrerinnen und Lehrer in der Schulpraxis, so zum Beispiel eine Lehrerin und Ausbildungsberaterin an einer Hauptschule in einem sozialen Brennpunkt, deren Unterrichtshandeln von Wertschätzung und Verständnis gegenüber den Lernenden und ihren spezifischen, oft schwierigen Lebenssituationen geprägt ist. Übergeordnete Zielsetzung ihrer Unterrichtsplanung ist es, allen Schülerinnen und Schülern ein Erfolgserlebnis zu ermöglichen und sie dabei individuell zu unterstützen. Den Studierenden im Schulpraktikum, die diesen Unterricht beobachten konnten, erschloss sich die Bedeutung des salutogenetisch orientierten Unterrichts, sie erkannten die Möglichkeit, als Lehrperson zur Entwicklung des Kohärenzgefühls von Schülerinnen und Schülern beizutragen und sowohl Verstehbarkeit, Handhabbarkeit und Sinnhaftigkeit im Blick zu behalten sofort.

Als Qualitätsmerkmal, welches eher der Sichtstruktur zuzuordnen ist, ist eine mehrperspektivisch-vernetzende Herangehensweise an die komplexen Phänomene oder Gegenstände des Alltags zu nennen, die es den Schülerinnen und Schülern ermöglicht, diese ausgehend von ihren individuellen Interessen und persönlichen Ausgangspunkten besser zu verstehen. Dabei sind Exemplarität und Anschaulichkeit als didaktische Prinzipien bedeutend.

## *Welche Lernumgebungen und Lehr-/Lernformen halten Sie für einen wirksamen Unterricht für „Lebensführung" für besonders bedeutsam?*

Für erfolgreichen Unterricht für Lebensführung sind lebensweltnahe Situationen besonders bedeutsam. Dafür bieten sich viele Lernanlässe, diese aber auch didaktisch sinnvoll zu identifizieren und zu nutzen, bedarf hoher fachdidaktischer Kompetenz und Erfahrung. Besonders naheliegend, aber bisher selten als Leitgedanke der Schulkulturentwicklung verankert, ist der Perspektivenwechsel auf Schule als Lebensort und Ausgangspunkt von lebensweltnahen Lerngelegenheiten. Neben dem formellen Lernen im Unterricht ist eine Perspektiverweiterung sowohl auf informelles Lernen außerhalb des Unterrichts als auch die Integration schulischer Alltags- und Versorgungsfragen in den Unterricht wünschenswert. Dafür bietet sich nicht nur das

Essen an, kann aber hier als Beispiel aus dem Alltag vieler Schulen herangezogen werden. Schulverpflegung ist eine komplexe Versorgungsaufgabe, bei der zwischen sehr unterschiedlichen Interessen vieler Akteure ausgehandelt werden muss. Hier ergeben sich sowohl auf der Prozess- als auch auf der Inhaltsebene vielfältige Lerngelegenheiten für die Ernährungs- und Verbraucherbildung. Gerade die institutionelle Organisation und inhaltliche Gestaltung der Schulverpflegung widerspricht derzeit an vielen Schulen den curricularen Zielsetzungen der Ernährungsbildung. Aufgrund der Komplexität dieser Versorgungsaufgabe haben Lehrpersonen des Fachs zwar, zumindest kurzfristig, wenig Handlungsspielräume um das Angebot den übergeordneten Leitbildern der Ernährungsbildung (Gesundheit und Nachhaltigkeit) anzupassen. Sie können aber auch eine nicht optimale Versorgungssituation zum Ausgangspunkt der Analyse der komplexen ökonomischen und sozialen Bedingungen von Ernährungsweisen nutzen. Eine eigene reflektierte Perspektive und Auseinandersetzung mit der Ernährungsversorgung an der eigenen Schule und den Spielräumen der eigenen Verantwortung ist Grundlage für einen professionellen Umgang damit im Unterricht.

Eine gelungene Schulverpflegungssituation, mit geschmacklich attraktiven und ernährungsphysiologisch sinnvollen Angeboten in angenehmer Atmosphäre, ermöglicht den Schülerinnen und Schülern gleichzeitig informelles Lernen über Mahlzeiten als soziale Institutionen, über esskulturelle Zusammenhänge, über physiologische Zusammenhänge von Essen und Wohlbefinden und über den Stellenwert von Versorgungsaufgaben.

Auch außerschulische Lernorte und Lernumgebungen sind für den Unterricht in der Lebensführung besonders bedeutsam. Dies können sowohl Lernorte wie Museen oder der Schulbauernhof sein, als auch außerschulische Alltagsorte wie der Supermarkt, die für lebensweltnahen Unterricht erschlossen werden können. Die Basis bildet aber die schulische Lernsituation, hier sind zeitgemäß und gut ausgestattete und ansprechend gestaltete Lernorte wie Küche oder Textilwerkstatt wünschenswert, die multisensorische und kreative Methoden ermöglichen.

### *Wie sieht eine gute Differenzierung/Individualisierung Ihrer Meinung nach im Unterricht für „Lebensführung" aus?*

Eine besondere Herausforderung im Unterricht für „Lebensführung" stellt der Umgang mit vielfältigen Heterogenitätsebenen dar, der eine Differenzierung und Individualisierung unabdingbar macht. Aufgrund der lebensweltnahen Themen und Inhalte bringen alle Schülerinnen und Schüler sehr unterschiedliche Vorerfahrungen und unterschiedliches Vorwissen zu den Lern- und Handlungsfeldern aus ihren jeweiligen Lebens- und Familienkontexten mit und sind dadurch bereits geprägt. Ein gelingender Unterricht für

Lebensführung und haushaltsbezogene Themen setzt daher voraus, dass Lehrpersonen die Perspektiven, das Vorwissen und subjektive Deutungen der Lernenden zur jeweiligen Thematik kennen. Nur so ist die Anschlussfähigkeit an individuelle Wissens- und Sinnkonstruktionen der Schülerinnen und Schüler als Voraussetzung für Kompetenzentwicklung gegeben.

Daher bedarf es zunächst der didaktischen Kompetenz und eines methodischen Repertoires, um immer wieder Unterrichtselemente einzuplanen, die der Lehrperson die individuellen Sichtweisen von Schülerinnen und Schülern näher bringt und gleichzeitig Lernende zur Reflexion des eigenen Standpunkts anregt. Dafür sind Elemente des biografischen Lernens sinnvoll, diese erfordern jedoch eine hohe methodische Kompetenz und Sensibilität im Hinblick auf Privatheit und Selbstbestimmung der Schülerinnen und Schüler.

Neben einem methodischen Fundus zum Erfassen des Vorwissens und der subjektiven Sichtweisen der Schülerinnen und Schüler ist eine solide Kenntnis über soziokulturelle Zusammenhänge der alltäglichen Lebensführung unabdingbar (Sozialstrukturforschung). Damit wird deutlich, dass die individuellen Handlungsspielräume und verfügbaren Ressourcen in der alltäglichen Lebensführung je nach sozialer Lage, Geschlecht oder kulturellem Hintergrund sehr unterschiedlich sind. Weiterhin sind Kenntnisse über entwicklungspsychologische Grundlagen erforderlich, um die Perspektiven der Schülerinnen und Schüler zur alltäglichen Lebensführung mit den jeweiligen altersgemäßen Entwicklungsaufgaben in Verbindung bringen zu können.

Für eine gute Differenzierung sind zunächst Kenntnisse über Lern- und Entwicklungsprozesse von Schülerinnen und Schülern sowohl in Bezug auf praktische Fertigkeiten als auch auf theoretische Wissensbestände notwendig. Auf dieser Grundlage können Arbeitsschritte elementarisiert werden sowie passende, unterstützende Materialien wie Rezepte, Texte oder Arbeitsanleitungen entwickelt und auf die einzelnen Schülerinnen und Schüler angepasst werden.

**Welche immer wiederkehrenden fachspezifischen Herausforderungen im Unterrichtshandeln müssen Ihrer Meinung nach die Lehrpersonen beherrschen, um im Unterricht für „Lebensführung" eine angemessene Unterrichtsqualität garantieren zu können?**

Eine fachspezifische Herausforderung stellt der eben beschriebene Umgang mit Heterogenität dar und die Notwendigkeit, sich immer wieder mit den sehr unterschiedlichen lebensweltlichen Erfahrungen der Schülerinnen und

Schüler auseinanderzusetzen und diese in der Unterrichtsplanung und -gestaltung zu berücksichtigen. Für die Entwicklung eines motivierenden und förderlichen Lernklimas ist es dabei Gewinn bringend, einen ressourcenorientierten und geschlechtersensiblen Blick auf die Schülerinnen und Schüler zu entwickeln.

Eine weitere fachspezifische Herausforderung im Unterricht ist der Umgang mit mehrperspektivischen Zugängen zu den vielfältigen Themen im Kontext der Lebensführung. Kein Themenfeld der Lebensführung ist aus einer einzeldisziplinären Perspektive sinnvoll zu erfassen und zu bearbeiten. Beim Thema „Apfel" beispielsweise kann es um verschiedene Zubereitungsformen und -techniken gehen, um die Analyse der Inhaltsstoffe und eine ernährungsphysiologische Bewertung, um eine ernährungsökologische Einordnung von Anbaumethoden, Lagerung, Verpackung und Transport oder auch um eine verbraucherpolitische Perspektive auf Märkte, Sorten und Preise. Daher ist es für Lehrpersonen im Fach unerlässlich, einen vielperspektivischen Blick auf die Handlungsfelder und die verschiedensten Inhalte zu entwickeln und fachlich solide Grundlagen aus den verschiedenen relevanten Disziplinen schnell erarbeiten zu können. Gleichzeitig benötigen Lehrpersonen didaktische und methodische Kompetenzen, um die Komplexität der Zusammenhänge zu reduzieren und für die Schülerinnen und Schüler erfahrbar und verstehbar zu machen. Ebenso ist auch eine kontinuierliche und konsistente Verzahnung von den theoretischen und praktischen Zugängen zu den Handlungsfeldern wünschenswert, so dass Lernende „Theorie" und „Praxis" nicht als getrennte Aufgabenbereiche erleben.

### Worauf gilt es bei der Entwicklung und dem Einsatz von Aufgaben bzw. Aufgabensets im kompetenzorientierten Unterricht für „Lebensführung" besonders zu achten?

Für die Entwicklung von Aufgaben im Unterricht für Lebensführung sind im Sinne der bisher schon beschriebenen Besonderheiten des Faches folgende Aspekte besonders wichtig:

- Reflektierter Umgang mit den normativen Leitgedanken „Gesundheit" und „Nachhaltigkeit", so dass Aufgaben keine vereinfachende Bewertung implizieren – z. B. keine Kategorisierung von Lebensmitteln in „gesund" und „ungesund".

- Ressourcenorientierte Berücksichtigung der Perspektiven und Handlungsspielräume von Kindern und Jugendlichen auf das jeweilige Thema. Beispielsweise sind Kinder und Jugendliche in aller Regel nicht für Planungsaufgaben der Ernährungsversorgung verantwortlich, woraus sich eine spezifische Perspektive auf dieses Handlungsfeld ergibt, die nicht als Defizit zu betrachten ist.

- Reflektion der Exemplarität, des Gegenwarts- und Zukunftsbezugs der jeweiligen Aufgabe (Warum sollten Schülerinnen und Schüler diese Kompetenz erwerben, warum ist es relevant / interessant für sie?) (Klafki 2007).

**Welche Schritte empfehlen Sie aufgrund Ihrer wissenschaftlichen bzw. erfahrungsbasierten Expertise als „first steps" für angehende Lehrpersonen im Fach, die sie für guten Unterricht für „Lebensführung" umsetzen können?**

- Auseinandersetzung mit der eigenen Biografie im Hinblick auf die Handlungsfelder der Lebensführung, z. B. entlang der Frage: Warum esse ich so, wie ich esse? Oder: warum kleide ich mich so? Welche Einstellungen habe ich zu Gesundheit und Nachhaltigkeit, welche Handlungsmuster leiten sich daraus ab? Für eine Reflektion der eigenen biografischen Erfahrungen sind Gespräche mit Eltern, Großeltern, Geschwistern, Freund*innen hilfreich, um eine Vorstellung von der sozialen, kulturellen, biografischen und historischen Eingebundenheit des Handelns erkennen zu können. Damit kann die Kontextualisierung und das Verständnis über die „Gewordenheit" bestimmter Verhaltensweisen erreicht werden. Empfehlenswert sind in diesem Zusammenhang auch kleinere Projekte der Selbsterfahrung oder Entwicklungsaufgaben, wie die reflektierte Umsetzung einer begründeten Verhaltensänderung im Alltag, z. B. regelmäßige Bewegungs- und Entspannungspausen oder das Verfolgen einer bestimmten Ernährungsregel. Daraus ist ausdrücklich kein Perfektionsanspruch für die eigene Lebensführung abzuleiten, es geht vor allem um eine kritische und kontinuierliche Auseinandersetzung mit Gewohnheiten und Kontextbedingungen individueller Handlungsmuster.

- Gründliche Lektüre von wissenschaftlicher Fachliteratur, die dem eigenen Erkenntnisinteresse besonders entsprechen, um einen Zugang zur wissenschaftlichen Perspektive auf die Zusammenhänge der Lebensführung zu entwickeln.

- Ressourcenorientierte Auseinandersetzung mit der Perspektive unterschiedlicher Jugendlicher auf Fragen der Lebensführung – was bewegt sie, was interessiert sie, was können / wissen sie? Auch hier sind lebensweltnahe Methoden wie Gespräche und Beobachtungen sinnvoll, aber auch ein Blick in Studien und wissenschaftliche Fachliteratur der Kindheits- und Jugendforschung.

- Auseinandersetzung mit der subjektiven Bedeutung des jeweiligen Themas für Kinder und Jugendliche unter Berücksichtigung ihrer gesellschaftlichen Rolle und individueller Entwicklungsaufgaben.

### Was ist Ihrer Ansicht nach das Besondere am Unterricht für „Lebensführung"?

Einige Besonderheiten des Faches sind schon bei den vorigen Fragen, vor allem bei der ersten, ausführlich erörtert worden. Was bisher jedoch noch nicht erwähnt wurde: Der praxisbezogene Unterricht für Lebensführung bietet im oft „verkopften" schulischen Alltag besondere Selbstwirksamkeitserfahrungen und Erfolgserlebnisse für Schülerinnen und Schüler mit Kompetenzen, die ansonsten in der Schule nicht gesehen und honoriert werden, wie z. B. praktische Fertigkeiten oder besondere lebensweltbezogene Kompetenzen. Es ist zu beobachten, dass Lernende auch in anderen Fächern von dieser Erfahrung profitieren. Der besondere Gewinn liegt darin, dass sich die Perspektive der Mitschülerinnen und -schüler sowie der Lehrpersonen in rein kognitiv ausgerichteten Fächern auf eher schwache Lernende ändern kann. Um nicht falsch verstanden zu werden – besondere praktische Fertigkeiten können auch bei kognitiv starken Schülerinnen und Schüler angelegt sein und müssen nicht zwangsläufig bei kognitiv schwachen Schülerinnen und Schüler besonders ausgeprägt sein. Es kann jedoch für manche Lernende eine besondere Chance darstellen.

### Welcher Name trifft aus Ihrer Sicht das Kernanliegen einer Bildung für „Lebensführung"?

Die große Bandbreite der verschiedenen Namen für das Fach deutet darauf hin, dass ein umfassender konsensfähiger Begriff kaum zu finden ist. Viele der heute verwendeten Namen sind in der Genese nachvollziehbar, aber entweder recht allgemein und damit wenig aussagekräftig (Alltagskultur), oder decken jeweils nur bestimmte Aspekte des Fachs ab und implizieren eine eher enge Perspektive auf die Inhalte und Aufgaben, wie zum Beispiel „Ernährungs- und Verbraucherbildung". Der als altbacken empfundene Name „Hauswirtschaft" trifft die Inhalte und Perspektive u. E. eigentlich recht gut, da hier mit „-wirtschaft" der ökonomische Aspekt als verbindende Perspektive auf die Handlungsfelder des Alltags benannt ist. Mit „Haus" ist im Namen verankert, dass der Haushalt die institutionelle Bezugsgröße ist und auch der Arbeitsaspekt der Aufgaben wird erkennbar. Die Hintergründe, warum der Name als altbacken empfunden wird, sind vielfältig und liegen nicht nur, aber auch in der Tradition des Faches begründet. Ein Imagewandel ist vermutlich über eine Reaktivierung des Namens nicht zu bewerkstelligen. Vor diesem Hintergrund ist der Begriff der Bildung für (alltägliche) Lebensführung durchaus passend. Es fehlt zwar der Hinweis auf den Haushaltskontext und den Arbeitsbezug, ermöglicht aber eine Perspektive auf Fragen der Lebensführung zwischen gesellschaftlicher und individueller Verantwortung.

# Literatur

Hattie, J., Beywl, W. & Zierer, K. (2013). *Lernen sichtbar machen. Überarbeitete deutsche Ausgabe von „Visible Learning".* Baltmannsweiler: Schneider Verlag Hohengehren.

Klafki, W. (2007). *Neue Studien zu Bildungstheorie und Didaktik. Zeitgemäße Allgemeinbildung und kritisch-konstruktive Didaktik.* Weinheim: Beltz Verlag.

SUSANNA URSULA HOLLIGER

# „SEIEN SIE NEUGIERIG, WIE IHRE SCHÜLERINNEN UND SCHÜLER DIE WELT SEHEN"

Holliger, Susanna Ursula, Pädagogische Hochschule Bern, Institut Sekundarstufe I; Ausbildung von Lehrpersonen im Fach Wirtschaft, Arbeit, Haushalt (WAH), Fachteamverantwortliche WAH, Lehrveranstaltungen Fachwissenschaft und Fachdidaktik WAH, Interdisziplinäre Durchführung von Lehrveranstaltungen, Begleitung von Praktika, Zusammenarbeit mit dem Institut für Heilpädagogik.

*Welches fachwissenschaftliche und fachdidaktische Wissen und Können der Lehrperson sind aus Ihrer Sicht für die Qualität des Unterrichts für „Lebensführung" besonders wichtig?*

Von kompetenten WAH-Lehrpersonen wird erwartet, dass sie ein fundiertes und solides Fachwissen und entsprechend fachliches Können in den Perspektiven Wirtschaft, Arbeit und Haushalt aufweisen, welches auf einem vertieften Fach- und Lernverständnis des Fachbereichs „Natur, Mensch, Gesellschaft" basiert.

Der Fachbereich „Natur, Mensch, Gesellschaft" wird im Zyklus 3 (Schulstufe 9 bis 11) in die vier inhaltlichen Perspektiven „Natur und Technik", „Wirtschaft, Arbeit, Haushalt", „Räume, Zeiten, Gesellschaften" und „Ethik, Religionen, Gemeinschaft" aufgeteilt. Im Zyklus 1 und 2 (Schulstufe 1 bis 8) hingegen wird von integrierenden Zugangsweisen der vier inhaltlichen Perspektiven ausgegangen.

Natürliche und kulturelle, wirtschaftliche, soziale und gesellschaftliche Phänomene, Situationen und Sachen stehen dabei im Vordergrund. Die Auseinandersetzung mit der Wechselwirkung von Mensch und Umwelt ist dabei zentral. Schülerinnen und Schüler erweitern im Fachbereich „Natur, Mensch, Gesellschaft" ihr Wissen und Können, ihre Erfahrungen und Interessen, um sich in der Welt zu orientieren, diese zu verstehen, sie aktiv mitzugestalten und in ihr verantwortungsvoll handeln zu können. Getroffene Entscheide und Handlungen werden reflektiert. Erkenntnisse werden kreativ und konstruktiv umgesetzt. Schülerinnen und Schüler können in der Gestaltung ihrer Umwelt mitwirken. Sie übernehmen Mitverantwortung für sich selbst, die Gemeinschaft und Gesellschaft (vgl. Kalcsics & Wilhelm, 2017, S. 8–9). „Dabei werden auch Eigenständigkeit, Dialogfähigkeit und Zusammenarbeit mit Blick auf ein kompetentes und zukunftsorientiertes Handeln der Welt gefördert" (Kalcsics & Wilhelm, 2017, S. 8).

Fachwissenschaftlich gesehen sollen WAH-Lehrpersonen Kompetenzen in den Bereichen: Wirtschaft, Haushaltswissenschaft, Ernährung und Gesundheit, Kultur und Technik der Nahrungszubereitung sowie der Nachhaltigkeit aufweisen, welche in den Perspektiven Wirtschaft, Arbeit und Haushalt wiedererkennbar sind. So gilt es einerseits Kompetenzen in den einzelnen Bereichen zu erwerben, wie auch diese im Kontext „Wirtschaft, Arbeit, Haushalt" zu betrachten.

Die Perspektiven Wirtschaft, Arbeit und Haushalt können in der Schule inhaltlich nicht immer eindeutig voneinander abgegrenzt werden. So beinhaltet eine Situation, ein Phänomen oder eine Fragestellung aus dem Alltag immer eine mehrperspektivische Betrachtungsweise und erfordert vernetztes Denken. Zusammenhänge zwischen Haushalten, Arbeits- und Berufswelten sind aufzuzeigen. Die überfachlichen Kompetenzen (personalen, sozialen und methodischen Kompetenzen) wie auch die Dimensionen der Nachhaltigkeit *Umwelt, Wirtschaft und Gesellschaft* sind in die Betrachtungsweise zu integrieren.

Aus fachdidaktischer Perspektive sind Vorstellungen von Schülerinnen und Schülern bedeutsam für die Planung und Gestaltung des Unterrichts. Lernende greifen dabei auf ihr Alltagswissen, ihre Erfahrungen und ihr Handeln im Alltag zurück. Vielfältige Vorstellungen (z. B. sozioökonomische, gesundheitliche, kulturelle, …) im Kontext der konsumierenden Jugendlichen werden sichtbar. Werden die Vorstellungen der Lernenden in den Lernprozess integriert und „Conceptual Change Prozesse" initiiert, können vorhandene grundlegende Wissensstrukturen revidiert, neue Strukturen aufgebaut und neue Aspekte oder differenziertere Strukturen integriert werden. Ein Konzeptwechsel bedeutet nicht, dass eine vorhandene Vorstellung aufgegeben wird und durch eine neue ersetzt wird. Verschiedene Vorstellungen können auch nebeneinander existieren […] (vgl. Jonen, Möller & Hardy, 2003, S. 94ff).

Neben fachspezifischem Wissen ist zudem Wissen über Lernschwierigkeiten sowohl im mehrheitlich thematisch ausgerichteten Unterricht (Schulstufe 9 und 11), als auch im ernährungspraktischen Unterricht (Schulstufe 10) zentral. Denn das Wissen über Lernschwierigkeiten hat Konsequenzen auf die Lernprozessgestaltung und -begleitung. Welche Scaffolds (Lerngerüste) brauchen Schülerinnen und Schüler, um eine Handlung und / oder eine Aufgabe gelingend zu bewältigen? Wie können Schülerinnen und Schüler adäquat auf ihrem Lernweg begleitet werden?

Ebenso ist das Wissen über fach- und themenspezifische Lernstrategien bedeutsam. Denn je nach Kontext, Kompetenzerwartung und Zielgruppe können Lernstrategien im WAH-Unterricht lernprozessfördernd eingesetzt werden.

Im Zusammenhang mit der Aufgabenkultur ist ein Wissen um „gute" Lernaufgaben erforderlich. Das bedingt, dass die Merkmale von kompetenzfördernden Aufgaben (Kompetenzfacetten, Lebensnähe, Arbeit an Präkonzepten, Wissensart, Kognitive Leistung, Strukturierung der Aufgabe, Umgang mit Repräsentationsformen, Offenheit der Aufgabe, Lernunterstützung, Vielfalt der Lernwege) aus den entsprechenden fachdidaktischen Konzeptionen bekannt sind (vgl. Kalcsics & Wilhelm, 2017, S. 88).

Für die Lernbegleitung ist es notwendig einen regelmäßigen Einblick in die Konzeptentwicklung und Lernwege der Lernenden zu haben, um nächste Lernschritte anzugehen.

### *Welche Qualitätsmerkmale halten Sie für den Unterricht für „Lebensführung" für essenziell?*

Die Vielfalt der Methoden im WAH-Unterricht wird in der Interviewfrage 'Lernumgebung sowie Lehr- / Lernformen' noch genauer betrachtet. Nebst den Methoden sind verschiedene Sozial- und Arbeitsformen in einem Lernarrangement anzubieten. Gerade kooperative Lern- und Arbeitsformen eignen sich in Lernsituationen, um Lernende kognitiv vielfältig aktiv zu beteiligen.

Der Einstieg in ein Lernarrangement, welcher sich stark an der Lebenswelt der Jugendlichen und / oder einer aktuellen Alltagssituation orientiert, ist prägend für den weiteren Verlauf des WAH-Unterrichts. Dies passiert mit der sogenannten Konfrontationsaufgabe, welche sich am Lernprozessmodell LUKAS nach Luthiger, Wilhelm, Wespi und Wildhirt (2018) orientiert. Alle Lernenden, alters- und niveauunabhängig, können sich einbringen. Denk- und Arbeitsprozesse im Hinblick auf angestrebte Kompetenzentwicklungen werden dabei in Gang gesetzt. In einer kooperativen Lernsituation werden dabei nicht nur für die Lehrperson individuelle Vorstellungen der Schülerinnen und Schüler sichtbar, auch die Lernenden untereinander erkennen unterschiedliche Konzepte. Die heterogenen Vorstellungen, Erfahrungen und Sichtweisen können als Ausgangslage für das weitere miteinander und voneinander Lernen genommen werden.

Durch ein Zusammenspiel von Lehr- und Lernendentätigkeiten mit adäquaten Lernaufgaben wird ein vollständiger Lernzyklus (Reusser, 2014, S. 92 ff) angestrebt.

### Welche Lernumgebungen und Lehr-/Lernformen halten Sie für einen wirksamen Unterricht für „Lebensführung" für besonders bedeutsam?

Eine Lernumgebung ist der Zielgruppe entsprechend differenziert und anschaulich auf- und vorzubereiten. Schülerinnen und Schüler sollen die Möglichkeit haben, sich vielfältig und produktiv mit dem Lerngegenstand oder mit einer Fragestellung in verschiedenen Arbeits- und Sozialformen auseinanderzusetzen und vertiefen zu können.

Die Wahl des Lerngegenstandes oder der Fragestellung ist zentral. Der Lerngegenstand oder die Fragestellung orientieren sich dabei an den Lebenswelten der Lernenden und des Fachbereichslehrplanes WAH (D-EDK, 2016, S. 86ff). Die Frage, *was Schülerinnen und Schüler können sollen*, ist Ausgangspunkt für die Gestaltung einer situierten und reichhaltig gestalteten Lernumgebung. In der Aufbereitung der Lernumgebung soll also vom Ende her gedacht werden. Ausgehend von einer alltagsnahen Situation werden von den zu erwartenden Kompetenzen aus Aufgaben generiert.

Eine vorbereitete Lernumgebung beinhaltet verschiedene Zugänge, um sich mit einem Lerngegenstand oder einer Fragestellung auseinandersetzen zu können. Ein reichhaltiges und differenziertes Angebot an Aufgabentypen in Anlehnung an das LUKAS-Lernprozessmodell (vgl. Luthiger et al., 2018) oder ausgerichtet an anderen didaktischen Prinzipien oder Vorgehensweisen, ermöglicht einen vollständigen Lernprozess. Bei der Generierung werden Handlungsaspekte mitberücksichtigt. Die Lernenden werden mit den Aufgabestellungen in eine authentische oder nachempfundene Alltagssituation versetzt, welche ein reales Handeln erfordert (vgl. Reinmann & Mandl, 2006, S. 640). Verschiedene Arbeits- und Sozialformen sollen angeboten werden. Individuelle Begegnungen mit dem Lerngegenstand resp. Auseinandersetzungen mit der Fragestellung sind ebenso bedeutsam wie kooperativ ausgelegte Lerngelegenheiten. Ressourcen und Fähigkeiten der Lernenden sollen für individuelle wie für gemeinschaftsbildende Lernprozesse nutzbar gemacht werden. Reflexionen in kooperativen Lernphasen sind bewusst einzusetzen, damit Stärken und Schwächen in der Kooperation unter den Lernenden benannt werden können (vgl. Buholzer, Joller-Graf, Kummer Wyss & Zobrist, 2012, S. 27). „Ziel situierter Lernumgebungen ist es, dass die Lernenden nicht nur neue Inhalte verstehen und die erworbenen Kenntnisse und Fertigkeiten flexibel anwenden können, sondern darüber hinaus Problemlösefähigkeiten und andere kognitive Strategien entwickeln und selbstorganisiert zu lernen vermögen" (Reinmann & Mandl, 2006, S. 627).

In der vorbereiteten Lernumgebung spielen die aufbereiteten didaktisierten Lehr- und Lernmaterialien eine bedeutsame Rolle. Sie müssen aktuell und der Zielgruppe entsprechend aufgearbeitet sein resp. entsprechende Hilfestellungen müssen bereitgestellt werden. Ebenso sind die Repräsentationsformen nach Bruner, Oliver und Greenfield (1971) in der Aufbereitung einer Lernumgebung bedeutsam. So sollen die Lehr- und Lernmaterialien ein Zusammenspiel von Text / Symbol, Bild und Handlung sein, um die Schülerinnen und Schüler in ihrem Lernprozess zu unterstützen.

Je nach Lerngegenstand oder Fragestellung können folgende methodische Großformen aus der Ernährungs- und Verbraucherbildung, basierend auf REVIS (2005), im WAH-Unterricht beigezogen werden: handlungsorientierter Unterricht, Projekt, Warentest, biografieorientierter Unterricht bzw. erfahrungsorientierter Unterricht, Experimente und SchmeXperimente, handelndes Lernen. Diese ermöglichen einen Aufbau alltagsbezogener Kompetenzen.

Im Zusammenhang mit dem konstruktivistischen und situierten Lernen ist der Einbezug von „Cognitive Apprenticeship" bedeutsam. Durch das Instruktionsdesign in mehreren Schritten (modelling, coaching / scaffolding, fading) nach Collins, Brown und Newman (1989) werden kognitive Strategien aufgebaut. Die initiierten Aktivitäten der Lernenden wie „articulation" (in eigene Worte fassen und / oder gegenseitig erklären), „reflection" (vergleichen) und „exploration" (eigenständig Probleme bearbeiten, Hypothesen und Ziele entwickeln) ermöglichen zu einem späteren Zeitpunkt eine Transferleistung.

Des Weiteren können Simulationen (Fallstudien, Rollenspiele und Planspiele) aus Konsumsituationen ökonomisch, ökologisch und sozial betrachtet werden. Durch Simulationen wird ein Perspektivenwechsel ermöglicht, welcher in der Bewältigung auf eine Alltagssituation transferiert werden kann. Konfliktsituationen in der Simulation können in einem begleiteten Rahmen reflektiert werden.

Über eine Simulation hinaus geht die methodische Großform der Schülerfirma, welche im Rahmen der Schule initiiert wird. Soweit wie möglich wird am „realen" Markt ein eigenes Produkt oder eine Dienstleistung von den Lernenden angeboten. Die Lernenden werden zu Akteurinnen und Akteuren, welche zu unternehmerischen Entscheiden und Handlungen, unter Berücksichtigung ökonomischer, ökologischer und sozialer Aspekte, angeregt werden.

Außerschulische Lernorte (Erkundigungen, Besichtigungen, Expertenbefragungen) bieten einen realen Kontakt vor Ort und mit Menschen. Die authentischen Begegnungen ermöglichen eine vertiefte Auseinandersetzung mit dem Lerngegenstand oder der Fragestellung. Zudem wird den Lernenden einen Einblick in die Berufswelt ermöglicht.

Mit dem Fachbereichslehrplan „Wirtschaft, Arbeit, Haushalt" (Lehrplan 21) erfährt auch der Teil des praktischen Lernens bei der Nahrungszubereitung eine Neuakzentuierung. „Konkretes Handeln ist auch leitendes Prinzip im ernährungspraktischen Unterrichtsteil, in welchem Schülerinnen und Schüler grundlegende Kompetenzen zur Nahrungszubereitung entwickeln. Sie erfahren, dass das Zubereiten von Nahrung ein Zusammenspiel von manuellem handwerklichem Arbeiten sowie denkendem Steuern und Nachvollziehen ist und sich somit mit Kopf- und Handarbeit im konkreten Handeln ergänzen. Die Schülerinnen und Schüler erleben sich als selbsttätig und selbstwirksam [...]. Nahrungszubereitung hat im Unterricht den Charakter eines Projektes. [...] Forschende Vorgehensweisen ermöglichen den Lernenden zudem, Eigenschaften von unterschiedlichen Nahrungsmitteln differenziert wahrzunehmen oder die Wirkung von Vorgehensweisen bei der Zubereitung nachzuvollziehen" (D-EDK, 2016, S. 13).

Somit eröffnet sich auch im ernährungspraktischen Unterricht eine weitere methodische Vielfalt.

Die Ausführungen sind hier nicht abschließend. Sie zeigen aber auf, dass für den WAH-Unterricht unterschiedlich ausgerichtete Methoden zur Verfügung stehen.

## *Wie sieht eine gute Differenzierung / Individualisierung Ihrer Meinung nach im Unterricht für „Lebensführung" aus?*

Eine Differenzierung kann in Bezug auf Kompetenzerwartungen, Aufgabenstellungen / -typen, Lernwege, Lernort, Lernzeit, Lerntempo, Arbeitstempo, Materialien und Medien, Arbeits- und Sozialformen und Beurteilung bei gleichen Inhalten erfolgen. Mit gleichen Inhalten ist ein vielschichtiger und logischer Themenkomplex gemeint, welcher in sich wieder eine Differenzierung zulässt. Den Lernenden stehen somit Optionen bereit ihren Lernweg zu gehen.

Ein Potenzial zur Differenzierung lässt unter anderem die Konfrontationsaufgabe zu. Durch das Einbringen der individuellen und heterogenen Erfahrungen, Vorstellungen und Sichtweisen, wird die Heterogenität sichtbar und kann für weitere Lerngelegenheiten genutzt werden.

Im ernährungspraktischen Unterricht bieten sich des Weiteren eine Differenzierung in der Lebensmittelauswahl, der Zubereitungsverfahren, der Anspruchsniveaus der Rezepte, der individuellen Rezepterweiterung, der Arbeitsorganisation in der Lerngruppe und der Steuerung der Selbstständigkeit an. Ein höheres und niedrigeres Anspruchsniveau soll bei der Aufgabenstellung jeweils mitgedacht werden.

Alle Schülerinnen und Schüler, aber insbesondere leistungsschwache Schülerinnen und Schüler, werden entlang des „Cognitive Apprenticeship" in ihrem Lernprozess individuell unterstützt und begleitet. Dies bedingt ein präzises Vorgehen in den einzelnen Schritten des „Cognitive Apprenticeship" und ein sorgfältiges Gestalten der instruktionalen Sequenzen.

*Welche immer wiederkehrenden fachspezifischen Herausforderungen im Unterrichtshandeln müssen Ihrer Meinung nach die Lehrpersonen beherrschen, um im Unterricht für „Lebensführung" eine angemessene Unterrichtsqualität garantieren zu können?*

Je nach Anlage des WAH-Unterrichts, ob vor allem thematisch ausgerichtet oder ernährungspraktisch, können sich folgende fachspezifische Herausforderungen zeigen:

- **Arbeits- und Zeitmanagement:** Gerade der ernährungspraktische Unterricht, welcher in der Regel vier Lektionen dauert, erfordert eine durchdachte Organisation und ein präzises und realistisches Zeitmanagement. Die unterschiedlichen Tätigkeiten der Lernenden müssen wohl überlegt und abgestimmt in der vorbereiteten Lernumgebung sein.

- Überblick behalten: Die Lernenden setzen sich individuell oder gemeinsam mit einer Aufgabenstellung auseinander. Tempo, Fertigkeiten, Ausführungen, … sind unterschiedlich. Die WAH-Lehrperson wirkt präsent und reagiert flexibel auf die verschiedenen Lernstände. Sie gibt individuelle adäquate Hilfestellungen bei der Ausführung eines Arbeitsprozesses, verzichtet in der Regel bewusst auf das Eingreifen in bestimmten Situationen und agiert mit kognitiv aktivierenden Fragestellungen.

- **Fachliche und didaktische Flexibilität**: Auf Situationen im ernährungspraktischen Unterricht soll fachlich wie auch didaktisch adäquat reagiert werden können. So sind Fragen der Lernenden zu einem Sachverhalt oder im Zusammenhang mit der Nahrungszubereitung fachlich zu beantworten. Unvorhersehbare Einflüsse und / oder Verhalten von Lernenden erfordern eine didaktische Anpassung und überlegtes Handeln.

- **Kompetenzentwicklung durch reichhaltige Lernaufgaben:** Mit reichhaltigen Wissens- und Könnensaufgaben soll ein Lernarrangement so generiert werden, dass eine Kompetenzentwicklung im vor allem thematisch ausgerichteten Unterricht wie auch ernährungspraktischen Unterricht ermöglicht wird.

- **Transfer zu Haushalten, Arbeits- und Berufswelten:** Die konkrete Anwendung des Wissens und Könnens soll sich in einer Situation im Haushalt und / oder Arbeits- und Berufswelt zeigen. Wie können Schülerinnen und Schüler die erworbenen Kompetenzen im Alltag nutzen? Welche Wissens- und Könnensbereiche braucht es, um eine alltagsnahe Situation zu bewältigen? Wie kann die erworbene Kompetenz in eine Alltagssituation erfolgreich eingesetzt werden?

- **Hinführung zur Selbsttätigkeit und Selbstständigkeit:** Im Jahresablauf soll „Cognitive Apprentiship" leitend sein und bewusst eingeplant werden. Der WAH-Unterricht bietet den Schülerinnen und Schüler ein Lernfeld, wo sie zur Selbsttätigkeit und Selbstständigkeit begleitet hingeführt werden. Es braucht aber eine Lernumgebung, mit welcher ein eigenverantwortliches und selbstständiges Handeln ermöglicht wird.

### *Worauf gilt es bei der Entwicklung und dem Einsatz von Aufgaben bzw. Aufgabensets im kompetenzorientierten Unterricht für „Lebensführung" besonders zu achten?*

Die sich in einer dynamischen und progressiven Welt stets wandelnde Gesellschaft und die damit einhergehenden Anforderungen, Herausforderungen und Komplexitäten sollen wahrgenommen werden. Dabei sind sowohl Konsequenzen für das Handeln im Haushalt, im Arbeits- und im Berufsleben zu überlegen als auch Fragestellungen, die für die Jugendlichen relevant sind. Der Fokus auf einen bestimmten Lerngegenstand ist festzulegen. Welche Lebensweltbezüge, welche Kompetenzerwartungen mit den entsprechenden Denk-, Arbeits- und Handlungsweisen, (D-EDK, 2016, S. 21) können abgeleitet werden?

Das Modell der didaktischen Rekonstruktion (Kattmann, Duit, Groppengießer & Komorek, 1997) weist darauf hin, als erster Schritt die Interessen, Einstellungen und Vorstellungen von Schülerinnen und Schülern und Denk-, Arbeits- und Handlungsweisen zu den Sachkonzepten zu klären und setzt diese mit den fachwissenschaftlichen Inhalten in Beziehung. Daraus resultiert die didaktische Strukturierung mit seiner Tiefen- und Sichtstruktur. Die Kompetenzerwartungen müssen geklärt und für die Schülerinnen und Schüler transparent sein.

Folgende Leitfragen dienen als Hilfestellung für die Formulierung von Kompetenzerwartungen, aber auch für die Gestaltung der Lernumgebung:

- Vom Ende her denken: Was sollen Schülerinnen und Schüler können?

- Welche bereits erworbenen Kompetenzen können mitberücksichtigt werden?
- Welche Kompetenzen können sinnvoll miteinander verknüpft werden?
- Wie kann ein kumulativer Aufbau sichtbar gemacht werden?
- Welche überfachlichen Kompetenzen können miteinbezogen werden?
- Wie können aktuelle Materialien und Medien der Zielgruppe entsprechend didaktisch aufbereitet werden?
- Welche Zugänge eignen sich, um einen Lerngegenstand zu erschließen, eine Fragestellung zu bearbeiten?
- Wie werden Erkenntnisse, Fortschritte oder Lernspuren gesichert / dokumentiert?
- Wie sieht eine förderorientierte, transparente und umfassende Beurteilung in Kohärenz mit dem Lernarrangement aus?
- Wie können differenzierte Aufgaben generiert werden?
- Wie kann der Kompetenzerwerb in einer alltäglichen Situation und in der näheren Zukunft angewendet / umgesetzt werden?
- …

### *Welche Schritte empfehlen Sie aufgrund Ihrer wissenschaftlichen bzw. erfahrungsbasierten Expertise als „first steps" für angehende Lehrpersonen im Fach, die sie für guten Unterricht für „Lebensführung" umsetzen können?*

Gerade im Hinblick auf die Einführung des Schweizer Lehrplans 21 (D-EDK, 2016) ist es von Bedeutung, sich mit dem eigenen Fach- und Bildungsverständnis WAH auseinanderzusetzen und dieses zu reflektieren. Dabei unterstützen Einblicke in die Praxis (Hospitationen), fachdidaktische Literatur, WAH-Lehrmittel, bereitgestellte Planungsunterlagen und die Diskussionen mit verschiedenen Akteuren aus Schule, Weiterbildung und Ausbildung. Das Bilden von fachspezifischen Lerngruppen, sei es in der Schule, Weiterbildung und Ausbildung, gilt als einer der Gelingensfaktoren um voneinander und miteinander ein differenziertes Fach- und Bildungsverständnis WAH zu entwickeln.

Zentral für Junglehrpersonen ist, gerade in der Berufseinstiegsphase, von einer WAH-Lehrperson begleitet zu werden, welche ein aktuelles Fach- und Bildungsverständnis WAH aufweist. Dabei können nicht nur fachliche Fragen im Vordergrund stehen, sondern auch das Arbeits- und Zeitmanagement, die Organisation, die Beurteilung von ernährungspraktischen Unterrichtssequenzen und die Klassenführung in heterogenen Lerngruppen, was als Herausforderung von Junglehrpersonen angesehen wird. Denn gerade der WAH-Unterricht mit seinem Fokus auf ernährungspraktische Teile ist sehr komplex. Es empfiehlt sich, zu Beginn der Unterrichtstätigkeit in WAH eine einfache Struktur und einen in sich logischen Ablauf zu wählen. Ausgehend von den Kompetenzerwartungen soll überlegt werden, an welchem Gericht die angestrebte Kompetenz erworben und / oder vertieft werden kann und welches Anspruchsniveau des gewählten Gerichtes dem Kompetenzaufbau in der Nahrungszubereitung entspricht.

„First steps" für angehende Lehrpersonen:

- Seien Sie neugierig, wie Ihre Schülerinnen und Schüler die Welt sehen. Beziehen Sie die Vorstellungen / Präkonzepte der Schülerinnen und Schüler in den Unterricht mit ein.

- Generieren Sie eine alltagsrelevante Fragestellung und wecken Sie dadurch das Interesse der Schülerinnen und Schüler, um die Fragestellung mehrperspektivisch und unter Einbezug der Dimensionen der Nachhaltigkeit zu betrachten.

- Bieten Sie eine vorbereitete Lernumgebung an, in der das erarbeitete, angeeignete Wissen und Können in einem neuen Kontext angewandt werden kann. Schaffen Sie dabei den Transfer zum Alltagshandeln in Haushalten sowie zu Arbeits- und Berufswelten, und beziehen Sie das ökonomische Denken und Handeln mit ein.

- Nutzen Sie den ernährungspraktischen Teil des WAH-Unterrichts, um die Nahrungszubereitung projektartig umzusetzen (vgl. D-EDK, 2016, S. 13). Dadurch bieten sich viele und vielfältige Lernfelder bezüglich Kompetenzerwerb wie auch bezüglich der überfachlichen Kompetenzen an.

- Reflektieren Sie Ihre Rolle als WAH-Lehrperson in der Lernprozessbegleitung. Bei welchen Lerngelegenheiten beobachten, begleiten, coachen, agieren Sie? Welche Konzepte der Lernprozessbegleitung verfolgen Sie?

- Bleiben Sie offen und neugierig für eigene Lernprozesse. Das Fach WAH mit seinen Perspektiven unterliegt dem ständigen Wandel der Gesellschaft. Setzen Sie sich mit den Aktualitäten auseinander, erfassen Sie Zusammenhänge und reflektieren Sie diese.

### Was ist Ihrer Ansicht nach das Besondere am Unterricht für „Lebensführung"?

Das Fach WAH weist einen hohen Alltagsbezug auf. An konkreten Konsumsituationen aus dem Alltag werden Schülerinnen und Schüler angeregt, Alltagsfragen mehrperspektivisch zu betrachten, zu beantworten und zu reflektieren. Lerngegenstände, Frage- und Problemstellungen haben einen direkten Bezug zu den Lebenswelten der Schülerinnen und Schüler.

Jede Alltagssituation ist individuell zu betrachten und zu beurteilen. Dort, wo es um Entscheide geht, gibt es nicht zwingend „richtig" oder „falsch".

Schülerinnen und Schüler werden aufgefordert, ihre Entscheide zu begründen, zu reflektieren und Handlungsoptionen für weitere Situationen zu generieren. So werden Entscheide zunehmend differenzierter und selbstbestimmter, das heißt, ein Transfer der erworbenen Kompetenzen auf eine neue Situation wird angestrebt.

Die Ausrichtung der Ernährungs- und Verbraucherbildung nach REVIS (2005) fokussiert die drei didaktischen Prinzipien (salutogenetisch orientiertes, kompetenzorientiertes und lebenslanges Lernen), was durchaus WAH-spezifisch ist und sich auch von den anderen Fächern abgrenzt und unterscheidet.

Zudem ist WAH das einzige Fach, welches explizit ernährungspraktische Teile beinhaltet. Grundlegende Kompetenzen in der Nahrungszubereitung werden dabei erworben. Die Aspekte „Kultur und Technik der Nahrungszubereitung" und „Nahrungszubereitung mit Charakter eines Projektes" eröffnen kompetenzorientierte und reflektierte Lerngelegenheiten. Zudem können die im Zusammenhang mit der Nahrungszubereitung und den Haushaltsarbeiten erworbenen fachlichen und überfachlichen Kompetenzen in der Arbeits- und Berufswelt angewandt werden. Ein allgemeiner Zugang zur Bedeutung von Arbeit im Alltag und in der Gesellschaft wird im WAH-Unterricht geschaffen.

Eine Herausforderung ist, die Schülerinnen und Schüler auf eine selbstständige und selbstbestimmte Lebensführung und Alltagsgestaltung / -bewältigung vorzubereiten für eine Zeit, welche nicht vorhersehbar ist. Im Zuge der rasanten Veränderungen in der Gesellschaft wie auch in der zunehmend digitalisierten Welt können zukünftig notwendige Kompetenzen nur erahnt werden. Es zeichnet sich aber ab, dass Innovation, Solidarität sowie Verantwortung für die Zukunft – sei es in Haushalten oder in den Arbeits- und Berufswelten – bedeutend werden und auch verstärkt gefordert werden. Der WAH-Unterricht bietet eine ideale Lernumgebung, um Innovation, solidarisches Handeln in verschiedenen Lernsituationen zu erfahren und üben zu lassen. Schülerinnen und Schüler können in der individuellen Verantwortung und gesellschaftlicher Mitverantwortung unterstützt und begleitet werden.

### Welcher Name trifft aus Ihrer Sicht das Kernanliegen einer Bildung für „Lebensführung"?

Der Begriff „Lebensführung" beinhaltet alles und sehr viel. Dabei stellen sich die Fragen, welche Aspekte der Lebensführung im Kontext Bildung bedeutsam sind, was kann die Schule für eine Bildung für Lebensführung auf allen Schulstufen beitragen? Wie können Kinder und Jugendliche im Wandel und in der Entwicklung der Gesellschaft, Politik und Wirtschaft und der zunehmenden Welt der vielfältigen Optionen und Handlungsmöglichkeiten unterstützt werden, adäquate Entscheide zu treffen? Wie können Kinder und Jugendliche im permanenten Wandel bestärkt werden mitzudenken, mitzugestalten, mitzuentscheiden und zum Reflektieren anzuregen? Welches „Rüstzeug" ist für eine Bildung für Lebensführung bedeutsam und welche Kompetenzen sind im Unterricht für alltägliche Lebensführung zu erarbeiten?

Der Begriff „Lebensführung" mit dem Fokus auf den Ort der alltäglichen Lebensführung, den Haushalt und die Lebenswelten der Jugendlichen, sollte präzisiert resp. fokussiert werden.

*Alltägliche Lebensführung* beschäftigt Menschen in verschiedenen Lebensbereichen (z. B. Familie, Erwerbsarbeit, Freizeit, soziale Kontakte, politisches und zivilgesellschaftliches Engagement, …). Dabei sind unterschiedliche praktische Tätigkeiten zu arrangieren. Das Ausführen von Alltagstätigkeiten erfolgt oft nicht in einer geordneten Abfolge, sie sind zu planen, koordinieren, synchronisieren und auszuhandeln in sich stimmig „zu einem kohärenten und konsistenten Ganzen" zusammenzufügen (Diezinger, 2010, S. 228). Diese Leistungen können individuell erfolgen, wie aber auch in sozialen Gefügen mit Abstimmung der individuellen Wünsche und Bedürfnisse. Die Lebensbereiche verändern sich infolge der verschiedenen Lebensphasen und der eigenen Biografie. Die alltägliche Lebensführung erfordert dadurch Anpassungen. „Die alltägliche Lebensführung geht davon aus, dass jede und jeder unabhängig von Grad der Einbindung in den Arbeitsmarkt und unabhängig von der Art der privaten Lebensform ihren und seinen Alltag gestalten und führen muss" (Diezinger, 2010, S. 231).

Die Herausforderungen des Alltags in seiner ganzen Breite zu bewältigen hat in jeder Lebensphase seine Bedeutung.

*Bildung für alltägliche Lebensführung* kann somit bedeuten:

- erwerben von Kompetenzen für die verantwortungsvolle Mitgestaltung einer gegenwärtigen und zukünftigen Welt für alle (vgl. Fachbereichslehrplan NMG, S. 5)

- erwerben von Reflexionsfähigkeit, um Handlungsmöglichkeiten und Strategien für Entscheide zu entwickeln

- Die Wechselbeziehung in der Mikro-, Meso- und Makroebene wahrnehmen und die Bedeutung des Zusammenspiels von Individuum und Gesellschaft darin erkennen

# Literatur

Bruner, J. S., Oliver, R. R. & Greenfield, P. M. (1971). *Studien zur kognitiven Entwicklung. Eine kooperative Untersuchung am „Center for Cognitive Studies" der Harvard-Universität.* Stuttgart: Ernst Klett Verlag.

Buholzer, A., Joller-Graf, K., Kummer Wyss, A. & Zobrist, B. (2012). *Kompetenzprofil zum Umgang mit heterogenen Lerngruppen. Band I der Schriftenreihe „Schule und Heterogenität".* Münster / Zürich: LIT.

Collins, A., Brown, J. S. & Newman, S. E. (1989). Cognitive apprenticeship: Teaching the craft of reading, writing, and mathematics. In: L. B. Resnick (Ed.), *Knowing, learning and instruction. Essays in honor of Robert Glaser.* Hillsdale, N J: Lawrence Erlbaum.

D-EDK, Deutschschweizer Erziehungsdirektoren- Konferenz. (Hrsg.). (2016). *Lehrplan 21 – Fachbereich Natur, Mensch, Gesellschaft.* Zugriff am 25.09.2018 unter https: / / be.lehrplan.ch / lehrplan_printout.php?e=1&fb_id=6

Diezinger, A. (2010). Alltägliche Lebensführung: Die Eigenlogik alltäglichen Handelns. In: R. Becker & B. Kortendiek (Hrsg.), *Handbuch Frauen- und Geschlechterforschung, Theorie, Methoden, Empirie* (S. 228–233). Wiesbaden: VS Verlag.

Fachgruppe Ernährung und Verbraucherbildung. (2005). *Schlussbericht: REVIS Modellprojekt 2003–2005.* Paderborn. Zugriff am 25.09.2018 unter http: / / www.evb-online.de / docs / schlussbericht / REVIS-Schlussbericht-mit_Anhang-mit.pdf

Jonen, A., Möller, K. & Hardy, I. (2003). Lernen als Veränderung von Konzepten – Am Beispiel einer Untersuchung zum naturwissenschaftlichen Lernen in der Grundschule. In: D. Cech & H. Schwier (Hrsg.), *Lernwege und Aneignungsformen im Sachunterricht* (S. 93–108). Bad Heilbronn: Klinkhardt.

Kalcsics, K. & Wilhelm, M. (2017). *Lernwelten Natur – Mensch – Gesellschaft, Ausbildung, Fachdidaktische Grundlagen.* Bern: Schulverlag.

Kattmann, U., Duit, R., Groppengießer, H. & Komorek, M. (1997). Das Modell der Didaktischen Rekonstruktion – Ein Rahmen für naturwissenschaftliche Forschung und Entwicklung. *Zeitschrift für Didaktik der Naturwissenschaften, 3,* 3–18.

Luthiger, H., Wilhelm, M., Wespi, C. & Wildhirt, S. (2018). *Kompetenzförderung mit Aufgabensets, Theorie – Konzept – Praxis.* Bern: hep.

Reinmann, G. & Mandl, H. (2006). Unterrichten und Lernumgebungen gestalten. In: A. Krapp & B. Weidenmann (Hrsg.), *Pädagogische Psychologie* (S. 627, 640). Weinheim: Beltz.

Reusser, K. (2014). *Aufgaben – Träger der Lerngelegenheiten und -prozesse.* Zugriff am 03.03.2019 unter https: / / www.ife.uzh.ch / dam / jcr:00000000-08eb-61e6-ffff-ffffc13f b5c2 / Reusser_2014_Aufgaben_Traeger_von_Lerngelegenheiten_Seminar.pdf

JUDITH HÜSKEN

# LIEBE AM BERUF UND FREUDE AM FACH, KOMBINIERT MIT UMFANGREICHEN FACHKOMPETENZEN

Hüsken, Judith, Lehrerin an der Sekundarschule im Drei-Länder-Eck (Beverungen).

***Welches fachwissenschaftliche und fachdidaktische Wissen und Können der Lehrperson sind aus Ihrer Sicht für die Qualität des Unterrichts für „Lebensführung" besonders wichtig?***

Auf fachwissenschaftlicher Ebene ist es für eine Lehrperson zunächst einmal essenziell, gute, umfangreiche und aktuelle Kenntnisse zu besitzen. Dies bedeutet, dass sie die Ziele und die umfangreichen Thematiken des Faches kennt und damit dem bisher teilweise vorherrschenden „altbackenen" Image durch einen professionellen, alltagsbezogenen und damit schülernahen Unterricht entgegenwirken kann.

Meiner Ansicht nach sollte eine Lehrperson in Bezug auf die Fachdidaktik – vor allem mit Blick auf das gemeinsame Lernen – ihre Klasse gut kennen, um davon ausgehend die Thematiken des Faches angemessen didaktisch reduzieren zu können. Das Thema eines Unterrichtsvorhabens kann dann – natürlich nach Verortung im Kernlehrplan – mit den zielführenden Medien, Methoden und Sozialformen angepasst und auf die Lerngruppe mit deren Interessen, Bedürfnissen, Vorkenntnissen und Fähigkeiten untersucht, ausgewählt und geplant werden. Für den Unterricht und damit auch für das

Wissen einer Lehrperson bedeutet das, dass Methoden angewandt werden, die Qualifikationen wie Selbstständigkeit, Teamfähigkeit, Reflexions- und Kritikfähigkeit und die Meinungsbildung fordern und fördern.

Für das von den Schülerinnen und Schülern sehr attraktive Fach ist es als Lehrperson ebenso wichtig zu wissen, welche außerschulischen Lernorte sich in der Umgebung der jeweiligen Schule befinden. Dadurch ist es zudem – unter Berücksichtigung der Ausstattung einzelner Schulküchen – möglich, einen qualitativ hochwertigen, attraktiven und zeitgemäßen Fachunterricht zu gestalten.

Meiner Meinung nach sollten Lehrpersonen im Fach Hauswirtschaft insgesamt über Motivation, Empathiefähigkeit und eine große Offenheit für Neues verfügen. Sie sollen wertschätzend mit den Schülerinnen und Schülern sowie deren erbrachten Leistungen und mit den Kolleginnen und Kollegen umgehen.

### Welche Qualitätsmerkmale halten Sie für den Unterricht für „Lebensführung" für essenziell?

Erfolgreicher Hauswirtschaftsunterricht wird bereits während der Planungsphase bestimmt. Die Lehrerin / der Lehrer sollte unter Berücksichtigung des Ziels klare, aufeinander abgestimmte Unterrichtsphasen während einer Hauswirtschaftsstunde haben. Erst durch diese Zielklarheit und Strukturiertheit wird ein „roter Faden" für alle am Unterricht Beteiligten ersichtlich, wodurch bei den Schülerinnen und Schülern schließlich ein fachlicher sowie methodischer, sozialer und personaler Lernzuwachs erfolgt.

Nicht zu unterschätzen ist das einheitliche Verständnis der Inhalte und der Aufgaben des Faches, um eine am Ziel des Unterrichtsfaches orientierte Denk- und damit einhergehende Arbeitsweise zu erreichen. Dadurch wird zudem deutlich, dass Hauswirtschaft deutlich mehr als nur „Kochen" ist. Eine klare und transparente Leistungsbewertung der Schülerinnen und Schüler sowohl im schriftlichen, mündlichen als auch im praktischen Bewertungsbereich ist ein nicht zu unterschätzender Aspekt, der mir essenziell erscheint.

Damit alle Schülerinnen und Schüler im Unterricht selbstgesteuert, handlungsorientiert lernen sowie Selbstwirksamkeitserfahrungen sammeln können, bedeutet dies, dass der Unterricht aus einem hohen Anteil echter Lern- und Übungszeit, einer ausgeprägten Methoden-, Medienvielfalt, einem guten Lernklima, einer gut gestalteten Lernumgebung und differenziertem sowie schüleransprechendem Material besteht.

Sollte eine Lerngruppe im gemeinsamen Lernen (bestehend aus Schülerinnen und Schülern mit und ohne Behinderungen) unterrichtet werden, ist es aus Aspekten der Sicherheit unabdingbar, dass eine Lehrerin / ein Lehrer durch mindestens noch eine weitere Förderschullehrkraft Unterstützung erhält. Dies wiederum bringt den Vorteil, dass der Unterricht gemeinsam geplant, durchgeführt und evaluiert werden kann.

**Welche Lernumgebungen und Lehr-/Lernformen halten Sie für einen wirksamen Unterricht für „Lebensführung" für besonders bedeutsam?**

*„Die eine"* Lehr- / Lernform für den Hauswirtschaftsunterricht, die zwangsläufig zu motivierten Schülerinnen und Schülern und zum Erreichen der Unterrichtsziele führt, gibt es nicht. Daraus ergibt sich, dass es für Lehrpersonen unabdingbar ist, sich das komplette Spektrum aller Lehr- und Lernformen anzueignen. Erst durch den stetigen Wechsel und der unterschiedlichen Sozialformen kann einer Ermüdung der Schüleraufmerksamkeit vorgebeugt werden. So kann zum Beispiel ein impulsgebender Einstieg oder ein guter Lehrervortrag die Neugier für das Fach wecken.

Offene Lernformen, wie das erfahrungsbezogene Lernen (zum Beispiel die Gestaltung einer Wandzeitung) oder das handlungsorientierte Lernen (beispielsweise Experimente oder Erkundungen), sind für einen wirksamen Hauswirtschaftsunterricht wichtig zu nennen. Diese werden auch mit den kooperativen Lernformen im gemeinsamen Unterricht gefordert, damit langfristig eine Binnendifferenzierung ermöglicht werden kann.

Auch ist an dieser Stelle nochmals das Aufsuchen von außerschulischen Lernorten zu nennen (Verbraucherzentralen oder Schulbauernhöfe). Hier können sich die Schülerinnen und Schüler anders als in der Schule fragend-entwickelnd vermeintlich schwierigere Themen aneignen, wodurch zusätzlich die Motivation der Schülerinnen und Schüler positiv beeinflusst wird.

Zuletzt sind Projekte oder projektartige Elemente als Lehrformen für einen wirksamen Fachunterricht zu erwähnen, wie sie beispielsweise auf der Internetseite „www.evb-online.de" angeboten werden.

All dies sind solche Lehr- und Lernformen, die meiner Meinung nach von der Lehrkraft ein hohes Maß an Motivation, Eigeninitiative und Bereitschaft zur Mehrarbeit abverlangen, die aber bei den am Unterricht teilnehmenden Schülerinnen und Schülern zu einer Horizonterweiterung führen. Dadurch können weitere thematische Verknüpfungen erfolgen oder es entwickelt sich im besten Fall bei den Lernenden ein „Forschergeist".

## Wie sieht eine gute Differenzierung/Individualisierung Ihrer Meinung nach im Unterricht für „Lebensführung" aus?

Schon lange ist bekannt, dass es keine homogen zusammengesetzten Klassen gibt. Daher ist es gerade im Hauswirtschaftsunterricht (in allen Unterrichtsphasen, und besonders, wenn Nahrung zubereitet wird) von besonderer Bedeutung, eine gute Differenzierung durchzuführen. Grundsätzlich müssen leistungsstarke gefordert und leistungsschwächere Schülerinnen und Schüler gefördert werden. Damit ist es unumgänglich, die zu unterrichtende Lerngruppe gut zu kennen, um auf die Gruppe angepasste Differenzierungen vornehmen zu können.

Eine Differenzierung im Hauswirtschaftsunterricht nach Niveaustufen kann zum Beispiel meines Erachtens stattfinden, indem schwächere Schülerinnen und Schüler kleinschrittige Aufgabenstellungen erhalten. Die Stärkeren hingegen können die Aufgabe dabei ohne Hilfestellung bearbeiten. Eine Differenzierung nach Interessen kann teilweise auch thematisch erfolgen. Dabei können die Schülerinnen und Schüler je nach Vorlieben selbst entscheiden, welches Unterrichtsthema (bzw. Projektthema) sie von einer Unterrichtsreihe wie bearbeiten / darstellen (zum Beispiel als Comic, Wandzeichnung, Radiospot, Video etc.). Am Ende ist es wichtig, dass die komplette Lerngruppe alle unterschiedlichen Themen des jeweiligen Unterrichtsvorhabens arbeitsteilig bearbeitet und die Lernziele erreicht hat.

Ich habe ebenfalls die Erfahrung gemacht, dass sich auch offene Lehr- und Lernformen (beispielsweise bei dem Stationenlernen) sehr gut eignen. Die langsam arbeitenden Schülerinnen und Schüler erhalten dabei die Möglichkeit, sich ohne Hast mit dem Unterrichtsinhalt auseinanderzusetzen, während die schnelleren zusätzliche Aufgaben bearbeiten oder sogar als Helfer eingesetzt werden können. Die Lernenden unterstützen sich gegenseitig und eignen sich den Unterrichtsinhalt weitgehend eigenständig an. Diese Art der Unterstützung bietet sich auch besonders bei der Gruppenzusammensetzung (eine Mischung aus leistungsstarken und schwachen Lernenden) für die Nahrungszubereitung an.

Alles in allem können Differenzierungen – je nach Lerngruppe – im wirksamen Hauswirtschaftsunterricht durch vorbereitete Arbeitsblätter und Hilfen, die dem Lern- und Leistungsstand einer Schülergruppe angepasst sind, erfolgen. Diese können schließlich auch in Arbeiten eingesetzt werden und haben entsprechende Auswirkungen auf die Noten. Unterstützend sollten meiner Meinung nach Lösungsblätter, Helfersysteme, Bildkarten oder Videosequenzen eingesetzt werden.

*Welche immer wiederkehrenden fachspezifischen Herausforderungen im Unterrichtshandeln müssen Ihrer Meinung nach die Lehrpersonen beherrschen, um im Unterricht für „Lebensführung" eine angemessene Unterrichtsqualität garantieren zu können?*

Meiner Erfahrung nach ist es im Hauswirtschaftsunterricht immer wieder bei der Übernahme einer neuen Lerngruppe schwierig, ihnen zu verdeutlichen, dass das Fach nicht nur aus dem einen feuchten Garverfahren, nämlich dem „Kochen" besteht. Einhergehend besteht die Schwierigkeit in der Verknüpfung der in den Köpfen vorherrschenden Trennung der „Theorie" und der „Praxis". Ich habe dabei die Erfahrung gemacht, dass es sinnvoll ist, gemeinsam mit der Schülergruppe immer wieder die Themenvielfalt des Faches zu erörtern und folglich die Themen *für* die (oder bestenfalls *mit* der entsprechenden) Lerngruppe, basierend auf dem Kernlehrplan, festzulegen. Weiterhin sollte nicht nur im inklusiven Kontext immer durch die Schülerinnen und Schüler selbst ein Rückbezug an die Unterrichtsinhalte der letzten Stunden erfolgen, damit sie alle (wieder) auf denselben Wissensstand gebracht werden.

Generell, aber besonders bei der Arbeit in der Schulküche, wird immer wieder ersichtlich, wie wichtig praktische und mündliche Wiederholungen sind. Gerade weil Schülerinnen und Schüler heute weniger Fähigkeiten von zu Hause mitbringen, brauchen sie in der Schule mehr Zeit und Raum zum Üben, damit sich Abläufe (zum Beispiel das fachgerechte Zerkleinern von Obst und Gemüse) verinnerlichen. Auch ist es in diesem Zusammenhang wichtig, dass – sofern eine Sonderschulkollegin oder ein -kollege mit am Unterricht teilnimmt – sie bzw. er genau weiß, worum es in der Unterrichtsstunde thematisch geht, die Materialien vorab erhält oder er bzw. sie mit der Lehrperson den Unterricht gemeinsam im Team vornimmt.

Zuletzt sollten die Basiskompetenzen Argumentieren, Kommunizieren, Diskutieren und auch Reflektieren immer wieder Einzug in den Unterricht erhalten. Die Themen des Faches bieten sich sehr gut dazu an. Allerdings fällt das Reflektieren den Lernenden oftmals schwer. Dabei ist dies gerade aus meiner Erfahrung besonders für das praktische Arbeiten wichtig, damit Arbeitsprozesse hinterfragt und zukünftig optimiert werden können.

*Worauf gilt es bei der Entwicklung und dem Einsatz von Aufgaben bzw. Aufgabensets im kompetenzorientierten Unterricht für „Lebensführung" besonders zu achten?*

Zunächst sollten Aufgabenstellungen so verfasst sein, dass Schülerinnen und Schüler einer gewissen Altersgruppe diese einfach verstehen können.

Hierdurch wird gewährleistet, dass die Lernenden nicht von Anfang an über- bzw. unterfordert sind. Leider zeigt meine Erfahrung, dass die Schülerinnen und Schüler schon sehr schnell die Motivation verlieren, wenn sie gerade am Anfang bei einer Aufgabenbearbeitung nicht verstehen, was sie eigentlich erledigen sollen. Wichtig ist daher auch, dass eine logische, aufeinander aufbauende Abfolge der Aufgaben gegeben ist und unterschiedliche Aufgabenformen (geschlossen, halboffen oder offen) verwendet werden, die wiederum verschiedene Lernwege und Lernstrategien zulassen sowie dabei andere Schwierigkeitsgrade beinhalten. Auch sollte unbedingt bei der Aufgabenstellung an die verschiedenen Arbeitstempi der Lernenden gedacht werden. Die sogenannten Blütenaufgaben wären dazu ein mögliches Aufgabenformat (vgl. LISUM, 2013, S. 17).

Zur erfolgreichen Bearbeitung der Aufgaben ist es bedeutsam, dass die Lehrkraft, die in den Aufgaben verlangten Methoden, zum Beispiel die Durchführung eines Warentests oder eines SchmeXperiments schon in der Lerngruppe eingeführt und eingeübt hat.

Weiterhin ist es nützlich, die Schülerinnen und Schüler, entsprechend zur jeweiligen Aufgabe, in unterschiedlichen Sozialformen arbeiten zu lassen. Durch die Einzelarbeit wird gewährleistet, dass die Schülerin bzw. der Schüler ihre / seine Erfahrungen jeweils alleine macht, die sie bzw. er anschließend reflektiert, um daraus zu lernen. Durch das gemeinsame, kooperative (Problem)lösen wird nicht nur Wissen erworben, sondern die Lernenden schulen zudem auch noch ihre sozialen und personellen Kompetenzen.

Auch handlungsorientierte Aufgabenformen sollten im Hauswirtschaftsunterricht immer wieder berücksichtigt werden, um das Lernen mit allen Sinnen und die Kreativität der Schülerinnen und Schüler zu nutzen. Ein Beispiel wäre dazu das kreative Zubereiten von „restlichen Lebensmitteln", die sich nach einer fiktiv ausgedachten Urlaubsgeschichte noch im Kühlschrank befinden.

### *Welche Schritte empfehlen Sie aufgrund Ihrer wissenschaftlichen bzw. erfahrungsbasierten Expertise als „first steps" für angehende Lehrpersonen im Fach, die sie für guten Unterricht für „Lebensführung" umsetzen können?*

Eine wesentliche Grundlage ist es, dass jede Person im Lehramt Liebe und Freude am Beruf und am Fach, mit umfangreichem Fachwissen und umfangreichen Fachkompetenzen kombiniert. Daneben ist es von Bedeutung, dass gerade im wirksamen Fachunterricht die Lehrperson sowohl authentisch ist als auch Humor besitzt. Damit einhergeht, dass Lehrkräfte nicht alles wissen können. Schwäche zu zeigen ist kein Makel, sondern eine Form von

„Authentizität"! Wertvoll ist des Weiteren, wenn alle Lernenden ernst genommen werden und wenn eine Lernatmosphäre geschaffen wird, die vertrauensbildend und respektvoll ist. Das bedeutet, dass Schülerinnen und Schüler zu jeder Zeit die Möglichkeit haben, Fragen zu stellen.

Es müssen lesbare und schüleransprechende Arbeitsblätter mit klaren Arbeitsaufträgen formuliert werden. Für eine Lerngruppe und für Lehrpersonen gibt es nichts Schlimmeres, als berechtigtes Nachfragen oder sogar ein „Nicht-Bearbeiten-Können" von Aufgaben.

Ich denke, am Anfang sollte ein Ritual regelmäßig in den Unterricht eingebaut werden, das Klarheit in der Zielsetzung des Unterrichts aufweist. Lehrpersonen sollten das Ziel und den Verlauf zu Beginn einer Stunde nennen, um die Aufmerksamkeit der Schülerinnen und Schüler zu erhalten und um diese in das Geschehen miteinzubeziehen. Lehrpersonen sollten sich bewusst machen, dass im Schulalltag nicht jede Hauswirtschaftsstunde ein „Highlight" für Lernende sein kann. Manche Stunde mag für eine Gruppe spannender, manche weniger interessant sein. Wichtig ist deshalb, dass immer wieder solche „Bonbonstunden" geplant werden. Diese Stunden sollten etwas Außergewöhnliches (wie zum Beispiel die Planung von Projekten) beinhalten. Sollte so etwas geplant sein, ist es aus meiner Sicht ziemlich ratsam, dass zu Beginn eines Schuljahres Termine, die mehr Zeit in Anspruch nehmen (zum Beispiel eine umfangreiche Vor- und Nachbereitung sowie Durchführung einer Exkursion), auch nach Absprache mit den Kolleginnen und Kollegen direkt festgelegt werden.

Abschließend bleibt mir nur weiterhin zu raten, dass angehende Lehrpersonen sich stets mit ihren Kolleginnen und Kollegen austauschen sollten. Ein offenes Ohr oder ein Ratschlag aus dem Erfahrungsschatz kann sehr häufig weiterhelfen.

### Was ist Ihrer Ansicht nach das Besondere am Unterricht für „Lebensführung"?

Eine Besonderheit am Fach Hauswirtschaft ist die im Fokus stehende praktische Arbeit. Besonders im aktuell in NRW vorherrschenden Schulsystem hat unter anderem dieses Fach im Sekundarschulbereich I ein Alleinstellungsmerkmal. Die Schülerinnen und Schüler, die dieses Fach wählen, freuen sich auf den wirksamen Unterricht, gerade weil sie hier mehr mit Kopf, Hand und Herz arbeiten können als in anderen Fächern. Daher ist dieses Fach besonders wichtig für Schülerinnen und Schüler, die auch zukünftig in ihrem Beruf mehr praktisch orientiert sein werden. Natürlich bringt diese Art mit den Schülerinnen und Schülern zu arbeiten mehr Abwechslung, aber auch mehr Gefahren – gerade, wenn in der Schulküche gearbeitet wird – und zusätzlich Arbeit für die Lehrpersonen. Ich habe aber dennoch die Erfahrung gemacht, dass ich einen anderen (offeneren) Zugang zu den Schülerinnen und Schülern erhalte, als es beispielsweise in meinem Zweitfach der Fall ist.

Die Lernenden gehen davon aus (wenn auch flapsig), dass sie in diesem Unterricht thematisch etwas behandeln, was sie evtl. sowieso schon können, da sie es mit vielen Themen aus ihrem Alltag verbinden. Die Schülerinnen und Schüler sollten aber nach den Einführungsstunden ganz klar wissen, dass sie in einem wirksamen Hauswirtschaftsunterricht etwas für ihr Leben lernen. Ich habe die Erfahrung gemacht, dass sie vorrangig in diesem Fach die fehlenden Kenntnisse, Fähigkeiten und Fertigkeiten erlernen, die die Schülerinnen und Schüler früher im Elternhaus vermittelt bzw. erworben haben, die heute jedoch häufig fehlen.

Daher ist eine Abschaffung des Faches gerade für die Schülerinnen und Schüler im gemeinsamen Lernen in der Sekundarstufe I äußerst fatal und undenkbar.

### Welcher Name trifft aus Ihrer Sicht das Kernanliegen einer Bildung für „Lebensführung"?

Grundsätzlich denke ich, dass ein Name gefunden werden muss, der nicht sofort mit der Lebensmittelzubereitung in Verbindung gebracht wird. Zudem muss es ein Name sein, der das Kernanliegen des Faches beinhaltet.

Aus meiner Sicht würde daher der Name „**Lebenskunde**" eher passen.

Dieser besteht zunächst einmal aus „dem Leben". Darin stecken die unterschiedlichen Situationen, in denen die Schülerinnen und Schüler sich aktuell in ihrer Schulzeit befinden, aber in der sie sich auch zukünftig befinden werden. Da das Ziel des Faches ist, die Lernenden zum eigenverantwortlichen Entscheiden und Handeln zu befähigen, würde dies durch den ersten Teil des Namens „Lebenskunde" impliziert werden. Zudem verdeutlicht dieser Wortteil auch die Fülle der Themen des Faches und eine Reduktion auf die Arbeit in der Schulküche würde nicht stattfinden.

Im zweiten Teil des Namens stecken auch die beiden Begriffe sich „kundig machen". Schülerinnen und Schüler machen sich über unterschiedliche Themen des Faches, die zum Leben erforderlich sind, (sach)kundig. Damit eingeschlossen sind aber auch die Erfahrungen, die sie mit in den Unterricht einbringen. Diese sind Ausgangspunkt für die Intensität der Auseinandersetzung mit den Themen im Fach. Absehen würde ich deshalb von „Lebensführung", da die Schülerinnen und Schüler im wirksamen Fachunterricht nicht „den einen (Lebens)weg" aufgezeigt bekommen.

# Literatur

LISUM, Landesinstitut für Schule und Medien Berlin-Brandenburg. (2013). *In der Vielfalt liegt die Stärke. Handreichung zur Individualisierung des Lernens für die gesellschaftswissenschaftlichen Fächer.* Berlin.

Ulrike Johannsen / Birgit Peuker

# Komplexe Aufgabenstellungen einsetzen

Johannsen, Ulrike, Profn. Dr., Europa-Universität Flensburg; Arbeitsschwerpunkte: Ernährungs- und Verbraucherbildung, Food & Consumer Literacy, schulische Gesundheitsförderung, Partizipationsforschung.

Peuker, Birgit, Profn. Dr., Europa-Universität Flensburg; Arbeitsschwerpunkte: Berufliche Didaktik Ernährungs- und Hauswirtschaftswissenschaft, Arbeitsprozessanalyse, Verbraucherbildung Verbraucherverhalten.

*Welches fachwissenschaftliche und fachdidaktische Wissen und Können der Lehrperson sind aus Ihrer Sicht für die Qualität des Unterrichts für „Lebensführung" besonders wichtig?*

Das fachwissenschaftliche Wissen ist im Unterricht für „Lebensführung" sehr breit aufgestellt. Den Bezugsrahmen bildet, auch in den neuen Fächern mit hauswirtschaftlichen Bildungsanteilen, der „Oikos" und seine in ihm agierenden und handelnden Personen. Diese Personen bestimmen sowohl als Haushaltsmitglieder, Gesellschaftsteilhabende und als Verbraucherinnen und Verbraucher sowie Konsumierende mit ihren verschiedenen Rollen die notwendigen wissenschaftlichen Zugänge und Themenfelder, wie u.a.

Haushalt, Umwelt, Infrastruktur, Ernährung, Konsum, Ökologie, Wirtschaft, Familie und Gesundheit. Die fundierte Unterrichtsplanung baut auf zahlreichen Bezugswissenschaften auf, die optimalerweise nicht additiv und linear, sondern multiperspektivisch zur komplexen Betrachtung der Themenaspekte und -bereiche hinzugezogen werden. Die breiten Themenfelder Ernährung und Konsum sind als Totalphänomene nicht nur naturwissenschaftlich und wirtschaftswissenschaftlich gestützt, sondern greifen auf Zugänge und Teildisziplinen der Soziologie, der Psychologie, der Kommunikations-, Gesellschafts-, Politik- und Gesundheitswissenschaften zurück – eine isolierte Betrachtung ist nicht wünschenswert. Wichtig sind daher die Anforderungen an die Lehrperson, Querverbindungen zwischen den einzelnen Wissenssegmenten zu entwickeln sowie fachwissenschaftliche und methodische Kenntnisse in Praxishandeln umzusetzen. Das geschieht im Allgemeinen prozessorientiert sowie multiperspektivisch und hat eine Relevanz für das Produktergebnis: Fachwissen wird zum Erfahrungs- und Anwendungswissen.

Um die dafür notwendigen Zusammenhänge herstellen zu können, ist die Beachtung der gesellschaftlichen Herausforderungen und Kontexte ebenso notwendig wie die Subjektorientierung. Die Handlungsbefähigung des Einzelnen zur Problemlösung steht in der Anbindung an den Bildungsauftrag, für immer komplexere gesellschaftliche Fragestellungen Antworten zu finden. Lebensweltbezogene Fächer unterliegen einer starken Kongruenz zwischen Wissen und Handeln, sie sind gesellschaftlich kontextuell. Weltweit betrachtet gibt es zum Beispiel gleiche Problemstellungen, wie die Familie gesund zu ernähren, die sich je nach kulturellem Kontext deutlich anders ausgestalten. Um dieses in vulnerablen Gesellschaften als auch Überflussgesellschaften bewältigen zu können, benötigt die Person entsprechendes Handlungswissen.

Entsprechend dieser Fachanforderungen ist die Fachdidaktik ein entscheidendes Instrument zur Kompetenzentwicklung der Lerngruppe: Die fachdidaktische Kompetenz von Lehrenden ist darauf ausgerichtet, die Entscheidungskompetenz der Schülerinnen und Schüler zu stärken. Entscheidung braucht Wissen und Methode, denn die individuelle Lebensführung beruht auf dem individuellen Entscheiden zwischen Handlungsvariationen, Lösungswegen und Lebenszielen. Die Fachdidaktik kann hierbei grundlegend von Diskursen der lernfeldorientierten Berufsbildung profitieren. Lebensweltliche Handlungssituationen können zusammengefasst werden in lebensweltliche Handlungsfelder, die die Lernbereiche / Lernfelder in den Lehrplänen bestimmen. Aus denen können letztendlich die schulischen Lernsituationen exemplarisch abgeleitet werden (Hartmann, Peuker & Biber, 2016, S. 55).

### Welche Qualitätsmerkmale halten Sie für den Unterricht für „Lebensführung" für essenziell?

Die Aktualität der Thematiken sowie der Theorie-Praxis-Bezug im subjektorientierten Kontext und unter gesellschaftlicher Verantwortung, sind essenzielle Prinzipien guten Unterrichts in lebensweltlich orientierten Fächern. Die erlebten Erfahrungen des Einzelnen können hierbei im besonderen Maße integriert werden. Der Unterricht sollte sowohl eine praktische als auch eine gleichgewichtete theoretische Orientierung haben, das spiegelt sich auch in den genutzten Räumen wider: eine Lehrküche mit angrenzendem Seminarraum. Der Unterricht hebt den Widerspruch zwischen Wissenschafts- und Handlungsorientierung auf, indem er ohne Brüche im Übergang von der Theorie zur Praxis und umgekehrt konzipiert werden sollte, denn Schülerinnen und Schüler erkennen Widersprüche von aufeinanderfolgenden losgelösten Lernblöcken sofort. Abstraktes Faktenwissen sollte deshalb für die Entwicklung von Handlungskompetenz über den Theorie-Praxis-Bezug eine komplexe Anbindung an exemplarische Einzelfallbetrachtungen erhalten. Die Grundbestandteile eines Kaufvertrags werden zum Beispiel konkretisiert durch die Handyverträge der Schülerinnen und Schüler. Alltagserfahrungen und persönlichen Bedarfe werden somit einbezogen – Vielfalt kann abgebildet werden. Selbstreflexion und eine aktive Selbstwirksamkeit sind anzubahnen, wenn die Lernenden in diesem Beispiel ihr eigenen Nutzerverhalten analysieren und eine individuell passende Vertragsart auswählen können. Die Betrachtung einer hohen Komplexität auf der einen Seite und die Berücksichtigung einer individuellen Mikroebene auf der anderen Seite sind Unterrichtsmerkmale, denn die Mikroebene mündet in individuelle Konsumgewohnheiten und Kaufentscheidungen. Lehrende sind gefordert, dies im Unterricht abzubilden.

Im Praxisunterricht spielt für das Lernen, Begreifen und Verstehen der Einbezug aller Sinne eine bedeutsame Rolle. Hier ist eine Wiederkehr der Instruktion und Demonstration – des Vormachens – Nachmachens – Selbermachens – sinnvoll zu begründen. Zur Förderung der Auge-Hand-Koordination ist insbesondere die Visualisierung durch die Lehrperson – also das tatsächliche Zeigen von Arbeitsschritten, -prozessen und Produkten –, stets verbunden mit Kommentaren, für das spätere erfolgreiche Einüben von Bewegungen und Motorik essenziell geworden. Wir könnten dies erweitern auf Auge-Hand-Mund-Ohr-Nase-Koordination, d. h. an diesem Punkt sind wir sehr stark in der sensomotorischen Integration, also im Zusammenspiel der Sinne, als *die* Voraussetzung für Lernen, Verstehen und Sprachvermögen. Ferner gilt dies als eine zentrale Voraussetzung für den Erwerb von Gesundheitskompetenz. Entscheidend ist das koordinative Vermögen angehender Lehrkräfte für die Rolle der Vormacherin resp. des Vormachers und sollte geübt werden. Diese Lehr- / Lernform der Demonstration ist ähnlich, aber sensorisch noch reichhaltiger als die sehr beliebten informellen YouTube-Tutorials zur Anleitung einer Tätigkeit, wie der Reparatur von Haushaltsgeräten, dem Filetieren eines Fisches, dem Ausfüllen eines Finanzplans. Die Anleitungskompetenz ist gesunken und sollte wieder stärker betrachtet werden. Geringere motorische Erfahrungen im häuslichen Bereich bedürfen des Ausgleichs. Die Gefahr des konstruktivistisch orientierten Unterrichts des letzten Jahrzehnts, der von der eigenen Selbstorganisation des Wissens ausgeht, liegt darin, dass im Handeln Dinge entwickelt werden sollen, von denen die Schülerinnen und Schüler keinen Erfahrungshintergrund mehr haben. Die ehemals selbstverständlichen Erfahrungen sind nicht mehr selbstverständlich im Handlungswissen verankert. Ein Großteil der Lernenden hat Vorgänge in der Mahlzeitengestaltung weder selbst gesehen noch erlebt – der Unterricht muss somit an den Basisanforderungen orientiert werden – das Einstiegsniveau sinkt. „Alltagshandeln lernen" heißt Visualisierung und sensorische Koordination – das zusammenzubringen *ist* Lernförderung.

## Welche Lernumgebungen und Lehr-/Lernformen halten Sie für einen wirksamen Unterricht für „Lebensführung" für besonders bedeutsam?

Die Lernumgebungen der lebensweltlich orientierten Fächer orientieren sich an den Lebenskontexten, wie Haushalt, Markt, Beruf und Infrastruktur. Der Alltag sollte zum einen über relevante Lernsituationen in den Klassenraum integriert werden (Realitätsanbindung des Lernortes Schule) und das Lernen zum anderen in außerschulischen Lernsettings, z. B. bestenfalls in Zusammenarbeit oder mind. unter Einbezug von Banken, Einkaufsläden, Betrieben, Verbraucherzentralen, Schuldnerberatungen, dem Haus, der Gesundheit oder dem öffentlichen Nahverkehr etc. impliziert werden (Didaktisierung der Lebenswelt). Dies unterstützt die Darstellung eines widerspruchsfreien Theorie-Praxis-Bezuges und verhindert die alleinige kontextuelle Anbindung an die Schule (so werden u. a. Hygieneregeln nicht nur für die Lehrküche gültig, sondern auch für die Küche des Privathaushaltes und des Gastgewerbes). Dabei liegen die Lernsituationen „auf der Straße", dies sollte nicht als Banalität abgetan werden, sondern bietet die Chance für ein schüler / innenorientiertes, sinnhaftes Lehr-Lern-Arrangement. Die Didaktisierung von realen Handlungsfeldern und deren Alltagssituationen bedeutet deren Umwandlung in passend zu den Lernbereichen der Lehrpläne geeigneten Lernsituationen und ist ein Garant dafür, nicht isoliertes Wissen zu produzieren. Wer die Lernsituationen mitbringt, muss nicht immer die Lehrkraft sein. Die jeweilige Schulklasse sollte auch außerhalb des Schulgebäudes dafür sensibilisiert werden, Lernsituationen zu entdecken. Für die Lehrkraft bedeutet es ein hohes Maß an Professionalität und Flexibilität, die von Lernenden in das Unterrichtsgeschehen eingebrachten Phänomene spontan aufzugreifen. Es erfordert Mut und fachliche Souveränität, sich auf schülerbezogene Lern- und Lebenssituationen einzulassen.

Um Alltagshandeln zu erlernen, sind komplexe Aufgabenstellungen einzusetzen, die sich während eines längeren Zeitraums über ansteigende Komplexitätsgrade und Differenzierungen erstrecken, damit jeder Lernende mit seinem individuellen Erfahrungshorizont einsteigen kann und Lernanreize für ein selbstgesteuertes begleitetes Lernen erhält. Auch „Lernwerkstätten", als eigens für das forschende Lernen eingerichtete Lernräume mit einem dafür entwickelten didaktischen Unterrichtsprinzip ist hier eine geeignete komplexe neue Lehr- und Lernumgebung, die in verschiedenem Umfang multiperspektivisch und differenziert Lernen aktiviert und die tiefgehende Auseinandersetzung in den Kompetenzbereichen Wissen, Methoden, Einstellungen und Urteilsfähigkeit fördert.

Fächer zur Lebensführung stehen in der Verantwortung, die Lernenden in ihrer Lebenswelt abzuholen, und sollten auch die Perspektive der Zukunftsorientierung erfüllen. Dies gelingt im Übergang in eine unbekannte Berufswelt leichter, wenn die Berufsorientierung nicht als Inhaltsblock vor dem Betriebspraktikum, sondern als dauerhaftes Prinzip betrachtet wird. Die Reflexion von Arbeitsprozessen kann Aufschluss darüber geben, welche Fähigkeiten und Neigungen bei den Lernenden vorliegen.

### Wie sieht eine gute Differenzierung/Individualisierung Ihrer Meinung nach im Unterricht für „Lebensführung" aus?

„Niemand kennt die Lernenden so gut wie wir!", ist eine häufig getroffene Aussage von Lehrenden der Fächer für Lebensführung. Dies liegt bereits an der Vielseitigkeit der Themen, der Methoden, den verschiedenen eingesetzten Lernorten, der Praxisorientierung und der starken schülerzentrierten Unterrichtsgestaltung. Die privathäuslichen und familiären Erfahrungen lassen sich in diesen Fächern nicht verbergen. Einstellungen und moralische Haltungen werden sichtbar. Methodische und soziale Kompetenzen, Organisationsfähigkeiten und Verantwortung für das eigene Handeln stehen mehr im Vordergrund als das abrufbare Wissen, ohne Fachwissen zu vernachlässigen. Wie die Lernpsychologie ausweist, kann Wissen durch die praxisnahe Anbindung anknüpfbarer und vernetzter erfahren und gelernt werden als in additiver Form. Die Lerngegenstände und -situationen werden eher als sinnhaft (wieder-)erkannt und sind von sich aus höher motivierend. Somit kann leichter Anschluss an Lernsituationen gefunden werden. Und doch ist in der Unterrichtsgestaltung ein differenzierender Unterricht anspruchsvoll. Instrumente sind hierbei die schon beschriebenen komplexen Aufgabenstellungen, wie z. B. die Lernwerkstätten. Sie fördern das individuelle selbstgesteuerte Lernen und bieten differenzierte Angebote von Lernzugängen, die somit nicht das ungerechte bzw. diskriminierende „Mehr" für Leistungsstarke und „Weniger" für Leistungsschwache an Schülerarbeit erforderlich machen, sondern über das „Wie" das gleichberechtigte Lernen in heterogenen Gruppen ermöglichen. Neben den kognitiven Leistungsunterschieden spielen außerdem vermehrt sprachliche und kulturelle Unterschiede eine wichtige Rolle. Hierbei wird zukünftig ein noch stärkerer Fokus auf den kultursensiblen Umgang mit heterogener Vielfalt gelegt werden müssen, da in der Unterrichtspraxis Schwierigkeiten durch die häuslich-kulturellen Prägungen auftreten.

Ausgehend von Lernsituationen können entsprechend dem angestrebten Kompetenzniveau Aufgabenrahmen engerer Reichweite (z. B. ich und meine Mahlzeit), mittlerer Reichweite (unsere Familie ernährt sich vollwertig) und weiter Reichweite (Produktion und Konsumation nachhaltiger Lebensmittel) ausgewählt werden. Letzteres integriert einen Perspektivwechsel: sich nicht nur als Konsumentin und Konsument zu verstehen, sondern auch die Perspektive der Produzierenden einzunehmen. Dies dient dem Abstraktionsvermögen, ist zum einen hilfreich, um wie oben beschrieben die Beruf- und Arbeitsorientierung als permanentes Unterrichtsprinzip mitzudenken und zum anderen thematisch ebenso von Relevanz, um neben der eigenen Sicht auch das Verständnis für wirtschaftliche und politische Gesamtzusammenhänge, Zwänge und Potentiale zu entwickeln. Innerhalb von Lernaufgaben besteht die Möglichkeit, für alle die gleichen Aufgaben zu formulieren, unter dem Zulassen von unterschiedlichen Wegen zur Bewältigung. Dies kann einen unterschiedlichen Grad von Unterstützung betreffen, andere Materialien, Lerngruppen, Peers. Es kann helfen, dem Mutlosen Mut zu machen, dem Sich-Überschätzenden sich zu kanalisieren. Das Resultat sind ähnliche Ergebnisse, orientiert am Leistungsstand der Einzelnen durch die Berücksichtigung unterschiedlicher Niveaustufen.

Dennoch gibt es eine paradoxe Beobachtung: Diejenigen, die sich im Unterrichtsgeschehen der Hauptfächer kaum artikulieren können und eher leistungsschwach sind, sind möglicherweise in der Lehrküche kaum wiederzuerkennen. Diese Schülerinnen und Schüler erlangen hier Erfolgserlebnisse, sind motiviert und leiten ihre (in Hauptfächern fachlich versierteren) Mitschülerinnen und Mitschüler an. Dabei wird es möglich für diese Zielgruppe die eigene Identität beim erfolgreichen Tun und Lernen verändert zu erfahren und eine praktische Intelligenz zu zeigen, die sonst im allgemeinen Schulgeschehen geringer zum Tragen kommt. Beim praktischen Tun wird die Möglichkeit eröffnet, die erlebbare Handlung zu beschreiben – die

Sprachfähigkeit wird unterstützt (Tholen & Johannsen, 2018; Daum & Johannsen, 2018, S. 48). Im Zentrum stehen der Prozess und das Ergebnis einer Handlung – die Qualitätskontrolle ist direkt erlebbar, „essbar", „riechbar". Dies wirkt resonant auf die Schülerinnen und Schüler. Sie „atmen auf", legen ihre Angst vor dem Versagen ab und entwickeln ein (im wahrsten Sinne des Wortes) Selbstbewusstsein. Dies bereichert den allgemeinen Fächerkanon nachhaltig und wirkt positiv auf das Erreichen des Schulabschlusses durch die Stärkung von Selbstwirksamkeit und Empowerment. Diese impliziten Effekte sind salutogenetisch an Einzelnen ausgerichtet und von diesen erfahrbar (Johannsen, 2016, S. 131).

*Welche immer wiederkehrenden fachspezifischen Herausforderungen im Unterrichtshandeln müssen Ihrer Meinung nach die Lehrpersonen beherrschen, um im Unterricht für „Lebensführung" eine angemessene Unterrichtsqualität garantieren zu können?*

Lehrende dieser Fächer sind lebenslang Lernende: Immer wieder neue Trends, Moden und Erkenntnisse müssen auf ihre fachwissenschaftliche Güte und Relevanz hin überprüft werden. Das Fachwissenschaftliche muss zunächst herausgeschält werden aus einer Vielzahl von pseudowissenschaftlicher Literatur und versteckten Werbemedien. Die Auswahl der Lernsituationen und im Folgeschritt die der Perspektiven auf die Lerngegenstände und -situationen benötigt von Lehrkräften dieser Fächer eine besonders starke Entscheidungskompetenz und hohe Verantwortung.

Gleichzeitig sind die externen Einflüsse auf Verhalten, Einstellungen und Wertmaßstäbe von Lehrenden und Lernenden gleichermaßen eine immer wieder in den Unterricht einzubeziehende Größe. Deren Wahrnehmung und Reflexion sollten verbunden werden mit der Notwendigkeit, dass Lehrende die Lernziele, die sie verfolgen, selbst authentisch vertreten und in ihrer Person glaubwürdig sind. So wird die private Lebensmittelauswahl der Brotbüchse von Lehrkräften von den Lernenden sehr wohl wahrgenommen und mit den Unterrichtszielen und Inhalten abgeglichen. Die Lehrperson steht als Unterrichtsgestaltende und -entscheidende im Mittelpunkt. Subjektive Theorien bilden einen zentralen Punkt in der Ausgestaltung des Faches. Kein anderes Fach profitiert von und leidet gleichzeitig so unter dem informellen Wissen und den daraus resultierenden Handlungsgewohnheiten seiner Beteiligten. Umso wichtiger ist eine professionelle Lehrerqualifikation. Von einem fachfremden Unterrichten des Faches ist aufgrund der beschriebenen Komplexität und der notwendigen Entscheidungskompetenz abzuraten: Dabei überlagert das Laienwissen das professionelle Wissen und schadet dem Image des Faches. Das Fremdunterrichten ist bei diesem Fach jedoch leider stark ausgeprägt. Die Professionalisierung des Lehrberufs mit einer Wissenschafts- und Handlungsorientierung bildet die Basis für ein erfolgreiches Unterrichten.

Eine weitere Herausforderung besteht in dem Sog der marktwirtschaftlich- und konsumorientierten Gesellschaft. Die Lernenden erfahren von außen den Reiz des Konsums und ihre vermeintliche Kaufkraft. Ähnlich wie beim Phänomen in einer „adipogenen" Umwelt zu leben, die u. a. das permanente Snacking fördert und Übergewicht produziert, ist dies auch beim Thema Finanzen zu erfahren, welches stark auf den Überfluss und wenig auf Nachhaltigkeit ausgerichtet ist. Die Diskrepanz zwischen dem wünschenswerten nachhaltigen Verbraucherverhalten und der finanziellen und sächlichen Ausstattung des Schulfaches ist bislang ein immer wiederkehrendes Dilemma. Die Ausstattung an Verbrauchsgegenständen und Lebensmitteln ist eingeschränkt: Die Lebensmittel innerhalb der Schule sind ein nicht gerne gesehener Ausgabeposten (im Gegensatz zum Computer-Kabinett im Rahmen der Digitalisierung) und werden eingeschränkt und in minderer Qualität eingekauft. Gleichzeitig herrscht eine geringe Bereitschaft der Eltern, Geld für Lebensmittel auszugeben, die das eigene Kind verarbeitet und isst. Kein anderes Fach erfährt inhaltlich so viel Gegenwind durch das professionelle Marketing und die finanziell stark ausgeprägten Gegenspieler des Marktes. Zugespitzt formuliert bedeutet dies: Lernen im Unterricht für Lebensführung findet statt zwischen einer 24 Stunden – rund um die Woche – Dauerwerbesendung für Nahrungsergänzungsmittel sowie Millionen Euro für Werbeausgaben und dem 2-stündigen Wochenunterricht in Klasse 8 zu einer vollwertigen Nahrungsmittelauswahl mit unzureichendem 1-2-Euro-Budget pro Kopf.

Das Fach besitzt durch seine Thematik auch eine Schutzfunktion (z. B. Thema Überschuldung), und die Lehrenden sind auf ein Netzwerk angewiesen (Schuldnerberatung, Verbraucherzentralen etc.). Oftmals reicht das Bildungsangebot des Faches Verbraucherbildung bis in die Familie hinein, umgekehrt sind auch die familiären Probleme stets im Klassenraum.

### *Worauf gilt es bei der Entwicklung und dem Einsatz von Aufgaben bzw. Aufgabensets im kompetenzorientierten Unterricht für „Lebensführung" besonders zu achten?*

Geeignete Lehr-Lern-Arrangements des Faches sind ausgerichtet auf ein Handlungslernen in komplexen anwendungsbezogenen Aufgabenstellungen. Dies ist in der gängigen Schulpraxis allgemeinbildender Schulen ein noch eher ungewöhnlicher Lernansatz, spiegelt aber entsprechend den Fachanforderungen den notwendigen Bezugsrahmen einer lebensweltlichen Lernumgebung am besten wider.

Hierbei lohnt sich der Hinweis auf die Berufsbildung und die dort etablierte lernfeldorientierte Didaktik. In ihr sind sowohl die konstruktivistischen als auch instruktionalen Lernformen widerspruchsfrei zu kombinieren. Aufgaben sollten in ihrer Gesamtheit komplex sein, in ihren Teilaufgaben aber gleichzeitig auch die verbindlichen Feinstrukturen wissenschaftsorientiert sichtbar machen.

Erwähnenswert ist hierbei noch eine Besonderheit der nichtauflösbaren Widersprüche, die der Verbraucher und die Verbraucherin, als ein paradoxes Wesen – aktuell in der Literatur sogar als der homo mysticus tituliert – aufweist. Verbraucherinnen und Verbraucher verhalten sich heterogen und außerdem jeweils noch situationsbezogen (Peuker, 2018, S. 134 f.). Themen des Unterrichts bewegen sich so zwischen qualitativem Essgenuss und quantitativer Nährstoffdichte, zwischen Spontankauf und der Ratio des homo oeconomicus. Dieses Unterrichten ohne eindeutige und monokausale Lösungswege ist anspruchsvoll, bedeutet aber gleichzeitig auch die Möglichkeit, Lernende auf das reale Leben bestmöglich vorzubereiten. Dabei sind Planungsstrategien und Organisationsstrukturen, wie Informationen beschaffen, Variationen analysieren und beurteilen, Entscheidungen treffen und Ergebnisse auf Passung und Wirksamkeit überprüfen wichtige Bausteine selbstorganisierten Lernens.

Ein dafür sinnvoller Zugang ist der spiralcurriculare Aufbau von aufeinanderfolgenden Lerneinheiten über einen längeren Zeitraum. Die Aufgabenstellungen dienen einem Kompetenzerwerb auf einer vorher festgelegten Kompetenzniveaustufe, die anschließend die Lernausgangslage für Folgeaufgaben darstellen sollte. Dadurch steigt die Relevanz der Lernprozesse und -ergebnisse orientiert an den realen Anforderungen. Z. B. können die Einzelthemen Kalkulation von Lebensmitteleinkäufen, Nachhaltige Lebensmittelauswahl und eine Gesamtaufstellung von Einnahmen und Ausgaben eines eigenen Haushaltes zusammengeführt werden, in der Aufgabe zur Gestaltung einer Einzugsparty mit gemeinsamem Essen unter den Bedingungen der Finanzierbarkeit und der nachhaltigen Lebensmittelauswahl (Johannsen, 2014, S. 331 f.). Diese Lernkultur der verbindlichen Relevanz und erkennbaren Sinnhaftigkeit erhöht bei allen Beteiligten die Motivation, bedarf jedoch bei den Lehrenden und Lernenden der Erkenntnis, dass ihr Tun Folgen hat und sichtbar wird (Peuker, 2016, S. 268 f.). Auch hier wird wieder deutlich, wie wichtig die Entscheidungsfähigkeit von Lehrkräften ist und wie weitreichend und nachhaltig Entscheidungen zu Lehr-Lern-Settings sind, die möglichst gemeinsam von den schulischen Fachvertretenden getroffen und ausgestaltet werden sollten.

*Welche Schritte empfehlen Sie aufgrund Ihrer wissenschaftlichen bzw. erfahrungsbasierten Expertise als „first steps" für angehende Lehrpersonen im Fach, die sie für guten Unterricht für „Lebensführung" umsetzen können?*

**Schritte zum Erfolg:**

Lehre leicht: Aus konkreten Handlungssituationen des Alltags werden Lernsituationen im Unterricht.

Entdecke: Aufgaben- und Lernsituationen liegen auf der Straße und werden zu Lebenssituationen.

Beachte: Die Lebenswelt der Schülerinnen und Schüler einbeziehen, ohne in ihr zu verharren.

Eigene Einstellungen reflektieren: Distanz zur persönlichen Einstellung und eigenen Haushaltsführung.

Nutze die Wissenschaft: Themen und Erkenntnisse rund um den „Oikos" sind vielfältig und wissenschaftlich fundiert über die Fachcommunity zu bekommen.

Sei kulturell sensibel: Auch bei der Entwicklung und beim Einsatz von Lehr- und Lernmaterialien.

Fördere: Eigene Entscheidungskompetenz und die der Lernenden.

Übe: Planungsstrukturen einführen und Fehleranalyse tätigen.

Habe Mut zur Innovation und (Reform-)Erneuerung: Neue Wege aufzeigen und Alternativen denken und gehen.

Rufe ab: Professionelles Lehrerhandeln verknüpft mit Alltagshandeln.

Unbedingt die Berufsorientierung integrieren: Nicht als Inhalt, sondern als Unterrichtsprinzip.

Nicht einschüchtern lassen von den „harten" Fächern und Laienexperten. Deshalb:

Gib drei Argumente: Chancen, die im Fach liegen formulieren und bereithalten (Nutzen für eigene Schule, Schüler und Gesellschaft).

*Was ist Ihrer Ansicht nach das Besondere am Unterricht für „Lebensführung"?*

Die Prinzipien des Unterrichtens, der Konzeption von Lernaufgaben und -umgebungen sind bereits die Besonderheiten, die in allgemeinbildenden Schulen ein Alleinstellungsmerkmal darstellen:

● *Lebenswelt- und Alltagsorientierung als Zugang*: Eine starke Verantwortung zur Auswahl von geeigneten Lernsituationen und -aufgaben und deren spiralcurricularem Aufbau für ein an Kompetenzstufen ausgerichtetes Lernen (*Kompetenzorientierung*).

- *Handlungs- und Situationsorientierung als didaktische Orientierung:* Das Erkennen von realen Handlungssituationen und deren -muster. Diese können von Lehrenden aufgegriffen und didaktisch zu Lernsituationen aufbereitet werden. Es ist das höchste zu erreichende Lehrniveau, wenn Lehrende in der Lage sind, Lernsituationen durch Lernende aufspüren zu lassen und das notwendige Handwerkszeug zur Lernbegleitung bereitzuhalten.

- *Integrative Orientierung als didaktisches Prinzip*: Die sensomotorische Integration, das Lernen mit allen Sinnen, die Sinne als Lerngegenstand, als Instrument und ihr Einsatz als Methode, dies liefert sowohl für heterogene Lerngruppen als auch für nachhaltiges Lernen eine starke Anbindung an subjektive Erfahrungen. Sinnesbildung anzuleiten (dies ist die fachdidaktische Perspektive) und das Wissen über Sensorik (sie gehört zu den Fachwissenschaften) ist ein wichtiges Alleinstellungsmerkmal für das Fach.

- *Berufsorientierung als Prinzip*: Es stellt eine Besonderheit des Fachs dar, sich u.a. auch mit dem zukünftigen Berufsleben der Lernenden aktiv auseinanderzusetzen. So kann vom Herstellen eines vollwertigen Pausenbrotes bis hin zu den beruflichen Anforderungen und Entwicklungen des Bäckereihandwerks ein Lehr-Lern-Arrangement geplant und durchgeführt werden, welches im höchsten Niveaubereich die Übernahme von gesellschaftlicher Verantwortung (Kaufentscheidungen und Konsumgewohnheiten) und Dienstleistungsorientierung und Servicebereitschaft gegenüber Dritten fördert.

- *Kulturell-gesellschaftliche Orientierung als Basis und Erweiterung*: Vernetztes und kontextuelles Wissen liefert Antwortmöglichkeiten zu immer wieder neuen Problemstellungen unter Beachtung der gesellschaftlichen Anbindung, der regionalen Besonderheiten, aber auch globaler Zusammenhänge. Während 1+1 in der Mathematik überall 2 ergibt, ist der Themenbereich „Vom Bedürfnis zum Bedarf" in unterschiedlichen Ländern zwar gleich, aber durch den gesellschaftlichen, politischen, ökonomischen, klimatischen, religiösen etc. Kontext sind die Lösungswege andere. So ergeben sich multiple Spannungsfelder, wie zwischen dem Umgang mit Überfluss und Mangel, Selbstversorgung und Marktteilnahme, Geschlechtergerechtigkeit und Arbeitsteilung. Gleiche Probleme werden durch unterschiedliche Ursachen ausgelöst und mit daraus resultierenden kontextgebundenen Lösungswegen bewältigt. So geschieht beispielsweise das Erlernen der Sicherung von Grundbedürfnissen in Flensburg (Deutschland) anders als in Ouagadougou (Burkina Faso in West-Afrika), was ein auf die Entscheidungskompetenz ausgerichtetes Lernen notwendig macht. Diese Erkenntnis zu erlernen schafft Toleranzverhalten und erweitert globales Verständnis. Global denken, regional handeln.

*Welcher Name trifft aus Ihrer Sicht das Kernanliegen einer Bildung für „Lebensführung"?*

Das verfolgte Unterrichtsziel ist, um es zusammengefasst und allgemein auszudrücken: „Schülerinnen und Schüler in ihrer Lebensführung stark machen". Dieses „Lebenshandeln" in einem Begriff oder Namen zusammenzufassen erweist sich als schwierig, denn zahlreiche Begriffe sind mit einem Image belegt, wie zum Beispiel alle Namen rund um den Haushaltsbegriff, und fallen dadurch per se aus. Alle anderen Begriffe wie Ernährung, Konsum und Gesundheit grenzen stark ein.

Eudämonie (aus dem Griechischen) für eine gute Lebensführung oder Ars vivendi (aus dem Lateinischen) für die Lebenskunst wären Zugänge wie es bios (griechisch) für Leben im Fach Biologie ist. Eingängig wäre „Life Science" angelehnt an „Lebenswissenschaften" – sowohl einfach und kurz als auch wissenschaftsorientiert und modern ausgedrückt. Eine Abgrenzung zu dem bereits in der Gentechnik verwandten Begriff müsste allerdings erfolgen.

# Literatur

Daum, M. & Johannsen, U. (2018). Mit Food & Move Literacy lesen und schreiben lernen. *ALFA-Forum, 93*, 48–51.

Hartmann, M., Peuker, B. & Biber, J. (Hrsg.) (2016). *Situationsbezogenes Projekt. Ansätze zu einer Didaktik des Faches Wirtschaft, Technik, Haushalt/Soziales.* Zugriff am 15.02.2019 unter https://tu-dresden.de/gsw/ew/ibbd/ressourcen/dateien/mmt_et/fachrichtung/Veroeffentlichungen/WTH-Broschuere-gesamt.pdf/at_download/file

Johannsen, U. (2014). Nachhaltige Ernährung – Möglichkeiten und Grenzen von Ernährungs- und Verbraucherinnenbildung. In: L. Voget-Kleschin, L. Bossert & K. Ott (Hrsg.), *Nachhaltige Lebensstile. Welchen Beitrag kann ein bewussterer Fleischkonsum zu mehr Naturschutz, Klimaschutz und Gesundheit leisten?* (S. 331–343). Marburg: Metropolis-Verlag.

Johannsen, U. (2016). Die Gesundheitsfördernde Schule. Ein Erfolgsmodell für die Verbraucherbildung? *SchulVerwaltung spezial, Schule und Gesundheit, 3/2016*, 131–135.

Peuker, B. (2016). Die Lehrküche als Fachraum schulischer Berufsorientierung. Eine Untersuchung in Theorie und Praxis. Bielefeld: wbv.

Peuker, B. (2018). Verändertes Verbraucherverhalten – gewandelter Markt. Das eklektische Verbraucherverhalten und seine Auswirkungen auf eine prospektive Verbraucherbildung. In: M. Friese (Hrsg.), *Arbeitslehre und Berufsorientierung modernisieren: Analyse und Konzepte im Wandel von Arbeit, Beruf und Lebenswelt* (S. 131–148). Bielefeld: wbv.

Tholen, J. & Johannsen, U. (2018). Besser lesen und schreiben mit den Themen Bewegung und Ernährung. Kursleitermaterial für Alphabetisierung und Grundbildungskurse. *Ernährung im Fokus, 07–08*, 258–259.

GABRIELA LEITNER

# BEREITSCHAFT DER LEHRPERSON ZUM DIALOG UND ZUM AUSHALTEN VON AMBIGUITÄT ODER WIDERSPRÜCHLICHKEIT

Leitner, Gabriela, Lehrende für Fachdidaktik der Ernährung und Lebensmitteltechnologie, Institut für Berufsbildung, Pädagogische Hochschule Wien.

*Welches fachwissenschaftliche und fachdidaktische Wissen und Können der Lehrperson sind aus Ihrer Sicht für die Qualität des Unterrichts für „Lebensführung" besonders wichtig?*

Der Fachbereich der Ernährungs- und Verbraucherbildung nimmt durch seinen unmittelbaren Alltags- und Handlungsbezug im Fächerkanon der Bildungseinrichtungen eine Sonderstellung ein. Er zeichnet sich durch eine äußerst hohe Komplexität aus, welche durch die vielfältigen Bezugswissenschaften und die Verschränkung unterschiedlichster Systeme auf der Mikro-, Meso- und Makroebene besteht, die Einfluss auf den fachwissenschaftlichen und fachdidaktischen Unterricht dieses Fachbereiches nehmen. An oberster Stelle stehen selbstverständlich die Wissenschaft und ihre Erkenntnisse in fachlicher, fachdidaktischer und fachpraktischer Hinsicht. (Als Fachpraxis wird in Österreich die Kulinarik – verstanden als Kochkunst – und die Nahrungszubereitung bezeichnet.) Die Reflexion von persönlichen (Ess- und Konsum-)Erfahrungen gehört ebenso zu den erschließbaren Quellen von Wissen dieses Fachbereichs, wie das Bewusstmachen von (epistemologischen) Überzeugungen und gesellschaftspolitischen Werthaltungen. Grundverständnis für den Aufbau und die Struktur der fachlichen Wissensbestände (z. B. naturwissenschaftliche Modelle) und fachdidaktischen Wissens (wie beispielsweise die von Habermas, 1981, beschriebenen unterschiedlichen Zugänge zu Wissen und Realität) in der Ernährungs- und Verbraucherbildung ist unbedingt notwendig.

Der Teilbereich „Ernährung und Gesundheit" ist geradezu prädestiniert dafür, Heilslehren Platz greifen zu lassen. Das wissen auch Medienvertreterinnen und -vertreter, Influencer und Kolumnenschreibende. Da braucht eine Lehrperson ein gefestigtes Hintergrundwissen über die argumentierbaren Empfehlungen der (Heils-)Lehren, über das Zustandekommen von Wahrheit in der Wissenschaft als solcher (Wissenschaftstheorie) und ein gutes Handwerkszeug, um das kritische Denken der Schülerinnen und Schüler zu fördern. Das fachliche Wissen kann drei Bereichen zugeordnet werden:

- Naturwissenschaftliche Kenntnisse betreffend die menschliche Physis, die chemischen und physikalischen Bedingungen der Ernährung und die (bio-) technologische Verarbeitung von Lebensmitteln.
- Kulturelles Wissen und Können, wie Ess- und Ernährungsregeln: Von Tabus über die Bedeutung und Zubereitung von rituellen Speisen bis zur Bedeutsamkeit von Fasten und Feiern, sowie agrarische Bedingungen und Kompetenzen.
- Wissen und Können in Bezug auf die gesundheitlichen, ökologischen, wirtschaftlichen, gesellschaftlichen und globalen (Aus-)Wirkungen von Lebensstilen.

Die fachdidaktische Ausrichtung des Fachbereichs Ernährungs- und Verbraucherbildung setzt wesentlich an der Handlungsorientierung an, wobei je nach Schultyp, in welchem die Lehrperson tätig ist (Berufsbildende oder Allgemeinbildende Schule), unterschiedliche Schwerpunkte gesetzt werden: Orientierung an Handlungen findet (in Österreich) in der Allgemeinbildung häufiger Anwendung, während in der beruflichen Bildung und der Berufsbildung der gesamte Handlungsprozess tatsächlich vollzogen wird.

Die Bandbreite der fachdidaktischen Anknüpfungspunkte im Sinne eines mehrperspektivischen Zugangs (in Anlehnung an die Rationalitätsformen von Habermas, 1981), sollte von Lehrpersonen – zumindest konzeptuell – erkannt werden und durch eine Reihe von Methoden auf der Unterrichtsebene verfügbar und gefestigt sein.

Lehrpersonen sollten wissen, wie sie selbst denken und lernen, um aus diesen Reflexionen und Erkenntnissen Erklärungs- und Beratungswissen (sprachlich) abzuleiten, welches ihren Schülerinnen und Schülern das Mitdenken und Nachdenken plausibel macht.

Um diese Praktikabilität zu erreichen ist es notwendig, so vermutet die Autorin, *im* Fachbereich vermehrt zu philosophieren (im Sinne von Strukturen erkennen und verstehen) und *über* den Fachbereich *hinaus* zu philosophieren, um die Eingebundenheit des Faches in die großen Ideen der Menschheit einzusehen.

### Welche Qualitätsmerkmale halten Sie für den Unterricht für „Lebensführung" für essenziell?

Förderlich für die Lernwirksamkeit des Unterrichts im Fachbereich scheint eine hohe Bereitschaft der Lehrperson zum Dialog und zum Aushalten von Ambiguität oder Widersprüchlichkeit. Dies ist eine Folge der hohen Komplexität der Inhalte und der Notwendigkeit (Konsum-)Entscheidungen für sich selbst zu treffen, sowie im weitesten Sinn Empfehlungen für Schülerinnen und Schüler zu geben.

Geeignete Unterrichtsräume sind für diesen Fachbereich unerlässlich, um sowohl die Praxis der Nahrungszubereitung (Küchenausstattung) zu ermöglichen, als auch Gelegenheiten von im weitesten Sinn chemischem und / oder physikalischem Experimentieren zu eröffnen. Solcherart verfügbare Unterrichtsräume vergrößern die Methodenvielfalt, sichern Handlungsorientierung und verbessern damit ebenso die Lernwirksamkeit.

Als ein Qualitätsmerkmal von Unterricht im Fachbereich Ernährungs- und Verbraucherbildung kann auch die Kontextbezogenheit der Inhalte und Sachverhalte gedeutet werden. Unterschiedliche Anwendungs- und Verwendungskontexte sprechen verschiedene Aspekte oder Paradigmen an, aus welchen Lerngelegenheiten und damit Kompetenzen generiert werden können. Ein naturwissenschaftlicher Kontext bewirkt eine andere Methodenwahl (Beobachten, Beschreiben, Prüfen, Schlussfolgern) und ruft andere Argumentationslinien auf den Plan als ein gesundheitsförderlicher Zusammenhang (z. B. biografische oder soziale Bedingungen). Betriebliches Lernen (Berufsbildung und berufliche Bildung) erfordert einen gelingenden Theorie-Praxis-Abgleich und einen verantworteten Handlungsvollzug und unterscheidet sich kontextuell von Lernmöglichkeiten in Lehr- und Übungsküchen usf. Um qualitätsvollen Unterricht im Fachbereich zu sichern ist es notwendig, dass die Lehrperson die Schülerinnen und Schüler darin unterstützt, die entstehenden Diskurse paradigmatisch zu differenzieren, anhand dieser Unterschiede die Komplexität darzustellen und greifbare Erkenntnisse daraus abzuleiten.

Für gelingenden qualitätsvollen Unterricht ist es bedeutsam – wie wir von Klafki (2007) und anderen gelernt haben – dass die aus diesem Unterricht generierbaren Kompetenzen Schülerinnen und Schüler ermächtigen, ihre persönliche Zukunft und die gesellschaftliche Entwicklung mitzugestalten. Zukunftsorientierung und politische Partizipation ist für Demokratien unerlässlich. Der Fachbereich der Ernährungs- und Verbraucherbildung bietet hervorragende Lerngelegenheiten für politische Bildung und / oder Demokratielernen. Sei das in Zusammenhang mit regionalen und globalen Nachhaltigkeits- und Gerechtigkeitsüberlegungen oder in der Auseinandersetzung mit der Digitalisierung und ihrer Folgen auf Kommunikation, Konsum und Zugang zu Wissen etc.

### Welche Lernumgebungen und Lehr-/Lernformen halten Sie für einen wirksamen Unterricht für „Lebensführung" für besonders bedeutsam?

Wie bereits in der Antwort auf die Frage nach den Qualitätsmerkmalen des Fachunterrichtes angeführt, sind Unterrichtsräume, welche anwendungsorientiertes Tun zulassen, wie Lehr-, Experimentier- und Betriebsküchen, Übungsbars, sowie entsprechende Sonderunterrichtsräume (Labor) gut geeignete Lernumgebungen. Sie geben die Möglichkeit zum Üben, Routinen zu entwickeln und den Fachunterricht – insbesondere in der Berufsbildung – zu professionalisieren.

Offene Lernformen, welche die Kreativität fördern bzw. wecken, sind durch das Hantieren mit Lebensmitteln und das Ausprobieren von (neuen) Zubereitungsformen und Zusammenhängen prädestiniert für den Unterricht im Fachbereich. Beispielsweise kann der Themenbereich der kulturellen Diversität in offen gestalteten Lernsettings, auch ohne direkten Materialkontakt, exemplarisch veranschaulicht werden.

Das Lernen an Fallbeispielen und die Entwicklung von – für die jeweilige Altersgruppe adäquaten – Fällen, anhand derer sich in Team- oder Gruppenbearbeitung Lösungen erarbeiten lassen, sind brauchbare Methoden für problemorientiertes Lernen im Fachbereich Ernährungs- und Verbraucherbildung. Hierzu zählen auch die Entwicklung von geeigneten Dilemmageschichten und das Lernen anhand von Dilemmata in der Klasse oder Gruppe, insbesondere für das „Entscheidungslernen" ist diese Methode gut geeignet (siehe Buchner, Kernbichler & Leitner, 2011).

Biografische Zugänge als Elemente des episodischen Lernens sind vor allem für die Reflexion von Ernährungs-, Ess- und Konsumverhalten und den daraus ableitbaren Erkenntnissen gut geeignete Methoden. Verknüpft mit der Interviewtechnik können generationenübergreifende episodische Interviews interessante Einblicke in wirtschaftshistorische Bedingungen, Familienstrukturen, kulturelle Prägungen und Ähnliches geben.

Außerschulische Lernorte mit agrarischem, biotechnologischem, industriellem, wirtschaftlichem oder anderem Schwerpunkt bieten bei entsprechender Sicherung des Lernertrages Lerngelegenheiten, die im herkömmlichen Unterricht nicht unmittelbar erfolgen können. Das Lernen mit allen Sinnen und die Selbstverständlichkeit und Authentizität des Kontextes bringen Inselwissen und versprengte Gedächtnisinhalte zu einer umfassenden Lernerfahrung, die (lt. Gehirnforschung) unmittelbar verortet werden kann (Herrmann, 2009). Außerschulische Lernorte sind das beste Konzept für topografisches Lernen (Baar & Schönknecht, 2018) im engeren Sinn und unterstützen dieses, während Thesaurus-Lernen (Lernen in und durch Begriffe / n und Begriffsnetze) in unmittelbaren schulischen Lernanlässen häufiger ist.

### Wie sieht eine gute Differenzierung/Individualisierung Ihrer Meinung nach im Unterricht für „Lebensführung" aus?

Mehrere Anhaltspunkte für einen Fachunterricht, der die Schülerinnen und Schüler in ihrer Individualität unterstützt, können unterschieden werden:

- Zum einen sind das die Interessen, Fragen, Begabungen und Voraussetzungen der Schülerinnen und Schüler, welche zu äußern und zu zeigen in einem qualitätsvollen Unterricht Raum gebührt.
- Als zweiten Anhaltspunkt sind die zu erreichenden Kompetenzen eine Gestaltungsmöglichkeit für Individualisierung.
- Und schließlich sind es die Lernaufgaben selbst, die differenziertes Arbeiten ermöglichen.

Naturgemäß ist ein breites Angebot an Methoden, Medien, sozialen Settings und Zugängen geeignet, um möglichst viele Lernangebote für unterschiedliche Interessens- und Begabungslagen anbieten zu können.

Zu den geeigneten Methoden für individualisierten Unterricht im Fachbereich Ernährung und Verbraucherbildung zählen alle Formen des facheinschlägigen ästhetischen Lernens (z. B. Verkostungen, Lernen an ästhetischen Artefakten, wie Bilder, Werkzeuge und vielem mehr). Diese können dann ertragreich eingesetzt werden, wenn einerseits die Rahmenbedingungen gut organisiert sind und andererseits eine Atmosphäre der Offenheit Raum für ästhetische Impression und ihren Ausdruck zulässt. Diese Bedingung: Kombination aus guter Organisation und gleichzeitigem Freiraum scheint eine Bedingung der Möglichkeit für individualisierten Unterricht zu sein.

Eine weitere Gelingensbedingung für differenzierten Unterricht ist die Kontextualisierung. Je nach Setzung können unterschiedliche Kontexte Lernanlässe für verschiedenste Interessens- und Begabungslagen bieten. Darin besteht eine Stärke der Ernährungs- und Verbraucherbildung, dass dieser Fachbereich keine Kontexte konstruieren muss, sondern durch den Lebensweltbezug über eine Fülle von Bezügen, Verhältnissen und Relationen verfügen kann.

Was aber durch stark differenzierten Unterricht leicht verloren gehen kann, ist die Dokumentation der Lernschritte und Lernfortschritte Einzelner. Ein Lerntagebuch, Lernprotokollheft oder eine daran angelehnte Methode der Aufzeichnung und Formulierung von Erfahrungen, Erkenntnissen, Beobachtungen, Überzeugungen etc. kann den Lernertrag deutlich machen. In Anlehnung an diese Aufzeichnungen kann Selbstbeurteilung bzw. Selbstbewertung geübt werden und können neue Ziele für zukünftige Lernerfahrungen gesetzt werden, die wiederum als Grundlage für zukünftige Aufgaben genützt werden können. Voraussetzung dafür ist ein gut trainiertes Reflexionsvermögen, welches es den Lernenden ermöglicht, das eigene Engagement und Potential zu fassen. Eine logische Folge dieser Individualisierungsbemühungen wäre eine differenzierte Beurteilung, die jedoch in Klassen / Gruppen häufig schwer herstellbar ist.

Unterschiedliche Lernanlässe und unterschiedliche Zeiten, in welchen voneinander Verschiedenes gelernt und erfahren wird, erfordern ausgetüftelte Organisation, die gleichzeitig so einfach wie möglich sein muss, damit alle Beteiligten tatsächlich partizipieren können.

Als Ordnungs- und Kontrollmöglichkeit für die Individualisierung eignen sich insbesondere Referenzrahmen. Im Österreichischen Referenzrahmen zur Ernährungs- und Verbraucherbildung werden drei Anspruchsniveaus von Aufgaben unterschieden. Dies kann für unterschiedliche Lernende oder für die Initiierung von individualisierten Lernprozessen unterstützend sein.

Für den Fachunterricht Ernährung und Verbraucherbildung könnten fachpraktische Übungen durch Methoden, wie eine Lerntheke oder durch das Vollziehen einzelner Handlungsschritte „im Radl" (bedeutet hier: abwechselnd, jede / r macht z. B. drei von fünf Schritten) angepasst werden.

Individualisierung impliziert neben der Orientierung an den Möglichkeiten Einzelner auch die Problematik der Überforderung. Nicht für alle Lernenden ist die Übernahme von Verantwortung für das eigene Lernen oder die Einsicht in Zusammenhänge zwischen Aufgaben und Lernertrag bewältigbar. Was für die Lernenden in diesem Zusammenhang gilt, gilt gleichermaßen auch für Lehrende: Allen Lernenden (mitunter sind das 32 pro Klasse) die geeigneten Aufgaben anzupassen ist überfordernd und kann das gemeinsame Lernen (das es ja auch noch gibt!) bis zur Unkenntlichkeit fragmentieren.

*Welche immer wiederkehrenden fachspezifischen Herausforderungen im Unterrichtshandeln müssen Ihrer Meinung nach die Lehrpersonen beherrschen, um im Unterricht für „Lebensführung" eine angemessene Unterrichtsqualität garantieren zu können?*

Eine immer wiederkehrende Herausforderung in der Ernährungs- und Verbraucherbildung ist die Konfrontation mit Aussagen von Lernenden zur gesundheitlichen Klassifikation (gesund / ungesund) von diversen Lebensmitteln oder Lebensmittelbestandteilen. Die durch verschiedenste Medien und Kanäle angeheizte Ernährungskommunikation ist durch eine solche Dichotomie gekennzeichnet und trivialisiert. Dieser Tendenz entgegenzuwirken und den Schülerinnen und Schülern die Komplexität einer kontextbezogenen und individuellen Ernährung zuzumuten, gehört zum Bildungsauftrag des Fachbereiches unbedingt dazu. Dazu kann es hilfreich sein, evidenzbasiertes Wissen dem Laienwissen, das häufig in der Ernährung zu finden ist, gegenüberzustellen und dafür geeignete Beispiele zu finden, welche die Evidenz erläutern und verdeutlichen. So kann es helfen Kausalität und Korrelation unterscheiden zu lernen, um Ergebnisse von Studien zu lesen und richtig interpretieren zu lernen. In diesem Zusammenhang ist es auch notwendig, Nichtwissen, Ambiguität und Paradoxien als Lehrperson auszuhalten, aber auch Schülerinnen und Schülern diese zuzumuten. Einfache Antworten gibt es auch in der (Natur-)Wissenschaft (leider) nur selten.

Der Fachbereich Ernährung ist durch seinen Alltagsbezug und durch die alltäglich wiederkehrenden Esserfahrungen besonders von hartnäckigen, epistemischen, gesundheitsbezogenen und ethischen Überzeugungen (Präkonzepte) durchwachsen. Diese sind zumeist nicht bewusst, gestalten jedoch Unterricht als eine Art heimlicher Lehrplan mit. So kann es hilfreich für Lehrpersonen sein, die eigenen Überzeugungen zu reflektieren und mit Bewusstheit auszustatten, um – vor allem in Stresssituationen – nicht auf die subjektiven – und möglicherweise indoktrinativen – eigenen Schemata zurückzugreifen.

Der Lehrperson kommt die Aufgabe zu, bei problemorientierten Aufgaben für Gruppen, den Prozess der Lösungsfindung zu unterstützen, aber nicht einzugreifen. Genügend Zeit und Raum zum Denken und Nachdenken zu geben, „Fehler" zuzulassen und auszuhalten ist vor allem dann, wenn es sich um materialintensive Lernaufgaben handelt, herausfordernd.

Um den fachspezifischen Herausforderungen zu begegnen, bedarf es sowohl induktiver als auch deduktiver Lern- und Darstellungsprozesse, sowie Perspektiven. Dabei eignen sich Lernschritte vom Mikrobereich der Nährstoffe zur Makroebene komplexer Wechselbeziehung zwischen Medikamenten und Lebensmitteln genauso, wie von der Esskultur zur biografischen Esser-fahrung der eigenen Kindheit.

Was man immer im Auge behalten muss, ist den Bildungsgehalt der Lernin-halte und Aufgaben. Auch hier kann die Orientierung am Referenzrahmen Hilfestellung sein.

### Worauf gilt es bei der Entwicklung und dem Einsatz von Aufgaben bzw. Aufgabensets im kompetenzorientierten Unterricht für „Lebensführung" besonders zu achten?

Sprachlich beinhaltet im Deutschen der Begriff „Aufgabe" ja sowohl die Bedeutung von etwas auf sich zu nehmen oder anzunehmen als auch etwas herzugeben (je nach Kontext), ist also paradox angelegt. Die Erteilung und die Übernahme von Aufgaben sind Prozesse des Gebens und Nehmens, des Ausgleichs und der Aushandlung und spiegeln Verhältnisse wider. Wer gibt? Wer nimmt? So gesehen sind Aufgaben kulturelle Leistungen, die auf die Verfasstheit von Gesellschaften einwirken. Dieser Blickwinkel erscheint für den Lehrberuf bedeutend, da Lehrpersonen als Multiplikatoren Genera-tionen von Schülerinnen und Schülern mit Aufgaben (in beiderlei Bedeutun-gen) beschäftigen und damit gesellschaftliche Aushandlungsprozesse in der Schule, mehr oder weniger bewusst, „verhandeln".

Die Altersgruppe der Lernenden und ihre kognitive und handwerkliche Leistungsfähigkeit bestimmen die Aufgaben und Lerngelegenheiten inhalt-lich. Um diese an die Adressaten anzupassen ist es zuvor notwendig, ihr Vor-wissen zu erheben und ihre Interessenslagen auszuloten. An diese werden die Aufgaben angepasst, aber nicht untergeordnet. Empfohlen ist eine leichte beabsichtigte Überforderung der Schülerinnen und Schüler (vor allem bei Aufgaben für die Leistungsfeststellung, sogenannten Leistungsaufgaben), um die Motivation zu verbessern und Leistungsgrenzen aufzuzeigen und gegebenenfalls zu dehnen.

Die Aufgaben werden an den gewünschten oder erhofften Lernzielen bzw. Kompetenzen (Output) ausgerichtet und ihre Lösung bzw. Bewältigung wird anhand von Indikatoren überprüft. Referenzrahmen (z. B. der Österrei-chische Referenzrahmen der Ernährungs- und Verbraucherbildung oder REVIS) geben Orientierung und Hilfestellung für die Auswahl, die Formu-lierung und Ausrichtung der facheinschlägigen Kompetenzen.

Vor allem, wenn das Einüben von konkreten Handlungen im Vordergrund steht, ist es empfehlenswert, deutlich zwischen Lern- und Leistungsaufga-ben zu unterscheiden, um ein freies Üben zu ermöglichen.

Aufgaben oder Aufgabensets, welche mehrere Rationalitätsformen (Zu-gänge) ansprechen, sind für Schülerinnen und Schüler herausfordernder, aber auch ansprechender. Eine reine Verkostung im Sinne des ästhetischen Lernens wird durch vorhergehende oder nachfolgende Produktinformationen, wie beispielsweise Anbaumethoden, Produktlinienanalysen, Preisgestaltung im Sinne der Mehrperspektivität aufgewertet und bildet mehrere Kompetenzbereiche ab.

Werden im facheinschlägigen Unterricht Aufgaben gestellt (z. B. die Zubereitung einer Speise), so müssen die zeitlichen Rahmenbedingungen an die Arbeitsweise der Schülerinnen und Schüler möglichst angepasst werden, um Frustrationen und vor allem Stresssituationen zu vermeiden. Es ist aber durchaus möglich, dass eine Aufgabe zum Ziel hat, die Stressresistenz oder die Arbeitsweise unter Stress zu verbessern, dann ist dies Thema und muss nicht vermieden werden.

Ansprechende Aufgaben machen auch gesellschaftliche oder generationenbezogene Herausforderungen zum Thema und ermöglichen das Nachdenken und Umgehen mit diesen. Sie sprechen persönliche und gesellschaftliche Probleme an oder widerspiegeln sie und geben Anlass zur Diskussion und zum Diskurs. In der Ernährungs- und Verbraucherbildung eignen sich viele Themenbereiche für solcherart gestaltete Aufgaben, angefangen von der Frage nach der Tötung von Tieren zum Zweck des Verzehrs, über Fragen der Liberalisierung der Märkte bis zur Finanzwirtschaft und ihrer Regulierung lassen sich – altersadäquat – Lerngelegenheiten entwickeln.

Aufgaben sind dann qualitativ hochwertig, wenn sie geeignet sind, Wissens- oder Könnenslücken auszufüllen, wenn sie an Vorhandenes anknüpfen und neue Denk- und Erfahrungsräume öffnen. Sie sind umso wirkungsvoller, wenn sie ein materialisiertes Werk oder eine erfüllende Tätigkeit initiieren und diejenigen, die sie bewältigen, persönlich wachsen lassen.

*Welche Schritte empfehlen Sie aufgrund Ihrer wissenschaftlichen bzw. erfahrungsbasierten Expertise als „first steps" für angehende Lehrpersonen im Fach, die sie für guten Unterricht für „Lebensführung" umsetzen können?*

Klare inhaltliche und organisatorische Strukturen und Konzepte einsetzen (keine „Wir-werden-schon-sehen-Haltung"), um für sich und andere berechenbar zu sein und eine leicht einzuhaltende Ordnung aufrechterhalten. Ein Methodenwechsel pro Unterrichtseinheit ist in den ersten Wochen ausreichend.

Delegieren von Aufgaben bzw. Tätigkeiten an die Schülerinnen und Schüler im Sinne von: Hilf mir, es selbst zu tun.

Fehler sind zum Lernen da, keine Schwäche der Lehrperson oder der Lernenden.

Antizipation des gesamten Unterrichts Schritt für Schritt in inhaltlicher, zeitlicher und räumlicher Dimension: Genaue Überlegungen zur Operationalisierung verschriftlichen (Wer sind meine Adressaten? Wie mache ich die Gruppeneinteilung? In welcher Ecke des Raumes wird Gruppe zwei arbeiten? Wieviel Zeit kann ich sinnvoll dazu zur Verfügung stellen?) Pannen und Auswege daraus in die Antizipation miteinbeziehen und Alternativen mitbedenken.

Für den Unterricht in Sonderunterrichtsräumen ist die räumliche und zeitliche Organisation besonders wichtig. Hierzu geeignete Hilfsmittel (z. B. Plakate mit Rollen und zugehörigen Tätigkeiten) entwickeln, in einem ersten Schritt die fachgerechte Nutzung thematisieren, diese üben und fachdidaktische Konzepte anwenden. Gemäß dem Motto: Weniger ist mehr.

Instruktionen und Arbeitsaufträge schriftlich vorformulieren und / oder mit Versuchspersonen üben. (Ist der Arbeitsauftrag so verständlich? Ist die Instruktion nachvollziehbar?)

Mithilfe von narrativen (historischen, persönlichen etc.) Unterrichtsbausteinen das episodische Gedächtnis ansprechen und die „Berufsrolle" Lehrperson mit Leben erfüllen.

Inhaltliche und persönliche Schwerpunkte für die Gestaltung und Reflexion des Unterrichts setzen: Z. B. „Heute lege ich mein Hauptaugenmerk auf meine Stellung im Raum oder auf die Kommunikation mit Schülerin oder Schüler XY".

Mit dem Studium ist das Erlernen dieses Berufs nicht abgeschlossen, Berufserfahrung von ca. drei bis fünf Jahren (Terhart, 2007) ist notwendig, um eine angemessene Profession in diesem Metier zu entwickeln. Geduld haben mit der eigenen Unterrichtsentwicklung, immer wieder an Schräubchen drehen und offen sein für Versuche und Experimente.

Klare Regeln, die leicht zu erklären sind und zugehörige Sanktionen vor allem in Bezug auf die Leistungsmessung und Leistungsbeurteilung. Phasen des Übens, zur Entwicklung von Praxis und Routinen, gegebenenfalls aus der Leistungsbeurteilung völlig herausnehmen.

### Was ist Ihrer Ansicht nach das Besondere am Unterricht für „Lebensführung"?

Die Sonderstellung des Fachbereichs der Ernährungs- und Verbraucherbildung ergibt sich aus der Vielfalt der Bezugswissenschaften und der Multiperspektivität der daraus entstehenden Diskurse. Dies ist einerseits eine Stärke des Fachbereichs, gleichzeitig jedoch eine Schwäche. Durch den Reichtum an Perspektiven und Aspekten ist eine durchgängige einheitliche Theoriebildung erschwert, es muss in verschiedensten Wissenschaftsbereichen „gefischt" werden. Das trifft das Dilemma des (post) modernen Menschen: Das Leben lässt sich als solches nicht programmieren und optimieren, wie dies der Algorithmus einer Maschine kann, die Fülle an Möglichkeiten bildet eine ständige Überforderung. Bildung ist dazu angehalten, Menschen zu befähigen, ja zu ermächtigen (empowerment), ihr Leben in ebendieser Fülle und Reichhaltigkeit weitestgehend selbstbestimmt und selbstverantwortet in Solidarität mit der Mitwelt zu gestalten. Der Fachbereich Ernährungs- und Verbraucherbildung ist in besonderem Maß dazu geeignet, dieses Bildungsanliegen zu thematisieren, in geeignete Lerndesigns zu übertragen und entsprechenden Kompetenzerwerb zu ermöglichen.

Für die berufliche Bildung bzw. die Berufsbildung bietet der Fachunterricht eine Vielzahl an (handwerklichen) Herausforderungen, welche sich an Traditionen orientieren, Kreativität fördern und Innovationen möglich machen.

Der Fachbereich ist durch die schon mehrfach angeführten Gründe, für domänen- und fächerübergreifenden Unterricht in hohem Maß geeignet. Er bietet für naturwissenschaftliche UND geistes- oder kulturwissenschaftliche Lernanliegen vielfältige Kontexte, alltagstaugliche Beispiele und Lösungswege.

Eine Besonderheit des Fachbereichs in negativer Hinsicht ist, dass westliche Bildungsnationen die Bildungsanliegen dieses Fachbereichs offensichtlich nicht durch ein entsprechendes Stundenausmaß im Pflichtfachkanon der Schulen verankern. Der Fachbereich ist von ständigen Kürzungen betroffen, obwohl er, wie kein anderer, und, wie hoffentlich gezeigt werden konnte, alle Ansprüche einer zeitgemäßen Ermächtigungs-Pädagogik (Novotny, 2010) erfüllt.

### Welcher Name trifft aus Ihrer Sicht das Kernanliegen einer Bildung für „Lebensführung"?

Unterschiedliche Namen sind für das Fach vorstellbar: Lebensstil und Verantwortung; Lebenskultur; Lebensqualität; life-literacy; Alltagskultur.

- Lebensstil und Verantwortung: Soll zeigen, dass sich der eigene Lebensstil auf das eigene Leben und auf das Leben anderer auswirkt (im Sinne von Hans Jonas: Das Prinzip Verantwortung, 2003).

- Lebenskultur: Könnte zeigen, dass es sich sowohl um biologische (Bios-Leben) als auch um vom Menschen gestaltete (Kultur) Inhalte geht.

- Lebensqualität: Soll zeigen, dass es Verbesserungspotenzial gibt und das Ziel ein „gutes Leben" sein soll, oder sogar ein „bestmögliches Leben".

- Life-literacy: Soll zeigen, dass Lebensführung pragmatisch-funktional erlernt werden kann (im Sinne des Literacy Konzepts).

# Literatur

Baar, R. & Schönknecht, G. (2018). *Außerschulische Lernorte: didaktische und methodische Grundlagen.* Weinheim / Basel: Beltz.

Buchner, U., Kernbichler, G. & Leitner, G. (2011). *Methodische Leckerbissen. Beiträge zur Didaktik der Ernährungsbildung. Schulheft 141.* Innsbruck-Wien-Bozen: Verein der Förderer der Schulhefte.

Habermas, J. (1981). *Theorie des kommunikativen Handelns, Band 1 Handlungsrationalität und gesellschaftliche Rationalisierung.* Frankfurt am Main: Suhrkamp.

Herrmann, U. (Hrsg.) (2009). *Neurodidaktik. Grundlagen und Vorschläge für gehirngerechtes Lehren und Lernen.* Weinheim / Basel: Beltz.

Klafki, W. (2007). *Neue Studien zur Bildungstheorie und Didaktik: Zeitgemäße Allgemeinbildung und kritisch-konstruktive Didaktik.* Weinheim / Basel: Beltz.

Novotny, E. (2010). *Ermächtigen. Ein Bildungsbuch. Für eine wache Zeitgenossenschaft im Spannungsfeld von Individualisierung und neuen Formen von Gemeinschaft.* Frankfurt / Main: Verlag Peter Lang.

Terhart, E. (2007). Was wissen wir über gute Lehrer? Ergebnisse aus der empirischen Lehrerforschung. *Guter Unterricht. Friedrich Jahresheft 2007.*

EVA MARIA MACHO

# VIELFÄLTIG PRAKTISCH ARBEITEN

Macho, Eva Maria, Neue Mittelschule (NMS) Uttendorf;
Hauptschuloberlehrerin (HOL).

*Welches fachwissenschaftliche und fachdidaktische Wissen und Können der Lehrperson sind aus Ihrer Sicht für die Qualität des Unterrichts für „Lebensführung" besonders wichtig?*

Die Lehrperson sollte es vertreten, dass Ernährung und Haushalt für viele Schülerinnen und Schüler eine „Insel" ist, ein Fach, in dem nicht so sehr Wissen, als vielmehr Tun gefragt ist. Ein liebevoller Umgang und ein Annehmen der Schülerinnen und Schüler mit all ihren Stärken und Schwächen wird von den Lernenden als wohltuend empfunden. Ernährung und Haushalt ist eines der Fächer, in denen sehr viel soziales Lernen, Konfliktbewältigung und Menschlichkeit stattfindet. Die Lehrkraft sollte einen „Rundumblick" haben, feinfühlig sein, Fehlverhalten thematisieren, Interesse wecken und motivieren. Gleichzeitig sollte sie aber auch soziales Fehlverhalten, welches oft versteckt stattfindet, sofort sanktionieren. Das partnerschaftliche Arbeiten ist für mich sehr wichtig, da unsere Lernenden auch später ihren Alltag partnerschaftlich organisieren können sollten.

Ich finde es wichtig, ernährungswissenschaftliches Basiswissen (Ernährungskreis) zu vermitteln. Das fachwissenschaftliche Wissen der Lehrkraft sollte aktuell sein, die ausgewählten Inhalte anschaulich, für Kinder interessant und relevant. Hinsichtlich der Methodik achte ich auf Abwechslung mit dem Ziel, dass die Schüler und Schülerinnen möglichst viel selbstständig arbeiten können. Das fachwissenschaftliche Wissen sollte nicht nur isoliert in einem fachtheoretischen Unterricht (Unterricht ohne Küchenpraxis), sondern auch während der praktischen Arbeit (Küchenpraxis) vermittelt werden, damit die Schülerinnen und Schüler befähigt werden, zukünftige Alltagssituationen zu bewältigen.

Weiter sollte die Lehrkraft sicher im Handling der praktischen Arbeit sein, es ist von Vorteil, bereits im Vorhinein zu wissen, welche „Missgeschicke" den Schülerinnen und Schülern beim Arbeiten wann passieren könnten, um rechtzeitig zur Stelle zu sein.

Die Lernenden sollten zu kritischen und mündigen Konsumenten erzogen werden, weshalb die Nahrungsmittelkennzeichnung einen wesentlichen Stellenwert im Unterricht für mich hat. Ich vergleiche gerne Produkte nach festgelegten Kriterien, lege aber auch sehr viel Wert auf die Vermittlung von Traditionen, Brauchtum und regionalen Besonderheiten. Beispielsweise bereite ich mit den Schülerinnen und Schülern Kekse zu, welche bei einer Adventfeierlichkeit unserer Schule, an der Lernende, Eltern und Lehrpersonen, aber auch Bewohner unseres Ortes anwesend sind, gereicht werden. Ein weiteres Beispiel ist, dass ich jedes Jahr eine ältere Bäuerin einlade, welche Pinzgauer Krapfen, eine regionale Besonderheit, gemeinsam mit den Schülerinnen und Schülern zubereitet, welche viele nicht mehr kennen. In dieser Stunde sprechen wir über Brauchtum, Tradition, unseren Dialekt und die Wichtigkeit, dies zu bewahren.

### Welche Qualitätsmerkmale halten Sie für den Unterricht für „Lebensführung" für essenziell?

Ein wesentliches Qualitätsmerkmal für den Unterricht in Ernährung und Haushalt ist für mich, dass möglichst viel und vielfältig praktisch gearbeitet wird. Die Schülerinnen und Schüler haben heute einerseits verhältnismäßig wenig Vorkenntnisse, was das Tun betrifft. Auch wird in vielen Familien nur noch die sogenannte schnelle Küche praktiziert, da viele Eltern berufstätig sind. Andererseits habe ich auch sehr viele Schülerinnen und Schüler, die über großes Vorwissen verfügen, was ich gerne positiv verstärke, denn diese haben oft in Lernfächern (wie beispielsweise Biologie oder Geographie) nicht so gute Noten. Ich halte sehr wenig von theoretischem Praxiswissen (wenn Schülerinnen und Schüler mir erklären können, wie etwas gemacht wird, es aber nicht praktisch ausprobiert wird). Außerdem beobachte ich, dass immer mehr Schülerinnen und Schüler große feinmotorische Mängel aufweisen. Ich finde, die praktische Arbeit in der Küche schult auch die Feinmotorik.

Ich bespreche in jeder Unterrichtseinheit ein Thema mit den Lernenden, das ich verschiedenartig methodisch aufbereite: Lernzirkel, Stationenlernen, Freiarbeit, Lesetechniken und dergleichen. Die zubereiteten Speisen stehen in Zusammenhang mit dem Thema. Alle Speisen müssen gesundheitsförderlich sein und mit frischen, hochwertigen, möglichst regionalen Lebensmitteln zubereitet werden. Ich bereite auch nur Gerichte zu, die den Schülerinnen und Schülern schmecken, denn mein oberstes Kriterium lautet: Die Lernenden sollen aus der Küche gehen und sagen: Die drei Stunden waren toll, und das Essen hat mir sehr gut geschmeckt. Vielleicht probiere ich das Gericht auch zu Hause aus.

Eine genaue Planung des Unterrichts setzt auch voraus, dass genügend Zeit für die praktische Arbeit, aber auch für das Essen berücksichtigt wird. Gerade das gemeinsame Essen in Ruhe, nicht in Hast, genießen die Kinder sehr. Je größer die Schülergruppe ist, desto genauer muss das praktische Arbeiten geplant sein, damit alle Schülerinnen und Schüler beschäftigt sind, und die Lehrperson den Überblick bewahrt. Es ist unerlässlich, sich die Arbeitseinteilung der Lernenden genau zu überlegen, denn jede Gruppe ist anders, gewisse Schülerinnen und Schüler sollten aus verhaltenstechnischen (wenn beispielsweise das Verhalten dieser Schülerinnen und Schüler auf irgendeine Art auffällig ist oder sie sich nicht verstehen) oder „könnenstechnischen" (wenn zwei Lernende sehr unverlässlich oder schwach sind) Gründen nicht zusammenarbeiten. Manchmal muss auch darauf geachtet werden, wo gewisse Schülerinnen und Schüler positioniert werden, um Konflikte zu vermeiden.

### Welche Lernumgebungen und Lehr-/Lernformen halten Sie für einen wirksamen Unterricht für „Lebensführung" für besonders bedeutsam?

Eine Lehrperson, die Ernährung und Haushalt unterrichtet, sollte in erster Linie authentisch sein, das heißt auch selber gesundheitsförderlich leben und sich gesundheitsförderlich ernähren. Es ist für mich sehr wichtig, die Begeisterung für gesundes Essen, Kochen mit frischen Lebensmitteln und die Arbeit in der Küche selber zu haben und sie auch zu vermitteln. Weiter finde ich eine ansprechende Lernumgebung sehr motivierend, beispielsweise dekoriere ich unseren Speisesaal saisonal.

Ich achte bei der Einteilung meiner Schülerinnen und Schüler darauf, dass sie ab und zu mit Wunschpartnern arbeiten dürfen, ab und zu entscheidet eine Form von Los, wer die Arbeitspartnerin oder der Arbeitspartner ist, ab und zu teile ich die Partnerin oder den Partner zu.

Ich lege sehr viel Wert auf Selbstständigkeit und halte meine Schülerinnen und Schüler dazu an, Rezepte zu lesen und die Arbeitsschritte richtig auszuführen. Ich bereite alle Rezepte für die Schülerinnen und Schüler extra auf, allerdings beobachte ich Lesefaulheit einerseits und Leseungenauigkeit andererseits. Wir haben an unserer Schule einen Schwerpunkt auf Steigerung der Lesekompetenz, aber nicht nur deshalb finde ich es notwendig, ein Rezept zu verstehen. Es ist einfach wichtig im Leben.

Schülerinnen und Schüler, die mit ihrer Arbeit fertig sind, wissen, dass sie in Freiarbeit ein themenbezogenes Arbeitsblatt ausfüllen müssen, so vermeide ich Stehzeiten.

Bevor meine Schülerinnen und Schüler die Küche am Ende des Unterrichts verlassen, stelle ich ihnen gerne noch eine Frage, deren richtige Beantwortung positiv vermerkt wird. Manchmal heißt die Frage auch: „Was hast du heute Neues gelernt?"

### Wie sieht eine gute Differenzierung/Individualisierung Ihrer Meinung nach im Unterricht für „Lebensführung" aus?

Schülerinnen und Schüler, die über Vorwissen verfügen, erhalten den Auftrag, andere zu unterstützen. Es tut ihnen gut, auch einmal brillieren zu können oder auch einmal um Rat gefragt zu werden. Talentierte Schülerinnen und Schüler dürfen schwierigere Speisen zubereiten, oder ich gebe ihnen keinen detaillierten Rezeptzettel, sodass sie bei der Zubereitung gewisse Schritte selbstständig erledigen müssen.

Ich lasse den Kindern möglichst viel Handlungsspielraum, was die Ausfertigung der Speisen betrifft. So dürfen sie selber entscheiden, wie sie garnieren wollen, wie und wo sie anrichten, ob sie gewisse Zutaten verwenden möchten oder nicht. Ich bin im Unterricht so flexibel, dass ich spontan Schülerinnen und Schülern weiterführendes Wissen vermitteln kann, was nur sie betrifft. Ich backe beinahe jede Stunde eine Art von Brot. Die Kinder entscheiden, wie sie dieses formen und ausfertigen. Manchmal dürfen sie es auch mit Lebensmittelfarbe färben, wenn sie möchten.

Andererseits kann ich aber auch einzelne Schülerinnen und Schüler alleine arbeiten lassen, um zu sehen, wie sie arbeiten.

Mit Freiarbeitsblättern und -materialien kann ich individuell Interessen und Begabungen fördern.

**Welche immer wiederkehrenden fachspezifischen Herausforderungen im Unterrichtshandeln müssen Ihrer Meinung nach die Lehrpersonen beherrschen, um im Unterricht für „Lebensführung" eine angemessene Unterrichtsqualität garantieren zu können?**

Die Herausforderungen im Zusammenhang mit Lesen wurden bereits vorangehend ausgeführt. Gerne bearbeite ich Rezepte auch vorher, um sicherzustellen, dass sie von den Schülerinnen und Schülern richtig gelesen und verstanden werden.

In meinem Unterricht hat die Heftführung einen wichtigen Stellenwert. Ich verlange eine ordentliche Schrift, dass Kopien gerade eingeklebt werden, dass fehlender Lehrstoff selbstständig nachgetragen wird, und dass das Heft übersichtlich gestaltet ist. Außerdem wirkt sich eine zusätzliche Heftgestaltung (z. B. Speisenbilder, das Gedeck aufzeichnen, die Tischkarte einkleben) positiv auf die Heftnote aus.

Weiter habe ich für jede Einheit „eine Hausfrau" oder „einen Hausmann" eingeteilt, welche / r für die Tischgestaltung zuständig ist. Ich erwarte, dass Menü- und Tischkarten zu Hause vorbereitet werden und Tischdekoration für den Esstisch mitgebracht wird. Jeder Schüler oder jede Schülerin kommt einmal im Schuljahr an die Reihe. Die Schülerinnen und Schüler dürfen sich auch Mottos aussuchen, wenn sie wollen.

Die Einhaltung der Hygieneregeln (Hände waschen, kein Nagellack, Hausschuhe – keine Straßenschuhe – und dergleichen) ist eine Selbstverständlichkeit.

Die Schülerinnen und Schüler sind für die Sauberkeit ihres Arbeitsbereiches zuständig. Ich gehe tunlichst erst zu Tisch, wenn der Großteil der Küche bereits sauber ist. Ebenso sind die Gruppen für richtiges Einräumen zuständig. Ich habe in meinem Unterricht keine genaue Verteilung der Nacharbeiten-Dienste.

Die Küche verfügt über drei identisch ausgestattete Kochbereiche. Dies verhindert, dass die Schülerinnen und Schüler in der ganzen Küche unterwegs sind und bringt Ruhe in die Küche. Ich halte die Lernenden an, bei ihrem Arbeitsplatz zu bleiben.

Wir beginnen erst zu essen, wenn alle sitzen und leise sind. Ich bedanke mich für die schöne Tischdekoration, eventuell gibt es diesbezüglich etwas zu besprechen, dann wünsche ich einen guten Appetit und erst dann darf gegessen und getrunken werden.

Während des Essens achte ich auf Körperhaltung und die Handhabung des Bestecks. Die Schülerinnen und Schüler dürfen das Tischgespräch bestimmen bzw. miteinander reden, manchmal gebe ich das Thema vor.

*Worauf gilt es bei der Entwicklung und dem Einsatz von Aufgaben bzw. Aufgabensets im kompetenzorientierten Unterricht für „Lebensführung" besonders zu achten?*

Eine Aufgabe darf nicht zu theorielastig sein, es sollte immer ein Praxisbezug sichtbar sein. Die Aufgabe sollte für Kinder nachvollziehbar und relevant sein.

*Welche Schritte empfehlen Sie aufgrund Ihrer wissenschaftlichen bzw. erfahrungsbasierten Expertise als „first steps" für angehende Lehrpersonen im Fach, die sie für guten Unterricht für „Lebensführung" umsetzen können?*

Das Gespräch mit Fachkolleginnen und -kollegen suchen, nachfragen, wenn man unsicher ist, Ratschläge und Hinweise annehmen. Junglehrpersonen sollten sich erkundigen, was an ihrer Schule üblich ist, wie Dinge gehandhabt werden, welche Regeln es gibt und welche Konsequenzen.

Man sollte für sich selbst die Anforderungen nicht zu hochstellen und aus Erfahrungen lernen.

Junglehrpersonen sollten vorab genau überlegen, wie sie Dinge organisieren oder haben wollen. Ich finde es ausgesprochen hilfreich, identisch eingeräumte und ausgestattete Kojen zu haben. Auch habe ich das Inventar jeder Schublade und jedes Kastens fotografiert und dazu beschriftet. Das erleichterte den Kindern das Benennen der Küchengeräte und das Einräumen der Arbeitsmittel.

Vorbereitung ist gerade im Fach Ernährung und Haushalt unglaublich wichtig. Jede Unterrichtseinheit muss individuell detailliert bis ins Letzte vorbereitet werden, nur so läuft alles rund. Bereits im Vorfeld muss die Lehrkraft sicherstellen, dass alle Lebensmittel vorhanden sind, diese eventuell einkaufen gehen und auswählen.

Der Unterricht endet auch nicht, nachdem die Schülerinnen und Schüler die Küche verlassen haben. Die Lehrperson hat noch die Nachbereitung zu erledigen, Anmerkungen zu Rezepten zu machen, das Inventar nachzukontrollieren, eventuell Arbeitsflächen nachzureinigen oder den Vorratskasten zu säubern, um den Hygienestandards zu entsprechen.

*Was ist Ihrer Ansicht nach das Besondere am Unterricht für „Lebensführung"?*

Wie bereits erwähnt, ist Ernährung und Haushalt für mich ein Fach, in dem es nicht so sehr um Wissen, sondern um Tun geht. Für leistungsschwache

Schülerinnen und Schüler sind solche Fächer regelrechte Erholung im sonst so anstrengenden Schulalltag.

Schülerinnen und Schüler arbeiten gerne mit anderen zusammen, können sich frei in der Küche bewegen und ab und zu auch Privates leise besprechen.

Das große Plus an Ernährung und Haushalt ist, dass unsere Schülerinnen und Schüler in relativ kurzer Zeit das Ergebnis ihrer Arbeit sehen, es wird gemeinsam verspeist und sie bekommen positive Rückmeldung der Kolleginnen und Kollegen. Gerne nehmen die Schülerinnen und Schüler auch Kostproben von Speisen (Brot, Gebäck etc.) mit nach Hause für die Mama.

Kinder haben in Ernährung und Haushalt die Möglichkeit, für sie neue Lebensmittel und Speisen zu verkosten, wir erweitern den Geschmack, benennen Geschmäcker und schulen unseren Gaumen. Die meisten Kinder essen gerne, deshalb genießen sie auch den Unterricht sehr. Oft fragen sie schon Tage vorher, was wir nächste Stunde kochen. Kinder wollen ihre Speisen in Ruhe verzehren und beim Essen nicht gedrängt werden.

Ich kann auf Wünsche der Schülerinnen und Schüler eingehen und meinen Unterricht danach richten, z. B. bereiten wir eine Speise zu, die die Lernenden vorschlagen oder laden wir Leute ein, die mit den Schülerinnen und Schülern eine landestypische Speise zubereiten. Die Schülerinnen und Schüler fühlen sich dadurch wichtig und angenommen.

Bei der Besprechung des Themas sind die Lernenden oft ganz erstaunt, z. B. über den hohen Zuckergehalt in Fruchtjogurts oder den hohen Fettgehalt in Chips. Mit praktischen Beispielen kann theoretisches Wissen spannend vermittelt werden.

Das Fach Ernährung und Haushalt eignet sich auch sehr gut für fächerübergreifenden Unterricht oder auch für projektorientiertes Arbeiten.

Mit dem Fach Ernährung und Haushalt kann sich die Schule schnell repräsentieren. Wenn wir in der Vorweihnachtszeit unser Adventfenster haben (Abendveranstaltung, die täglich wo anders stattfindet, freier Eintritt, Schülerinnen und Schüler bieten Verschiedenstes dar), gibt es Kinderpunsch und Kekse. Bei Projektpräsentationen bereiten wir ein kleines Buffet vor.

Wir haben das Wahlpflichtfach Fit for life, in welchem wir planen, ab und zu die Gesunde Jause (Obstjause 1 x / Woche) in Form von selbst gebackenem Brot mit Aufstrich, Müsli etc. für die gesamte Schule zu organisieren.

### *Welcher Name trifft aus Ihrer Sicht das Kernanliegen einer Bildung für „Lebensführung"?*

Ernährung und Gesundheit. Altbacken finde ich unser Fach gar nicht, wenn man bedenkt, wie „in" Kochen wieder ist, wieviel über Kochen geschrieben und berichtet wird und wie viele Initiativen es auf diesem Sektor gibt. In unserer ländlichen Region besuchen sehr viele Lernende die landwirtschaftliche Fachschule. Für diese Schülerinnen und Schüler ist eine Vorbildung in Kochen und Ernährung wichtig und diese Gruppe verfügt auch über ein hohes Vorwissen und Interesse.

Die Notwendigkeit einer Ernährungsbildung steht außer Frage, allerdings ist das Teenageralter ein denkbar schlechter Zeitpunkt, damit zu beginnen.

Unsere Schule sollte sich nicht nur zu einer Leistungsschule im Sinne von Kopfarbeit entwickeln, es muss uns auch Herzensbildung und Lebensbildung ein Anliegen sein, deshalb sehe ich die Tatsache, dass Ernährung und Haushalt in vielen Schulen auf ein Minimum reduziert wurde, als sehr kritisch.

Susanne Marti

# Mut zur Lücke und Reduktion auf Wesentliches

Marti, Susanne, Fachlehrerin Hauswirtschaft am Gymnasium, Pädagogische Hochschule Luzern, Dozentin Wirtschaft – Arbeit – Haushalt (WAH), Fachberatung WAH.

*Welches fachwissenschaftliche und fachdidaktische Wissen und Können der Lehrperson sind aus Ihrer Sicht für die Qualität des Unterrichts für „Lebensführung" besonders wichtig?*

Im Fach WAH geht es um die Thematisierung von konkreten Alltagssituationen. Da der Alltag von Menschen sehr unterschiedlich ist, ergeben sich daraus stets verschiedene Situationen mit unterschiedlichen Rahmenbedingungen. Das wird z.B. beim Einkauf von Nahrungsmitteln und anderen Konsumprodukten offensichtlich. Menschen haben unterschiedliche Motive und Werthaltungen, warum sie sich für Produkte entscheiden. Im Fach WAH werden solche Entscheide und deren Folgen thematisiert und aus gesundheitlicher, wirtschaftlicher, ökologischer Perspektive beleuchtet. Die Jugendlichen sind damit gefordert, sich mit Werthaltungen auseinanderzusetzen, um eigene Standpunkte zu finden. Die Alltagssituationen und die durch den Sozialisationsprozess geprägten Gewohnheiten der Jugendlichen sind sehr heterogen. Es geht nicht nur darum, Faktenwissen aufzubauen, sondern auch darum, in Anwendungssituationen Folgen abzuschätzen und Entscheide zu begründen. Die Verschränkung von Fachwissen und Aufbau von Werthaltungen birgt ein großes Lernpotential, aber auch angenehme Lebensnähe, was zum Unterrichten oft sehr dankbar ist. Das Fach hat das grundsätzliche Ziel, die Lernenden kompetent und fit für den Alltag zu machen, und sie für die zahlreichen Gestaltungsmöglichkeiten zu sensibilisieren. Um dieses Potential wirklich nutzen zu können, braucht es von Lehrpersonen ein Zusammenspiel von personalen (psychologischen-pädagogischen), fachwissenschaftlichen und fachdidaktischen Kompetenzen:

- Personale Kompetenzen setzen voraus, dass WAH-Lehrpersonen offen sind und Verständnis für verschiedene Lebenssituationen der Lernenden haben, damit sie diese adäquat abholen können. Lehrpersonen müssen grundsätzlich Menschen und ihren Verschiedenheiten vorurteilsfrei und respektvoll gegenübertreten und an ihren Meinungen interessiert sein. Das ist die Grundlage für ein lernförderliches, angstfreies Unterrichtsklima und respektvollen Umgang miteinander.

- Fachwissenschaftlich braucht es ständige Auseinandersetzung, Freude und Interesse an gesellschaftlich bedingten Veränderungen. Was heute Gültigkeit hat, ist morgen vielleicht schon überholt. Da braucht es viel Beweglichkeit, aber auch vertiefte Auseinandersetzung, um fachlich immer wieder kompetent zu sein.

- Fachdidaktisch ist es wichtig, dass der Unterricht durchdacht, ebenso mit stufengerechten Lernaktivitäten klar strukturiert ist, so dass die Lernenden gut abgeholt werden können. Da bis anhin nur wenige unterstützende Lehrmittel vorhanden waren, mussten WAH-Lehrpersonen auch fähig sein, fachliche Inhalte ständig zu aktualisieren und fachdidaktisch anzupassen.

Zusammenfassend lässt sich sagen: Wer WAH unterrichten will, muss Freude haben an dieser fachlichen Komplexität und an steten Veränderungen. Wer sich der Bedeutung und der Sinnhaftigkeit des Faches bewusst ist, kann sich besser in verschiedene Situationen eindenken und das Fach mit dem nötigen „Spirit" unterrichten. Weiter ist entscheidend, ob es gelingt, in der anspruchsvollen Komplexität die wichtigen alltagsrelevanten Themen jugendgerecht zu gestalten, um deren großes Potential zugänglich zu machen.

### Welche Qualitätsmerkmale halten Sie für den Unterricht für „Lebensführung" für essenziell?

Auf der Ebene der Sichtstruktur sind z. B. bei der Nahrungszubereitung eine klare Organisation sowie durchdachte Strukturierung mit Lernaufgaben die grundlegende Voraussetzung, damit Schülerinnen und Schüler selbstständig lernen und arbeiten können. Diese im Voraus geplante Unterrichtschoreografie hilft den Lernenden, aber auch den Lehrpersonen, Übersicht zu halten, wer an welcher Aufgabe, mit welchem Material, zu welchem Ziel, usw. arbeitet. In diesem Rahmen haben die Lernenden Zeit, sich mit den Gerichten und den damit verbundenen Lernaufgaben auseinanderzusetzen. Mit der Art und Weise der Lernaufgaben können die Lerntiefe (Tiefenstruktur) gesteuert sowie die Komplexität und die Anforderungen je nach Niveau der Klasse angepasst werden. Im Wesentlichen geht es darum, herausfordernde Lernaufgaben zu formulieren, die das Denken (Vorausdenken – Mitdenken – Nachdenken) der Lernenden anregen und die Lernprozesse in Gang bringen. Dabei ist es hilfreich, wenn Schülerinnen und Schüler eigene Erfahrungen machen, diese reflektieren und einordnen können. Lernaufgaben können schriftlich oder mündlich formuliert sein, entscheidend ist, dass sie niveaugerecht sind, sich an verschiedenen Lernvoraussetzungen orientieren und somit bedeutsame Lernauseinandersetzungen ermöglichen.

Meine Erfahrungen zeigen, dass eine ergiebige Tiefenstruktur mit transparenten Leistungserwartungen eine durchdachte Sichtstruktur mit klarer Organisation und routinierten Abläufen voraussetzt. Was vorangehend für die Nahrungszubereitung skizziert wurde, lässt sich auch auf die Vielfalt von anderer Alltagssituationen übertragen. Wichtig und hilfreich für die Schülerinnen und Schüler ist, dass sie erkennen können, was gefordert ist, aber auch Hilfe organisieren können, wenn sie nicht weiterkommen. Diesbezüglich freue ich mich auch auf kompetenzorientierte Lehrmittel, die Lernende in ihren verschiedenen individuellen Lernwegen unterstützen werden.

### *Welche Lernumgebungen und Lehr-/Lernformen halten Sie für einen wirksamen Unterricht für „Lebensführung" für besonders bedeutsam?*

Im WAH-Unterricht sind authentische Situationen mit realen Gegenständen wichtig, die mit der Lebenswelt der Jugendlichen zu tun haben. Beispielsweise wenn es um einen nachhaltigen Einkauf geht, kann es motivierend und unterstützend sein, wenn verschiedene konkrete Nahrungsmittel oder andere Konsumprodukte vorliegen, die Lernende vergleichen und beurteilen können. Wenn es um die Gestaltung von Esssituationen geht, dann müssen realistische Kriterien aus dem Alltag vorliegen: z. B. hat jemand spezifische Nahrungsunverträglichkeiten oder besondere Präferenzen (fleischlos, regional …), bei einer anderen Person ist das Zeit- und Geldbudget knapp, bei anderen wiederum müssen Nahrungsmittel aus dem Vorrat aufgebraucht werden oder es wird ein Fest gefeiert, usw.

Weiter sollte die Umgebung eine gewisse Offenheit bieten, welche den Lernenden einen individuellen Gestaltungsraum ermöglicht, damit auch Kreativität einfließen kann. So gibt es zum Beispiel bei der Mahlzeitenplanung gewisse thematische Schwerpunkte und grundsätzliche Leitlinien (Ausgewogenheit, Budget, Saisonalität …), die zu berücksichtigen sind. Bei der weiteren Gestaltung sind jedoch die Lernenden frei. Die geschickte Mischung aus klaren Vorgaben und einem anregenden Freiheitsgrad ermöglicht es den Lernenden, aus ihrem Lebensumfeld Situationen aufzugreifen und diese peergerecht zu gestalten. Eigene Gestaltungsmöglichkeiten stärken ihre Motivation und erhöhen die Selbstwirksamkeit.

Authentische Lernumgebungen sind auch außerhalb der Unterrichtsräume zu finden. Beispielsweise könnten für Themen aus dem Konsum- und Arbeitsbereich auch Situationen in Verkaufs-und Produktionsstätten genutzt werden. Aktuelle Medienberichte und Interviews bieten ebenso ein Potential für aktive Lernauseinandersetzungen.

### *Wie sieht eine gute Differenzierung/Individualisierung Ihrer Meinung nach im Unterricht für „Lebensführung" aus?*

Vorerst hat Differenzierung oft mit Wahrnehmen und Einschätzen der Lernenden zu tun. Das heißt, als Lehrperson muss ich wahrnehmen können, wer viel, wer wenig Unterstützung braucht. In der Regel gibt es in einer Klasse ein großes Mittelfeld mit durchschnittlichen Lernvoraussetzungen, dann eine kleinere Leistungsgruppe, die viel Unterstützung braucht und dann noch eine Leistungsgruppe, die gut eigenständig vorankommt. Für die grundsätzlichen Lernaufträge und Ziele orientiere ich mich in der Regel am Mittelfeld.

Damit die Passung von Lernangeboten und Lernvoraussetzungen gelingt, sind Aufträge variantenreich zu gestalten respektive bereitzuhalten, die dann individualisiert eingesetzt werden können. Bei der individuellen Betreuung erfährt man oft, wo der „Knopf" ist und wie er zu lösen ist. Die leistungsschwachen Schülerinnen und Schüler brauchen meistens sehr viel mehr Zeit für zusätzliche Erklärungen und Rückfragen, damit das Lernangebot überhaupt wirksam werden kann. Wichtig scheint mir, Lernende dort abzuholen, wo sie stehen. Das gilt zwar grundsätzlich für alle. Bei den leistungsstarken Schülerinnen und Schülern ist jedoch der Zeitaufwand geringer, weil sie schnell verstehen oder über größere Lesefähigkeiten verfügen. Mit guten Lernaufgaben sowie zusätzlichem Lernmaterial können sie in der Regel selbstständig weiterarbeiten. Weiter ist zu beachten, dass man das Mittelfeld nicht verliert, sondern diese Gruppe auch zu den definierten Lernfortschritten bringt.

Differenzierung und Individualisierung bedeutet auch, sich von der zentralen, frontalen Steuerung etwas zu verabschieden. Bedeutsamer ist die Bereitschaft, auf die einzelnen Lernenden und Gruppen zuzugehen, sie wahrzunehmen und ihnen die nötige Unterstützung zu bieten.

Grundsätzlich ist es wichtig, die Lernenden zu befähigen, selbstständig zu lernen, also „lernen zu lernen". Dazu gehört, ihnen bewusst zu machen, dass sie selber auch Verantwortung für ihren Lernerfolg übernehmen müssen / können / dürfen. Als Lehrpersonen stehen wir in der Verantwortung, die Lernbereitschaft und Neugier der Schülerinnen und Schüler zu „füttern", um sie neugierig / lebendig zu halten, damit sie aus eigenem Antrieb lernen. Leistungsschwachen Schülerinnen und Schülern, aber auch leistungsstarken Schülerinnen und Schülern wirklich gerecht zu werden, ist eine große Herausforderung, die leider nicht immer zufriedenstellend eingelöst werden kann. Größe und Zusammensetzung der Klasse sind hier ziemlich entscheidende, respektive einschneidende Faktoren.

***Welche immer wiederkehrenden fachspezifischen Herausforderungen im Unterrichtshandeln müssen Ihrer Meinung nach die Lehrpersonen beherrschen, um im Unterricht für „Lebensführung" eine angemessene Unterrichtsqualität garantieren zu können?***

Die Kompetenzen im Lehrplan 21 geben im Moment eine klare Orientierung. Aber die Situationen und Gegenstände bzw. Trends wechseln immer wieder, weil das Fach WAH, wie vorangehend erwähnt, durch diverse gesellschaftliche Entwicklungen ständig beeinflusst und verändert wird. Beispielsweise hat sich im Bereich der Ökologie der Wissensstand allein in den letzten Jahren beträchtlich gewandelt. Das bedingt, sich stets am aktuellen Stand zu orientieren, um die lernrelevanten aktuellen Strömungen rund um die Alltagsgestaltung sinnvoll einbeziehen zu können. Beispielsweise: Welche Ernährungstrends zeigen sich? Was hat unser Essen mit dem Klima zu tun? Wie ist aus der Sicht der Gesundheit, der Wirtschaft, der Nachhaltigkeit darauf zu reagieren? Wie verändert sich die Arbeitswelt? Was bedeutet das für die Arbeitsprozesse bei der Herstellung von Produkten? Dabei zeigen sich auch interessante Spannungsfelder, die gesellschaftlich kontrovers diskutiert werden. Solche Diskussionen sollen den Schülerinnen und Schülern helfen, sich damit auseinanderzusetzen und argumentierend den eigenen Standpunkt zu finden. Dadurch können fachliche und überfachliche Kompetenzen (personale, soziale und methodische Kompetenzen) gefördert werden. Die komplex vernetzten Alltagsituationen bieten ideale Lernsituationen für dieses Zusammenspiel.

### Worauf gilt es bei der Entwicklung und dem Einsatz von Aufgaben bzw. Aufgabensets im kompetenzorientierten Unterricht für „Lebensführung" besonders zu achten?

Seit Jahren besteht das Bedürfnis nach geeigneten Lehrmitteln für die Unterrichtspraxis, aber auch für die Ausbildung. Mit dem Erscheinen der kompetenzorientierten und kompetenzfördernden Lehrmittel, *Das WAH-Buch* (Wespi, Senn & Schelbert, 2019) und des Studienbuches *Kompetenzförderung mit Aufgabensets* (Luthiger, Wilhelm, Wespi & Wildhirt, 2018), werden nun das Fach und die Unterrichtenden eine große, willkommene Unterstützung bekommen.

Neu und großartig daran ist, dass nicht nur fachlich inhaltliche Konzepte erarbeitet werden, sondern dass mit der Entwicklung von kompetenzorientierten und kompetenzfördernden Aufgabensets Lernangebote passend zum Lehrplan 21 zur Verfügung stehen werden. Die Integration von Lehrplankompetenzen ins Lehrmittel wird die Planung und Vorbereitung der Unterrichtenden wesentlich unterstützen.

Die Aufgabensets sind so konzipiert, dass sie einen vollständigen kompetenzorientierten Lernprozess mit Konfrontation, Erarbeitung / Vertiefung und Synthese / Transfer initiieren. Meine Erfahrungen damit zeigen, dass die Konfrontationsphase zu Beginn sehr wichtig ist. Hier werden die Schülerinnen und Schüler für das Thema vorbereitet und zum Denken angeregt. Zugleich bekommt die Lehrperson Einblick in das Vorwissen der Lernenden. Das hilft der Lehrperson, die nachfolgenden Lernphasen angepasst zu gestalten und auch auf die Heterogenität besser zu reagieren. Ebenso zentral ist die Synthese nach der Erarbeitung. Sie dient der Rückkopplung zur Ausgangssituation mit der Konfrontation und soll den Lernzuwachs zeigen.

Ebenso bedeutsam ist die Aufgabenqualität. Aufgaben sollten nicht einfach „Beschäftigungen" für die Schülerinnen und Schüler sein, sondern sollten die Jugendlichen zum Denken anregen, sie motivieren, sich mit Problemen und deren Lösungen auseinanderzusetzen. Das heißt: Es gibt oft nicht richtige und falsche Lösungen, sondern situativ begründete, kriterienorientierte Lösungen.

Der Fokus „Lernen" wird auch dadurch betont, dass Lern- und Leistungsaufgaben unterschieden werden. Damit wird Bewusstsein dafür geschaffen, dass Lernprozesse Zeit brauchen und individuell aufgebaut werden müssen.

*Welche Schritte empfehlen Sie aufgrund Ihrer wissenschaftlichen bzw. erfahrungsbasierten Expertise als „first steps" für angehende Lehrpersonen im Fach, die sie für guten Unterricht für „Lebensführung" umsetzen können?*

Grundsätzlich ist es wichtig, sich mit dem Thema fachlich auseinanderzusetzen und die Bedeutsamkeit für die aktuelle Lerngruppe herauszuschälen. Was ist aktuell wichtig für die Alltagssituation der Lernenden? Welches Potential steckt in der gewählten Kompetenz? Sind diese Fragen geklärt, muss überlegt werden, wie dieses Fachwissen zu den Lernenden kommt. Welche Schritte und Lernaktivitäten brauchen die Lernenden, damit das Fachwissen nachvollziehbar wird? Was sich so einfach anhört, ist in der Realität oft sehr komplex und braucht immer gründliche Auseinandersetzung.

Zahlreiche Reformen haben in den letzten Jahren auf den täglichen Unterricht eingewirkt und Erfahrungen teilweise in Frage gestellt. Mein Umgang damit war stets, dass es hilfreich ist, sich immer wieder am Lernen der Schülerinnen und Schüler zu orientieren und wahrzunehmen, wie sie vorankommen. Zudem ist es wichtig, die Lernenden nicht mit Stoff zu überfordern, sondern ihr persönliches Lernen, Weiterkommen und Interesse in den Vordergrund zu stellen. Das bedeutet auch Mut zur Lücke und Reduktion auf Wesentliches. Beides trägt zur Entschleunigung des Unterrichtes bei. Durch die Digitalisierung ist Wissen eh viel schneller und in einem vielfältigen Angebot zugänglich geworden. Mit einer seriösen Grundlage wird es den Jugendlichen gelingen, weitere Quellen zu nutzen, um sich selbstständig entwickeln zu können.

Unterrichten ist immer auch eine Herzensangelegenheit, die mit inneren Überzeugungen verbunden sind. Es braucht vor der Unterrichtsdurchführung viel gedankliche Auseinandersetzungen, Planungen und Strukturierungen, damit bei der Durchführung der Kopf frei ist. So gelingt es besser, für die Schülerinnen und Schüler da zu sein, sie wahrzunehmen und auf ihre Anliegen adäquat einzugehen.

### *Was ist Ihrer Ansicht nach das Besondere am Unterricht für „Lebensführung"?*

Ich schätze am Hauswirtschafts- bzw. WAH-Unterricht, die konkrete Alltagsorientierung, die den sinngebenden Takt angibt. Die vielfältigen interdisziplinären Verknüpfungen bieten immer wieder ein spannendes Lernpotential für die Lernenden, aber auch für mich selber. Diese Auseinandersetzungen sind sehr befruchtend.

Mit der Thematisierung von aktuellen Situationen, Produkten und Trends entstehen im Unterricht echte Lernsituationen, an denen Jugendliche interessiert sind. Das schafft sofort Beziehung und Nähe, die das Unterrichten angenehm und sinnstiftend erleben lassen.

Der ernährungspraktische Teil des WAH-Unterrichtes beinhaltet ein riesiges Lernpotential. Hier machen Jugendliche grundlegende Erfahrungen mit chemisch-physikalischen Phänomenen wie Hitze, Wasser, Fett und Säure, die für die Herstellung von genussvollen Gerichten unentbehrlich sind. Zudem ermöglicht die Nahrungszubereitung das konkrete, handwerkliche Tun mit den Händen, sinnliche, „analoge" Gestaltungsmöglichkeiten, die in der zunehmend digitalisierten Umgebung wichtige grundlegende Erfahrungen und Alternativen bieten.

Eine weitere Besonderheit ist, dass der WAH-Unterricht Gelegenheiten schafft, in Gruppen zusammenzuarbeiten. Das hat zur Folge, dass die Jugendlichen mit verschiedenen Meinungen, unterschiedlichen Prägungen von Essgewohnheiten, Rollen, Arbeitsstrategien usw. konfrontiert werden, mit denen sie sich auseinandersetzen und arrangieren müssen. Diese Konfrontationen ermöglichen natürliche, oft konstruktive Begegnungen mit Multikulturalität und Heterogenität.

### *Welcher Name trifft aus Ihrer Sicht das Kernanliegen einer Bildung für „Lebensführung"?*

WAH ist die aktuelle Bezeichnung in der Schweiz. Es ist ein Kompromiss aus vielen Überlegungen, basierend auch auf der herkömmlichen Bezeichnung Hauswirtschaft. Sie ist zwar etwas gewöhnungsbedürftig, letztlich jedoch eine gute, logische Fachbezeichnung. Denn die Lebensführung (Alltagsgestaltung) geschieht im Spannungsfeld von Wirtschaft, Arbeit und Haushalt.

## Literatur

Luthiger, H., Wilhelm, M., Wespi, C. & Wildhirt, S. (Hrsg.) (2018). *Kompetenzförderung mit Aufgabensets. Theorie – Konzept – Praxis.* Bern: hep verlag ag.

Wespi, C., Senn, C. & Schelbert, Z. (2019). *Das WAH-Buch. Lehrmittel.* Bern: Schulverlagplus.

STEFANIE NOLTE

# DIE FRAGE, WAS LERNENDE WISSEN MÜSSEN, UM IHRE ALLTÄGLICHE LEBENSFÜHRUNG ZU BEWÄLTIGEN, IST IMMER WIEDER NEU ZU BEANTWORTEN

Nolte, Stefanie, Erste und zweite Staatsprüfung für das Lehramt an Grund-, Haupt-, Real- und den entsprechenden Jahrgangsstufen der Gesamtschulen in den Fächern Hauswirtschaft und Mathematik, Lehrerin an der Heinrich-Lübke-Schule – Sekundarschule Brilon, (derzeit in Elternzeit).

*Welches fachwissenschaftliche und fachdidaktische Wissen und Können der Lehrperson sind aus Ihrer Sicht für die Qualität des Unterrichts für „Lebensführung" besonders wichtig?*

Aufgabe der Haushaltslehre ist, wie Schlegel-Matthies (2016, S. 84f.) treffend formuliert „schrittweise entlang der unterschiedlichen Haushaltsaufgaben systematisch die geforderten Befähigungen im Umgang mit komplexen Situationen zu üben und damit Zielsetzungen, die in anderen Fächern (z. B. Politik, Sozialkunde, Religion usw.) exemplarisch und nur bzw. vorrangig auf naturwissenschaftlichen Grundlagen basierendem Wissen behandelt werden, in lebensweltliche Bezüge einzuordnen und praktisch erfahrbar zu machen".

Hohe Unterrichtsqualität erfordert folglich **strukturiertes Fachwissen** über die Konzepte und Theorien haushaltsbezogener Bildung, besonders hinsichtlich der alltäglichen Lebensführung und die Handlungsfelder Konsum,

Ernährung sowie Gesundheit. Die Handlungsfelder und generell die Themen des Faches sind eng miteinander vernetzt und Lehrpersonen müssen die komplexen Zusammenhänge erkennen, verstehen und reflektieren. Wird beispielsweise der Klimawandel thematisiert, müssen die Zusammenhänge zu den einzelnen Handlungsfeldern aber auch zu den komplexen Lebensbedingungen der Schülerinnen und Schüler verstanden und reflektiert werden. Ansonsten besteht die Gefahr, dass die Thematisierung eher oberflächlich ist, und die Handlungsoptionen nicht an der Lebenswelt der Schülerinnen und Schüler ansetzen.

Für einen qualitativ hochwertigen Unterricht ist von besonderer Bedeutung, dass Lehrpersonen die Komplexität der Lebensbedingungen verstehen und reflektieren. Sie müssen epochaltypische Schlüsselprobleme (vgl. Klafki, 2007, S. 56) wie den Klimawandel identifizieren, exemplarisch herausarbeiten, gemeinsam mit den Lernenden reflektieren und Handlungsoptionen eröffnen. Der Wandel der alltäglichen Lebensführung spielt hierbei eine zentrale Rolle. Der Strukturwandel hin zu einer postmodernen bzw. postindustriellen Gesellschaft geht unter anderem einher mit einer Individualisierung, einem Werte- und Normenwandel, einer Pluralisierung der Lebensformen, veränderten Haushalts- und Familienformen, einer zunehmenden globalen Verflechtung sowie einer wachsenden Gefährdung der Umwelt (vgl. Schlegel-Mathies, 2016). Hieraus resultieren Chancen wie erweiterte Handlungsspielräume, zunehmende Wahlmöglichkeiten oder die Befreiung von einengenden Normen. Gleichzeitig gehen damit komplexere Aufgaben der Lebensführung und eine gesellschaftliche Verantwortungszuweisung für Individuen einher. Damit die Lernenden Verantwortung übernehmen und ihre alltägliche Lebensführung bewältigen können, muss Unterricht folglich Problemlöse-, Urteils-, Handlungs- und Entscheidungskompetenzen anbahnen.

Neben Fachwissen benötigen die Lehrenden hierfür **grundlegendes fachdidaktisches Wissen und Können**. Sie müssen die didaktischen Prinzipien (salutogenetisch orientiertes, kompetenzorientiertes und lebensbegleitendes Lernen) und didaktischen Konzepte (z. B. problem- und handlungsorientierter Unterricht, Projektunterricht, biografisches und erfahrungsbezogenes Lernen) haushaltsbezogener Bildung umfassend studieren und im Unterricht umsetzen. Lehrende können und sollten sich dabei am Referenzrahmen für eine moderne Ernährungs- und Verbraucherbildung der Projektgruppe REVIS orientieren (vgl. Heseker, Schlegel-Mathies, Heindl & Methfessel, 2005; Schlegel-Mathies, Bartsch, Brandl & Methfessel, Druck in Vorb.). Für die Qualität des Unterrichts halte ich es für entscheidend, ob der Unterricht die im Referenzrahmen formulierten Bildungsziele anstrebt.

Eine große Herausforderung für Lehrpersonen ist dabei die Auswahl exemplarischer Unterrichtsinhalte. Sie müssen exemplarisch für das Bildungsziel stehen, die Komplexität und Mehrperspektivität des Themas widerspiegeln, am Leben der Schülerinnen und Schüler anknüpfen und didaktisch reduziert sein. Dies kann nur erreicht werden, wenn Lehrpersonen ihren Unterricht langfristig planen und gut strukturierte Unterrichtseinheiten entwickeln, die nicht aus isolierten Doppelstunden bestehen.

Neben fachdidaktischem und fachwissenschaftlichem Wissen und Können halte ich **professionelles pädagogisches Handeln** für die zentrale Basis guten Unterrichts. Die Lehrperson muss ihr eigenes Verhalten selbstkritisch reflektieren, empathisch und authentisch sein, zuhören können, den Lernenden respektvoll begegnen und ein Vertrauensverhältnis zu den Lernenden aufbauen. Wie später gezeigt wird, sind dies wichtige Voraussetzungen für die in der haushaltsbezogenen Bildung wichtige Biografiearbeit.

### *Welche Qualitätsmerkmale halten Sie für den Unterricht für „Lebensführung" für essenziell?*

Qualitätsmerkmale für wirksamen Unterricht wurden in zahlreichen Bildungsstudien formuliert. Viele Qualitätsmerkmale sind eine Basis für guten Unterricht unabhängig von der Fachrichtung, dies gilt beispielsweise für gut strukturierten Unterricht.

Wichtigstes Qualitätsmerkmal im Fach Lebensführung ist meiner Meinung nach die Kompetenzorientierung. Moderne Ernährungs- und Verbraucherbildung sollte Daseinskompetenz (vgl. Schlegel-Matthies, 2016, S. 89 ff.) sowie Problemlöse- und Handlungskompetenzen anbahnen. Hierdurch werden die Schülerinnen und Schüler zu reflektiertem und selbstbestimmtem Handeln befähigt, können Verantwortung für sich und andere übernehmen und flexibel auf neue Entwicklungen, Aufgaben und Probleme reagieren. Sie werden folglich dazu befähigt, die alltägliche Lebensführung in den Handlungsfeldern Ernährung, Konsum und Gesundheit zu bewältigen. Die haushaltsbezogene Bildung stützt sich auf den Kompetenzbegriff nach Weinert (2001, S. 27 f.). Entscheidend für die Kompetenzorientierung ist demnach das Zusammenspiel aus Wissen, Können und Wollen:

1. Wissen: Bezogen auf das Fachwissen halte ich es für bedeutsam, dass wesentliche Inhalte der Bildungsziele sowie epochaltypische Schlüsselprobleme der Handlungsfelder alltäglicher Lebensführung (z. B. die Wegwerfkultur) einen zentralen Stellenwert erhalten.

2. Können: Damit die Lernenden ihr Wissen auch umsetzen „Können", muss der Unterricht handlungsorientiert sein. Die angebahnten Handlungskompetenzen müssen dabei weit über die immer noch verbreitete schwerpunktmäßige handwerkliche Praxis hinausgehen. Vielmehr geht

es um komplexe Handlungsziele, die nur gemeinsam und langfristig realisiert werden können und dadurch schüleraktives, ganzheitliches Lernen ermöglichen (vgl. Tornieporth, 1995, S. 26ff.). Dabei muss das Handeln reflektiert werden und kann nicht losgelöst von fachwissenschaftlichen Theorien erfolgen, denn erst hierdurch unterscheidet es sich von Alltagshandeln (vgl. Tornieporth, 1999, S. 144). Ein komplexes Handlungsziel wäre beispielsweise, wenn Schülerinnen und Schüler einen Nachhaltigkeitsbericht für die Schule verfassen. Hierfür müssen sie sich intensiv mit dem Nachhaltigkeitsbegriff befassen, zahlreiche Informationen der Schule einholen, diese analysieren, auswerten und auf deren Basis Handlungsempfehlungen erarbeiten, die ggf. in folgenden Projekten realisiert werden.

3. Wollen: Die Lernenden müssen – wie von Weinert gefordert – auch die motivationalen, volitionalen und sozialen Bereitschaften entwickeln, ihr Wissen und Können anzuwenden. Die Lebenswelt muss hierfür zugleich Ausgangspunkt, Gegenstand und Ziel des Lernens sein. Diese Lebensweltorientierung kann Schülerinnen und Schüler motivieren, weil sie ihre Alltagserfahrungen mit in den Unterricht einbringen können und die Bedeutsamkeit der Lerninhalte für sie erkennbar ist. Ein wichtiges Qualitätskriterium ist folglich, wenn die Lebenswelt (z. B. Konsum-, Gesundheits- oder Ernährungsbiografie) Teil des Unterrichts wird und biografisches Lernen erfolgt, sodass es zu bedeutsamem, schülerorientiertem und erfahrungsorientiertem Lernen kommt (vgl. Gudjons, Wagner-Gudjons & Pieper, 2008, S. 33).

### Welche Lernumgebungen und Lehr-/Lernformen halten Sie für einen wirksamen Unterricht für „Lebensführung" für besonders bedeutsam?

Biografisches Lernen erfordert eine **Lernumgebung,** die von Vertrauen, Wertschätzung und gegenseitigem Respekt gekennzeichnet ist. Lernende und Lehrende müssen die Bereitschaft entwickeln, die unterschiedlichen Werte, Normen und Lebensstile innerhalb der Gruppe zu tolerieren und die Heterogenität der Gruppe als Chance zu begreifen. Hierfür kann es hilfreich sein, feste Regeln für einen achtsamen, respektvollen Umgang miteinander zu formulieren. Die Lehrperson sollte insgesamt eine positive Lernatmosphäre und einen geschützten Raum schaffen, indem sich Lernende trauen, von ihren eigenen Erfahrungen zu berichten. Wichtig ist hierbei, dass es kein „Richtig" oder „Falsch" gibt und Fehler als Ausgangspunkt für weiteres Lernen genutzt werden (vgl. Gudjons et al., 2008, S. 37).

Die Lernumgebung sollte immer mit den Lernzielen und -inhalten abgestimmt werden. Vielfach bietet es sich an, den Klassenraum zu verlassen und außerschulische Bereiche einzubeziehen, zum Beispiel im Rahmen von Erkundungen (Weltladen, Bioladen, Verbraucherzentrale etc.), Experteninterviews (Schuldnerberatung) oder einem konsumkritischen Stadtrundgang.

**Bedeutsame Methoden** im Fach Lebensführung ermöglichen eine mehrdimensionale, mehrperspektivische Betrachtung der Inhalte und fördern die Urteils-, Entscheidungs-, Problemlöse- und Handlungsfähigkeit der Lernenden. Hierzu zählen zum Beispiel Diskussionsrunden, Planspiele, Zukunftswerkstatt, Rollenspiele, Waren- und Dienstleistungstest, szenisches Spiel, Experteninterview oder Erkundungen.

Darüber hinaus gibt es spezielle Methoden der Biografiearbeit, die für das Fach bedeutsam sind, beispielsweise das Führen eines Wegwerftagebuchs, Befragungen von Familienmitgliedern oder eine Kleiderschrankzählung. Im Zusammenhang mit der handwerklichen Praxis sind die Nahrungszubereitung, Experimente, SchmeXperimente, Verkostungen oder auch Projekte (Anlegen eines Kräuterbeetes) bedeutsam. Die Arbeit mit Fallbeispielen ist für erfahrungsorientiertes Lernen wichtig. Phantasiereisen oder bildliche Produktionen (Fotografieren, Filmen, Malen etc.) regen das Lernen mit allen Sinnen an. Um den Unterricht abwechslungsreich und spannend zu gestalten, sollten insgesamt verschiedene Methoden Verwendung finden. Wichtig ist, dass die Lehr-/Lernformen immer mit den Lernzielen, Inhalten und Lernvoraussetzungen der Schülerinnen und Schüler abgestimmt werden. Methoden sollten folglich nicht Selbstzweck sein und in die vorangehend genannten didaktischen Konzepte integriert werden.

## *Wie sieht eine gute Differenzierung/Individualisierung Ihrer Meinung nach im Unterricht für „Lebensführung" aus?*

Eine gelungene Differenzierung geht über die Gabe von Hilfs-Materialien für leistungsschwache und Zusatzaufgaben für leistungsstarke Schülerinnen und Schüler weit hinaus. Vielmehr muss guter Fachunterricht – wie skizziert – lebensweltorientiert sein, sodass er an den heterogenen Lernvoraussetzungen sowie Interessen und Fragen der Lernenden anknüpft und diese zum Thema macht. Die Lernenden erhalten hierdurch die Möglichkeit, den Lernprozess aktiv mitzugestalten und Schwerpunkte zu setzen. In meinem Unterricht hat sich gezeigt, dass dies besonders durch die Verknüpfung von biografischem und offenem Lernen (z. B. Handlungsorientierter Unterricht oder Projektunterricht) gelingt.

Beim biografischen Lernen befassen sich die Schülerinnen und Schüler mit ihrer individuellen Biografie, wodurch eine Differenzierung und Individualisierung ermöglicht wird. Beim offenen Unterricht variiert die Individualisierung mit dem Umfang der Öffnung. Unter anderem Peschel (2007) sowie

Bovet und Huwendiek (2008) bieten einen Überblick, auf welchen Ebenen eine Öffnung erfolgen kann. Lernende können beispielsweise frei über Raum, Zeit und Sozialformen entscheiden (organisatorische Öffnung), eigene Lernwege auswählen (methodische Öffnung) oder Themen mit einbringen (inhaltliche Öffnung). Aufgabe der Lehrperson ist die Begleitung des Lernprozesses, die Gestaltung kompetenzorientierter Lernaufgaben (z. B. Du-kannst-Aufgaben), die Wahl geeigneter Arbeitsformen (z. B. Stationenlernen) und die Bereitstellung vielfältiger Materialien.

Dabei erfordern unterschiedliche Lernwege auch verschiedene Materialien (vgl. Leutnant, 2012, S. 68). Da in vielen Schulen die handwerkliche Praxis einen großen Stellenwert einnimmt und auch hier differenzierende Materialien erforderlich sind, folgend einige Beispiele

- Rezepte mit verschiedenen Anforderungsniveaus (nur Text, Text mit Bild, nur Bild) für verschiedene Lernende einer Gruppe
- Checklisten, auf denen immer wiederkehrende Aufgaben (z. B. Arbeitsplatz einrichten oder Müll entsorgen) notiert sind und die eine eigenständige Arbeitsorganisation erleichtern
- laminierte Fotokarten, zum Beispiel zum fachgerechten Schneiden oder Spülen, die Lernende während der handwerklichen Praxis in ihren Kojen verwenden können
- Messer für Lernende mit motorischen Einschränkungen (z. B. Messer mit speziellem Haltegriff)
- Bücherregal mit Rezeptbüchern, Lebensmittelführern, Literatur zu den Schlüsselproblemen (z. B. Plastic Planet) etc.

Insgesamt denke ich, je offener der Unterricht gestaltet wird, desto umfangreicher sind die Möglichkeiten der Differenzierung und Individualisierung.

**Welche immer wiederkehrenden fachspezifischen Herausforderungen im Unterrichtshandeln müssen Ihrer Meinung nach die Lehrpersonen beherrschen, um im Unterricht für „Lebensführung" eine angemessene Unterrichtsqualität garantieren zu können?**

Herausforderung ist, dass die Themen einer modernen Ernährungs- und Verbraucherbildung komplex sind, mehrperspektivisch sowie mehrdimensional betrachtet werden müssen, von wissenschaftlichen Kontroversen bestimmt werden und im Gegensatz zu Inhalten vieler anderer Fächer einem stetigen Wandel unterworfen sind. Lehrpersonen müssen folglich fachwissenschaftliche, fachdidaktische und lebensweltbezogene Veränderungen konsequent verfolgen und immer wieder eine Aktualisierung ihres Unterrichts vornehmen. Durch den Wandel stellt sich immer wieder aufs Neue die

Frage, was Lernende wissen müssen, um ihre alltägliche Lebensführung zu bewältigen (vgl. Schlegel-Matthies, 2016, S. 10). Die Unterrichtsplanung ist zudem herausfordernd, weil die komplexen Inhalte didaktisch reduziert und exemplarisch thematisiert werden müssen. Erhalten Lernende dabei die Möglichkeit den Lernprozess mitzugestalten, müssen Lehrende eine hohe Flexibilität und Fachkompetenz aufweisen.

Die Umsetzung einer modernen Ernährungs- und Verbraucherbildung mit konsequenter Theorie-Praxis-Integration stellt aufgrund der gegebenen Rahmenbedingungen häufig eine große Herausforderung dar. Einerseits sind Rahmenbedingungen der Schule zu berücksichtigen, wenn beispielsweise Unterrichtsraum sowie Lehrküche im Wechsel genutzt werden müssen, der Unterricht in 60-Minuten-Lektionen stattfindet oder nur ein geringes Budget zur Verfügung steht. Andererseits gilt es aber auch Erwartungshaltungen der Lernenden zu beachten, die „eine warme Mahlzeit" als Stundenziel empfinden. Die Legitimation einer modernen Ernährungs- und Verbraucherbildung ist häufig nicht nur gegenüber Lernenden erforderlich, sondern auch gegenüber Eltern, dem Kollegium oder der Schulleitung. Kernlehrpläne und schulinterne Curricula werden einer modernen Ernährungs- und Verbraucherbildung auch nur teilweise gerecht, was die Legitimation als auch die Unterrichtsplanung erschwert.

In meinem Unterricht hat sich immer wieder gezeigt, dass die emotionale Involviertheit der Schülerinnen und Schüler Herausforderungen mit sich bringt. Lernende bringen aufgrund der Lebensweltnähe Vorwissen und subjektive Wahrnehmungen mit. Werden diese im Unterrichtsgeschehen auf Basis wissenschaftlicher Theorien reflektiert, können Lernende dies als persönlichen Angriff werten und eine Abwehrhaltung zeigen. Lehrpersonen sind gefordert mit Behutsamkeit und Empathie diese Spannungen auszubalancieren. Die hohe emotionale Involviertheit bietet gleichzeitig auch die Chance, dass aus verschiedenen Wahrnehmungen sowie Bewertungen innerhalb der Lerngruppe fruchtbare Diskussionen erwachsen. In meinem Unterricht haben beispielsweise ein Sohn eines Landwirts und eine Vegetarierin ausgiebig über eine artgerechte Tierhaltung diskutiert, woraus viele Anregungen für den weiteren Unterricht erwachsen sind.

### *Worauf gilt es bei der Entwicklung und dem Einsatz von Aufgaben bzw. Aufgabensets im kompetenzorientierten Unterricht für „Lebensführung" besonders zu achten?*

Der Unterricht lebt auch beim Einsatz von Aufgaben bzw. Aufgabensets von der Vielfalt. Beispielsweise gibt es verschiedene Aufgabentypen (Lern-, Förder-, Diagnose- oder Leistungsaufgaben), die sich in ihren Funktionen unterscheiden (vgl. Leisen, 2018). Wichtig ist, dass sich Lehrpersonen dieser

Unterschiede bewusst sind und auch Freiräume zum Lernen ohne Leistungs-
druck schaffen.

Wie die Fragestellung schon beinhaltet, sollten Aufgaben und Aufgabensets
kompetenzfördernd sein. Darüber hinaus finde ich die fachbezogene Ausrichtung der Aufgaben wichtig. Einerseits müssen sie neben der Kompetenzorientierung den zwei weiteren didaktischen Prinzipien einer modernen
Ernährungs- und Verbraucherbildung gerecht werden: der salutogenetischen Orientierung und dem Prinzip des lebenslangen Lernens (vgl. Heseker
et al., 2005, S. 30). Anderseits müssen sie sich in die Konzepte haushaltsbezogener Bildung fügen wie der Handlungs- oder Problemorientierung.

Die fachbezogene Ausrichtung wird darüber hinaus auch durch folgende
Merkmale deutlich (vgl. Bender, 2012, S. 81 ff.; Leutnant, 2012, S. 68 f.):

Lernaufgaben

- sind im Sinne salutogenetisch orientierten Lernens bedeutsam, bewältigbar, überschaubar, motivierend und ermöglichen Selbstwirksamkeitserfahrungen.

- sind kognitiv anspruchsvoll und haben einen hohen Aufforderungscharakter, damit die Lernenden selbst handelnd aktiv werden.

- ermöglichen eine mehrperspektivische Auseinandersetzung mit Fragen-
stellungen und Problemen des Alltags und verdeutlichen dabei auch
widersprüchliche Anforderungen.

- wecken ein echtes Problemlöseinteresse.

- sind lebensweltorientiert, indem sie an die Erfahrungen der Jugendlichen
anknüpfen oder neue Erfahrungen ermöglichen, zum Beispiel mithilfe
von Fallbeispielen.

- ermöglichen die Auseinandersetzung mit eigenen Werten bzw. subjektiven Bewertungen, bieten Raum für Reflexionen und Anhaltspunkte für
gemeinsame Diskussionen.

- sind offen gestaltet und können zum Beispiel mit Hilfe verschiedener
Lösungsstrategien bewältigt werden.

Selbstdifferenzierende Lernaufgaben und Du-Kannst-Aufgaben sind für
unser Fach folglich besonders bedeutsam (vgl. Leutnant, 2012 und 2014).
Eine Hilfestellung zur Entwicklung von kompetenzfördernden Aufgabensets im Fachbereich bieten Luthiger, Wilhelm, Wespi und Wildhirt (2018).

***Welche Schritte empfehlen Sie aufgrund Ihrer wissenschaftlichen bzw. erfahrungsbasierten Expertise als „first steps" für angehende Lehrpersonen im Fach, die sie für guten Unterricht für „Lebensführung" umsetzen können?***

„Gut kochen zu können" reicht nicht als Qualifikation zur Fachlehrerin. Vielmehr ist ein universitäres Fachstudium mit anschließendem Anwärterdienst der erste wesentliche Schritt für guten Unterricht, denn nur hierdurch können die komplexen Inhalte einer modernen Ernährungs- und Verbraucherbildung sowie zentrale didaktische Konzepte und Verfahren haushaltsbezogener Bildung umfassend studiert werden. Leider muss dies angesichts vieler Quereinsteiger betont werden.

Grundlegende Basis für guten Unterricht ist eine ausführliche Unterrichtsplanung. Lernziele, Inhalte und Methoden abzustimmen, ist dabei eine große Herausforderung. Lehrende sollten ihre Planung hinsichtlich der Qualitätskriterien guten Unterrichts hinterfragen: Inwiefern sind gewählte Inhalte für die Lernenden gegenwärtig und zukünftig bedeutsam? Strebt der Unterricht Bildungsziele an und thematisiert er epochaltypische Schlüsselprobleme? Orientiert sich der Unterricht an den didaktischen Prinzipien haushaltsbezogener Bildung? Werden fachbezogene Lehr- und Lernmethoden eingesetzt? Generell finde ich es wichtig, Lehr- und Lernmethoden sowie didaktische Konzepte haushaltsbezogener Bildung (zum Beispiel Projektunterricht) schrittweise einzuführen, um Lehrende und Lernende nicht zu überfordern.

Als weiteren wichtigen Schritt würde ich empfehlen in der Schulkultur zu leben, was gelehrt wird. Schule kann somit als Vorbild fungieren und den Lernenden Handlungsoptionen aufzeigen. Bezogen auf die Handlungsfelder sollten sich die Lehrpersonen stark dafür machen, dass in der Schulkultur beispielsweise Nachhaltigkeit, eine gesundheitsförderliche Ernährung (z. B. im Fachunterricht, dem Schulkiosk oder der Mensa) und ein wertschätzendes Miteinander gefördert werden. Um als gutes Beispiel voran zu gehen, kann im Fachunterricht damit begonnen werden: Inwiefern werden Qualität und Nachhaltigkeit bei der Auswahl und Beschaffung von Konsumgütern sowie Lebensmitteln berücksichtigt? Gibt es viele Plastikschüsseln oder langlebige Edelstahlschüsseln? Werden regelmäßig regionale, saisonale, wenig verpackte, wenig verarbeitete, biologische und / oder faire Lebensmittel verwendet? Wird gekaufter Vanillinzucker verwendet oder mit den Lernenden echter Vanillezucker selbst hergestellt? Wird Lebensmittel-, Personal- und Arbeitsplatzhygiene von den Lehrpersonen gelebt? Sind beispielsweise Lebensmittel im Kühlschrank mit Namen und Öffnungsdatum versehen? Viele kleine Details können zusammen einen großen Unterschied machen! Langfristig zahlen sich qualitativ hochwertige und nachhaltige Produkte aus und es ist lohnenswert sich für entsprechende Rahmenbedingungen (z. B. Budget) in der Schule einzusetzen.

### Was ist Ihrer Ansicht nach das Besondere am Unterricht für „Lebensführung"?

Das Besondere am Unterricht für Lebensführung ist meiner Meinung nach die Verknüpfung von salutogenetisch orientiertem Lernen, Lebenswelt- und Handlungsorientierung sowie der Anbahnung von Lebensgestaltungs- und Daseinskompetenz zur Bewältigung von Komplexität. Die Verknüpfung ermöglicht immer wieder Selbstwirksamkeitserfahrungen und die Lernenden erfahren, dass sie etwas bewirken und komplexe Situationen bewältigen können. Motivierend wirkt auf die Lernenden, dass sie die erlangten Kompetenzen unmittelbar im Alltag anwenden und erproben können.

Besonderheit ist, dass das Leben nicht wie in anderen Fächern nur ein Anwendungsbeispiel darstellt, sondern selbst zum Lerngegenstand wird (vgl. Schlegel-Matthies et al., Druck in Vorb.). Dabei werden die Mehrdimensionalität, Mehrperspektivität und Komplexität der Fachinhalte thematisiert und nicht auf eine Dimension / Perspektive (z. B. die Naturwissenschaftliche) reduziert. Die Fachinhalte sind darüber hinaus einem stetigen Wandel unterworfen, was wie skizziert eine Herausforderung für Lehrende darstellt.

Biografisches Lernen ist wie in keinem anderen Fach zentraler Bestandteil des Unterrichts und bietet wie Gudjons et al. (2008, S. 33) treffend formulieren „die große Chance zu persönlich bedeutsamem Lernen, zur vielgeforderten Schülerorientierung, zum erfahrungsorientierten Lernen [...] zu individuellem Lernen, das den Schüler als Subjekt von Lernprozessen ernst nimmt".

Die handwerkliche Praxis, die in das großmethodische Konzept des handlungsorientierten Lernens eingebunden ist, stellt eine weitere Besonderheit des Fachunterrichtes dar. Viele Schülerinnen und Schüler betrachten den Fachunterricht auch deshalb als willkommene Abwechslung im Schulalltag und freuen sich auf die Unterrichtsstunden.

Ich glaube eine traurige Besonderheit des Faches ist, dass viele Lernende, Eltern, Kollegen bzw. Kolleginnen oder auch manche Schulleiter und -leiterinnen mit einer modernen Ernährungs- und Verbraucherbildung selten vertraut sind und daher die gesellschaftliche Bedeutung des Faches nicht erkennen. Es ist zwingend erforderlich, dass sich das Image des Hauswirtschaftsunterrichts wandelt und dieser nicht auf „Kochen" reduziert wird. Eine einheitliche bundesländerübergreifende Bezeichnung des Faches wäre hierfür sicherlich hilfreich. Eine weitere Besonderheit ist, dass der Hauswirtschaftsunterricht an Schulen einen unterschiedlichen zeitlichen Umfang einnimmt. Aufgrund der hohen gesellschaftlichen Bedeutung des Faches sollte, meiner Meinung nach, in allen Jahrgängen regelmäßig Hauswirtschaftsunterricht stattfinden, und dieser durch Wahlpflichtunterricht ergänzt werden.

## Welcher Name trifft aus Ihrer Sicht das Kernanliegen einer Bildung für „Lebensführung"?

Diese Frage finde ich schwer zu beantworten, weil meiner Meinung nach dieselben Inhalte unter verschiedenen Namen subsummiert werden können. Problematisch ist, dass die Außenwirkung der Begriffe sehr verschieden ist.

Im Namen Hauswirtschaft sehe ich den Vorteil, dass die Perspektive der Schülerinnen und Schüler als Haushaltsmitglieder deutlich wird. Meine Erfahrung hat gezeigt, dass Lernende im Unterrichtsgespräch über den Begriff Haushalt relativ schnell zentrale Inhalte des Faches identifizieren können. Problematisch ist hingegen, dass der Begriff in der Öffentlichkeit häufig noch negativ konnotiert wird. Wie Gespräche immer wieder zeigen, verbinden viele Menschen mit Hauswirtschaftsunterricht fälschlicherweise sehr reduzierte Lehrinhalte wie Kochen, Putzen oder Bügeln. Die Inhalte des Faches erscheinen dadurch als trivial und werden als Privatsache wahrgenommen, wodurch teilweise die Wissenschaftswürdigkeit des Faches infrage gestellt wird (vgl. Schlegel-Matthies, 2016, S. 56). Die Überwindung dieses falschen Fachbilds in der Öffentlichkeit ist eine große Herausforderung.

Die Begriffe Lebensgestaltung oder Lebensführung verdeutlichen unmittelbar die Lebensweltorientierung. Zentrale Fachinhalte wie Lebensstile, Lebensformen etc. lassen sich gut legitimieren. Gleichzeitig umfasst der Begriff sehr viele Themenbereiche, was zur Verunsicherung über die konkreten Inhalte führen kann. Problematisch könnte darüber hinaus sein, dass Außenstehende „Lebensführung" als Privatsache einstufen und weiterhin die Bedeutsamkeit der wissenschaftlichen Disziplin und des Schulfaches in Frage stellen.

Denkbar als Namen finde ich auch die Abkürzung „KEG", wobei jeder Buchstabe für einen Anfangsbuchstaben der Handlungsfelder haushaltsbezogener Bildung (Konsum, Ernährung, Gesundheit) steht. Ich denke die Bedeutung und Komplexität der Handlungsfelder und somit des Faches erschließen sich auch für Außenstehende unmittelbar. Hierdurch kann die Bedeutung des Faches und das Erfordernis eines Fachstudiums erkannt werden. Schwierig könnte hingegen die Legitimation von Unterrichtsinhalten wie zum Beispiel Haushalts- oder Lebensformen sein, weil sich diese nicht unmittelbar aus der Bezeichnung erschließen. Obwohl der Name folglich nicht optimal ist, hat er vielleicht das größte Potential, die Infragestellung des Faches zu überwinden. Insgesamt ist es vermutlich einfacher, einzelne Fachinhalte zu legitimieren, als das gesamte Fach.

# Literatur

Bender, U. (2012). Aufgabenkulturen in der Konsumbildung entwickeln. *Haushalt in Bildung & Forschung, 1*(3), 77–88.

Bovet, G. & Huwendiek, V. (2008). *Leitfaden Schulpraxis. Pädagogik und Psychologie für den Lehrberuf.* Berlin: Cornelsen.

Gudjons, H., Wagner-Gudjons, B. & Pieper, M. (2008). *Auf meinen Spuren. Übungen zur Biografiearbeit.* Bad Heilbrunn: Klinkhardt.

Heseker, H., Schlegel-Matthies, K., Heindl, I. & Methfessel, B. (2005). *Schlussbericht. REVIS Modellprojekt. Reform der Ernährungs- und Verbraucherbildung in Schulen 2003-2005.* Paderborn.

Klafki, W. (2007). *Neue Studien zur Bildungstheorie und Didaktik. Zeitgemäße Allgemeinbildung und kritischkonstruktive Didaktik.* Weinheim: Beltz.

Leisen, J. (2018). *Aufgabenstellungen und Aufgabenkultur. Steuerung von Lernprozessen durch Aufgabenstellungen.* Verfügbar unter http://www.lehr-lern-modell.de/aufgabenstellungen

Leutnant, S. (2012). Selbstdifferenzierende Aufgabenformate im kompetenzorientierten Unterricht. *Haushalt in Bildung & Forschung, 1*(3), 65–76.

Leutnant, S. (2014). *Plan L. – Leben bewusst gestalten. Ernährung, Konsum, Gesundheit.* Paderborn: Schöningh.

Luthiger, H., Wilhelm, M., Wespi, C. & Wildhirt, S. (2018). *Kompetenzförderung mit Aufgabensets. Theorie – Konzept – Praxis.* Bern: hep.

Peschel, F. (2007). *Offener Unterricht. Idee, Realität, Perspektive und ein praxiserprobtes Konzept zur Diskussion. Teil II: Fachdidaktische Überlegungen,* Hohengehren: Schneider.

Schlegel-Matthies, K. (2016). Zwischen Wissenschaft und Lebenswelt. Entwicklung, Stand und Zukunftsperspektiven haushaltsbezogener Bildung. *Paderborner Schriften zur Ernährungs- und Verbraucherbildung, 10.* Paderborn.

Schlegel-Matthies, K., Bartsch, S. Brandl, W. & Methfessel, B. (Druck in Vorb.). *Konsum, Ernährung, Gesundheit. Studienbuch zur Ernährungs- und Verbraucherbildung.* o.O.

Tornieporth, G. (1995). Unterrichtsmethoden im Lernfeld Ernährung. *Hauswirtschaftliche Bildung, 71*(1), 24–29.

Tornieporth, G. (1999). Die handwerkliche Praxis im Ernährungsunterricht der Haushaltslehre. *Hauswirtschaftliche Bildung, 76*(3), 143–148.

Weinert, F. (2001). Vergleichende Leistungsmessung in Schulen – eine umstrittene Selbstverständlichkeit. In: F. Weinert (Hrsg.), *Leistungsmessungen in Schulen* (S. 17–31). Weinheim: Beltz.

Markus Resinek

# Sich an der Alltagsrelevanz für die Lernenden orientieren

Resinek, Markus, Diplomtheologe, Diplompädagoge, Zweites Staatsexamen für das Lehramt an Haupt-, Real-, Sekundar- und Gesamtschulen, Fachleiter für Geschichte und Hauswirtschaft am Zentrum für schulpraktische Lehrerausbildung in Kleve.

***Welches fachwissenschaftliche und fachdidaktische Wissen und Können der Lehrperson sind aus Ihrer Sicht für die Qualität des Unterrichts für „Lebensführung" besonders wichtig?***

Ich gliedere meinen Unterricht grundsätzlich in die Ernährungslehre und die Verbraucherbildung. Für beide Bereiche sind fachwissenschaftliches wie fachdidaktisches Wissen und Können nötig. Besonders die Aktualität des Wissens spielt hier eine große Rolle. Im Bereich der Ernährungsbildung erachte ich es für besonders wichtig, eine Darstellungsform der Ernährungspyramide fachwissenschaftlich durchdrungen zu haben. Gemeint ist damit sowohl die Anordnung der Lebensmittel in der Pyramide als auch das faktische Wissen zu den einzelnen Lebensmitteln: Wie wird Brot hergestellt? Welche Zuckerarten gibt es? Wie verläuft die Verdauung von Fetten? usw. Im Hinblick auf die Fachdidaktik halte ich es so, dass ich in meinem Unterricht stets eine „reflektierte Ernährungsbildung" verfolge. Darunter verstehe ich das Vorgehen, den Lernenden Informationen (Wissen) an die Hand zu geben und ihnen gleichzeitig Möglichkeiten zur Umsetzung (Handeln) im eigenen Leben anzubieten. Dies wird besonders im Bereich der praktischen Nahrungszubereitung thematisiert. Hier werden Speisen aus zielgruppenrelevanten Rezeptbüchern, unter Einbeziehung von Rezepten für Speisen aus der Küche anderer Länder, zubereitet. Im Bereich der Verbraucherbildung lege ich aus fachwissenschaftlicher Sicht großen Wert darauf, dass das Querschnittsthema „Nachhaltigkeit" in allen Themen des Lehrplans zum Tragen kommt. Hier möchte ich die Lernenden zu einem „reflektierten Verhalten als Verbrauchende" befähigen. Um das eigene Leben im Sinne der Nachhaltigkeit und eines möglichst kleinen ökologischen Fußabdrucks gestalten zu können (Handeln), benötigen die Lernenden auch hier Hintergrundinformationen (Wissen) zu den verschiedenen Themen der Verbraucherbildung. Als beide Bereiche verbindend sehe ich den „didaktischen Würfel" (REVIS) an. Ihn nutze ich regelmäßig, um die vom Lehrplan vorgegebenen Themen auf ihre Mehrdimensionalität hin zu durchdringen. Ich beleuchte die zu unterrichtenden Themen im Hinblick auf das Themenfeld (Ernährung? Verbraucherbildung? Schnittmenge?) und die Dimension (Wen betrifft das Thema? Die Lernenden, deren Umfeld, die Gesellschaft?). Abschließend erachte ich es für gewinnbringend, einen Blick auf die drei fachdidaktischen Prinzipien des didaktischen Würfels (Salutogenese, Kompetenzorientierung und Lebensbegleitung) und die damit verbundenen Fragestellungen zu werfen.

### Welche Qualitätsmerkmale halten Sie für den Unterricht für „Lebensführung" für essenziell?

Für mich sind noch vor der eigentlichen Unterrichtsplanung zwei Elemente von großer Bedeutung: Zum einen das Annehmen der subjektiven Essbiographien der Lernenden. Sie alle kommen mit einem subjektiven Geschmack, subjektiven Präferenzen und einer entsprechenden Prägung durch den Haushalt, in dem sie aufwachsen, zu mir in den Unterricht. Bestimmte Verhaltensweisen abzuwerten oder sogar für alle als erstrebenswert darzustellen, wäre eine Bevormundung, die das Arbeitsklima derart belasten kann, dass die Vermittlung von Wissen und die Bereitschaft zur Reflexion des eigenen Handelns schon im Keim erschwert bis unmöglich macht. Zum anderen ist mir vorgeordnet noch wichtig, den Lernenden gegenüber transparent zu sein. Das bezieht sich auf materielle Dinge (z.B. Abrechnung des für die einzukaufenden Lebensmittel gezahlten Geldes) und ebenso auf immaterielle Dinge (z.B. Transparenz hinsichtlich der Lernziele, der einzuhaltenden Regeln und der Benotungsgrundlagen). Klare und transparente Absprachen erleichtern den sich anschließenden Unterricht erheblich. In Bezug auf den Unterricht an sich stechen für mich drei Qualitätsmerkmale besonders heraus. Zu allererst ist es die Alltagsrelevanz der Themen. Ich behaupte zu Beginn einer Übernahme eines Kurses immer gegenüber den Schülerinnen und Schülern, dass alle Themen, die in den kommenden Wochen und Monaten im Unterricht bearbeitet werden, stets eine klare Alltagsrelevanz für sie haben werden. Diese Behauptung lasse ich von Zeit zu Zeit evaluieren und bisher habe ich noch nie einen Widerspruch erhalten. Das zweite wichtige Unterrichtsmerkmal ist die Differenzierung. Gerade an einer Schule des längeren gemeinsamen Lernens sind die Lerngruppen sehr leistungsheterogen. Damit alle Lernenden ihr Ziel möglichst individuell umfassend erreichen, ist es wichtig, die Lernenden gut zu kennen und verschiedene Lernwege, die sogar in verschiedene Lernziele münden können, aufzuzeigen. Hier bietet das Fach Hauswirtschaft aufgrund der Alltagsrelevanz die Möglichkeit, alle Lernenden dort abzuholen, wo sie gerade sind. Das dritte Kriterium, das von den Lernenden eventuell missverstanden werden kann, ist jenes des „Einladungscharakters". Darunter verstehe ich die Tatsache, dass die Lernenden „eingeladen" sind, all das, was sie im Hinblick auf ihre Lebensführung an theoretischem Wissen und praktischen Fertigkeiten erwerben, auch tatsächlich in ihren Alltag zu integrieren. Es soll gerade nicht um das „teaching for the test" gehen, bei dem im Rahmen einer Klassenarbeit oder einer Lernzielkontrolle lediglich das erworbene Wissen und Können wiedergegeben wird. Über den Weg der Einladung soll die reflektierte Entscheidung angebahnt werden, das erworbene Wissen und Können auch im Alltag umzusetzen. Wenn zum Beispiel im Unterricht „Ballaststoffe" thematisiert werden, dann ist damit die Einladung verbunden, z. B. regelmäßiger Vollkornbrot als Pausenbrot zu verwenden, anstatt etwas Ballaststoffarmes wie ein Croissant, Puddingteilchen, Chips usw. Diese Verhaltens- und vielleicht sogar Einstellungsänderung darf ich als Lehrkraft aber keinesfalls mit in die Leistungsmessung einfließen lassen.

## Welche Lernumgebungen und Lehr-/Lernformen halten Sie für einen wirksamen Unterricht für „Lebensführung" für besonders bedeutsam?

In Bezug auf die Lernumgebungen habe ich in meinem Unterricht festgestellt, dass das Lernen an außerschulischen Lernorten sich großer Beliebtheit erfreut. Dabei ist es allerdings nicht der bloße Unterhaltungswert und die Tatsache in der entsprechenden Zeit nicht andere Fächer besuchen zu müssen, sondern es ist die Tatsache, dass die Lernenden erfahren, dass das Wissen und Handeln, das sie in der Schule erwerben und trainieren, im konkreten Alltag auch eine Rolle spielt. Ebenso ruft der Lernort Schulküche eine große Begeisterung hervor, da die Lernenden in diesem Raum im Schwerpunkt ihre handwerklichen Fähigkeiten trainieren können. Dies stellt stets einen gern angenommenen Ausgleich im eher verkopften Schulalltag dar. Auch das Wissen um die Tatsache, dass etwa eine Stunde nach Unterrichtsbeginn ein zum Verzehr fertiges Produkt entstanden sein wird, trägt zu ihrer

Motivation bei. Für die Unterrichtszeiten, in denen ich mit den Lernenden das Hintergrundwissen erarbeite, halte ich mich gerne in einem „normalen" Klassenraum auf und meide, wenn nicht erforderlich, die Schulküche. Aufgrund der Ausstattung, aber auch aufgrund der Symbolik, dass Hauswirtschaft nämlich kein Kochunterricht ist, ziehe ich dann einen Unterricht im Klassenraum vor.

Wenn ich an die von mir praktizierten Lehr- und Lernformen denke, dann kann ich sagen, dass ich in meinem Unterricht die Arrangements regelmäßig durchmische. Meist beginne ich das Schul(halb)jahr mit eher lehrerzentrierten Lehr- und Lernformen, um den Kurs besser kennenzulernen. Nach und nach öffne ich dann meinen Fachunterricht und biete kooperative Lernformen, offene Unterrichtsformen, handlungs- und produktorientierte Formen oder aber auch Projektunterricht (z. B. eine zweimonatige Schülerfirma) an. Seit einigen Jahren setze ich im Anfangsunterricht in Hauswirtschaft das Konzept „Flip the classroom" sehr erfolgreich um (Kück, 2014). Bei diesem Unterrichtskonzept erarbeiten sich die Lernenden, mithilfe von mir produzierten Lernvideos, bei sich zuhause relevantes Basiswissen zur sicheren Arbeit in der Schulküche und üben oder wenden dieses dann mit meiner Unterstützung im schulischen Fachunterricht an (z. B. Schneidetechniken). Auf diese Art und Weise erhöhe ich, bei gleichzeitiger Motivationssteigerung und Störungsverringerung, die Anzahl der praktischen Übungen und der praktischen Nahrungszubereitung, die den Reiz des Faches ausmachen, ohne es zu banalisieren.

### *Wie sieht eine gute Differenzierung/Individualisierung Ihrer Meinung nach im Unterricht für „Lebensführung" aus?*

Es soll Meinungen geben, in denen das Fach Hauswirtschaft den höchst zweifelhaften Ruf genießt, das Fach für die „Dummen" zu sein. Meine Erfahrungen, sowohl als Fachlehrer wie auch als Fachleiter, lehren mich allerdings, dass es in den Hauswirtschaftskursen Schülerinnen und Schüler mit allen Schulabschlussprognosen geben kann. Es können in den Kursen, wie in jeder Klasse und in jedem Fach, Lernende sein, die das Abitur, den Abschluss nach Klasse 10 oder den Hauptschulabschluss anstreben und es sind dort ebenfalls Lernende, die, unabhängig von ihrer Schulabschlussprognose, einen sonderpädagogischen Förderschwerpunkt haben. Deshalb ist der Anspruch, im Fach Hauswirtschaft zu differenzieren genauso wichtig, wie in allen anderen Fächern auch. Um eine effektive Differenzierung zu gewährleisten, die den Lernenden mehr nutzt als sie zu verwirren, müssen zunächst die Lernausgangslagen diagnostiziert und mit anderen Lehrenden besprochen werden. So ergibt sich ein konkretes Bild der Lerngruppe, auf das mit einer gewinnbringenden Differenzierung reagiert werden kann. Konkret bedeutet dies, dass z. B. im Sinne der Lerneingangskanäle eine – mitunter parallele – Abwechslung geboten wird: Texte zum Lesen, diskontinuierliche Texte, Texte, die auf einen Tonträger gesprochen wurden, Filme, die mit Bild und Ton das Thema veranschaulichen, aber auch Methoden, die das Handeln erfordern. Je nach Zusammensetzung der Klasse sollten die Materialien auf mindestens zwei Niveaus vorhanden sein: Ein Basisniveau, das von allen verstanden wird und ein Expertenniveau, das weitere und vertiefende Informationen für die Förderung nach oben enthält. Für Lernende mit dem Förderschwerpunkt „Lernen", ist es ggf. angebracht, einen Basistext in „einfacher Sprache" zu verfassen. Daneben sind auch Tippkarten, die Texte oder QR-Codes enthalten können, eine gern genutzte Differenzierung. Von der Arbeit mit Schulbüchern bin ich mittlerweile zum größten Teil abgerückt, denn ein Schulbuch kann nie so aufgebaut und verfasst sein, dass es kontinuierlich alle Lernenden erreicht. Hierzu sind sehr oft Ergänzungen anzufügen, die bei mir häufig darauf hinauslaufen, dass ich die Arbeitsmaterialien lerngruppenspezifisch erstelle. Bei der Erstellung dieser Materialien achte ich auf eine sprachsensible Ausrichtung: Wortlisten, Wortgeländer, Textpuzzle, Flussdiagramme usw. kommen zum Einsatz. Manchmal ist eine Differenzierung nach Sozialform (z. B. ein Partnerpuzzle) oder auch mithilfe einer ganzen Methode (Stationenlernen) ebenso gewinnbringend.

***Welche immer wiederkehrenden fachspezifischen Herausforderungen im Unterrichtshandeln müssen Ihrer Meinung nach die Lehrpersonen beherrschen, um im Unterricht für „Lebensführung" eine angemessene Unterrichtsqualität garantieren zu können?***

Hierzu möchte ich lediglich eine Herausforderung benennen, die in meinem Unterricht regelmäßig auftritt und deren Beherrschung ich den Auszubildenden mit entsprechenden Reflexionsaufträgen sehr ans Herz lege. Es handelt sich dabei um die Toleranz gegenüber den Essbiographien und den Lebenswelten der Lernenden. Es gibt Lernende, die dürfen zuhause die Küche nicht betreten. Ebenso gibt es Lernende, die zuhause überwiegend mit Tiefkühlpizza und Fertiggerichten aus der Mikrowelle versorgt werden oder für die Ketchup ein Grundnahrungsmittel darstellt. Auf der anderen Seite treffe ich auch auf Eltern, die ihre Kinder mit biologischen Lebensmitteln ernähren und völlig irritiert sind, wenn in einem Rezept das Wort „Brühpulver" auftaucht. Ob ich den Lernenden denn nicht beibringen könnte, wie ein Gemüsegrundstock zubereitet wird, wurde ich schon gefragt. Oder ob ich auch Gebäck ohne Zucker zubereiten könne... Es gibt auch jene Lernende, die bestimmte Lebensmittel nicht mögen (nicht: nicht vertragen) oder nicht mögen wollen, um in ihrer „Peergroup" nicht an Ansehen zu verlieren. Sich

hierzu Verhaltensweisen, Reaktions- und Präventionsstrategien zu überlegen, die zur eigenen Lehrerpersönlichkeit passen, ist die erste – und meiner
Meinung nach wichtigste – Herausforderung. Tunlichst zu vermeiden sind
Bloßstellungen – im ungünstigsten Fall vor der Lerngruppe. Eine Möglichkeit darauf zu reagieren, sind verständnisvolle und nicht verurteilende
Gespräche. Ebenso wäre eine anonyme Abfrage über Lebensmittelpräferen-
zen oder eine Erklärung der Eltern zu möglichen Nahrungsmittelallergien
oder -unverträglichkeiten eine Reaktionsweise. Auch das Auswählen von
Rezepten oder der Verweis auf lobende Rückmeldungen anderer Kurse zu
den Rezepten tragen zu einer höheren Akzeptanz bei. Die Annahme der
Essbiographien und Lebenswelten sowie die Bewusstmachung der möglichen Diskrepanz in Bezug auf die Herkunftsmilieus tragen zu einem ent-
spannten Unterricht bei und erhöhen die Akzeptanz der Annahme von
Rezepten und das Probieren unbekannter Zutaten. Ist das Vertrauensverhältnis gestört, so lehrt es mich die Erfahrung, boykottieren die Lernenden mitunter bewusst die Tischgemeinschaft, und es werden am Ende der Stunde
alle Speisen ins Lehrerzimmer gebracht oder entsorgt. Dies stellt meiner Meinung nach eine Bankrotterklärung an die Lehrkraft dar und bedarf einer
dringenden Selbstreflexion und Kurskorrektur.

### Worauf gilt es bei der Entwicklung und dem Einsatz von Aufgaben bzw. Aufgabensets im kompetenzorientierten Unterricht für „Lebensführung" besonders zu achten?

Mit meinem Fachunterricht möchte ich die Lernenden zu mündigen Verbrauchenden ausbilden und erziehen. Außerdem soll es ihnen möglich sein,
ihr Leben verantwortungsvoll gegenüber sich selbst, gegenüber den Mitmenschen und gegenüber der Umwelt zu gestalten. Damit dies gelingen
kann, ist es mir sehr wichtig, die Aufgaben in meinem Unterricht in verschiedene Kategorien einzuteilen. So gibt es als erstes jene Aufgaben, die auf das
Textverständnis ausgerichtet sind (Anforderungsniveau I). Hierbei sollen
die Lernenden den gelesenen Sachtexten oder diskontinuierlichen Texten
Informationen entnehmen und diese z. B. verschriftlichen. Im Anforderungsniveau II geht es darum, dass die Lernenden Zusammenhänge verstehen,
Hypothesen bilden und diese belegen oder widerlegen. Beim Anforderungsniveau III geht es dann in meinem Fachunterricht nicht nur um die Positionierung zu den Fakten (bewerten / beurteilen), sondern auch darum zu
reflektieren, was die Informationen mit mir und meinem Leben zu tun
haben. Diese Reflexion kann methodisch entsprechend gestaltet werden
(z. B. über einen Brief an eine fiktive Person, die ein Problem äußert und um
eine Empfehlung bittet). Bei einem Blick auf die Konzeption von Aufgaben
achte ich darauf, dass diese so formuliert sind, dass es keine Rückfragen

bezüglich der Verständlichkeit gibt. Dabei hilft es mir, wenn ich bei der Formulierung einer Aufgabe verschiedene Kriterien berücksichtige: (1) Was genau ist zu tun? (2) Wie ist zu verfahren? (3) Mit wem soll ich die Aufgabe bearbeiten? (4) Wo bekomme ich Hilfe? (5) Wie viel Zeit steht mir zur Verfügung? (6) Was ist zu tun, wenn die Aufgabe gelöst ist? Eine mögliche Aufgabe könnte nun lauten: „(a) Notiere dir zunächst in Einzelarbeit Gründe, die für und gegen einen Einkauf auf einem Wochenmarkt sprechen. Dafür hast du 5 Minuten Zeit. (b) Anschließend stellst du deinem Partner / deiner Partnerin deine Gründe vor und hörst dir seine / ihre Gründe an. Dafür habt ihr 3 Minuten Zeit. (c) Einigt euch auf jeweils zwei Gründe für und zwei Gründe gegen einen Einkauf auf dem Wochenmarkt. Dafür habt ihr drei Minuten Zeit. (d) Notiert jeden Grund auf jeweils einen Pappstreifen und heftet die Gründe mit dem Magneten auf die Tafelrückseite. Falls dir keine Gründe einfallen, dann scannst du den QR-Code unten auf dem Blatt. Dort findest du ein paar Anregungen zum Nachdenken. (e) Wenn ihr fertig seid, kommt ihr zu mir, und ich gebe euch eine Sprinter-Aufgabe."

***Welche Schritte empfehlen Sie aufgrund Ihrer wissenschaftlichen bzw. erfahrungsbasierten Expertise als „first steps" für angehende Lehrpersonen im Fach, die sie für guten Unterricht für „Lebensführung" umsetzen können?***

Aus der Perspektive des Fachleiters lege ich zum einen großen Wert darauf, dass die angehenden Lehrkräfte sich das entsprechende Faktenwissen in den Bereichen der Ernährungs- und der Verbraucherbildung aneignen – mit der entsprechenden Bereitschaft, sich stets weiterzubilden und auf dem Laufenden zu halten. Leider bin ich selber schon mit der Meinung konfrontiert worden, dass im Prinzip jede Lehrperson Hauswirtschaft unterrichten könne, wenn er oder sie zuhause eine Küche habe, denn er / sie müsse lediglich über küchentechnische Fertigkeiten verfügen. In den Katalogen der Verlage sowie in den Tauschbörsen im Internet fänden sich genug Materialien, die kopiert den Hauswirtschaftsunterricht quasi von selber vorbereiten. Mir persönlich missfällt eine solche Sicht auf das Fach sehr. Damit bin ich beim zweiten Punkt, der mir in der Ausbildung der zukünftigen Lehrkräfte wichtig ist. Das Fach muss nach meiner Auffassung mit einer entsprechenden Wertigkeit vertreten werden. Wenn ich als Lehrperson selber der Meinung bin, dass die Lektüre eines „Ratgebers" eine ausreichende Basis für eine Sachanalyse des Unterrichtsgegenstandes ist, dann ist die Tiefenstruktur nicht verstanden worden. Es geht im Hauswirtschaftsunterricht nicht darum, Ratgeberwissen methodisch aufgepeppt an die Lernenden zu bringen. Ein solches Vorgehen legt Wert auf eine ansprechende Sichtstruktur, d. h. auf das, was Beobachtende des Unterrichts sehen könnten. Viel wichtiger ist dagegen eine gelungene Tiefenstruktur und dazu gehört, neben einer aussagekräftigen und gelungenen Analyse der Lerngruppe, die Tiefenstruktur von Unterricht, d. h. ein tiefes Verständnis im Hinblick auf das Fachwissen und die fachdidaktische Analyse des Unterrichtsgegenstands. Der dritte und letzte Punkt wendet den Blick nochmals in Richtung der Lernenden. Hier ist mir die Subjektorientierung sehr wichtig, die sich auf verschiedenen Ebenen darstellt. Wie bereits erwähnt, sollte dies auf den Ebenen der Akzeptanz der Essbiographien und Lebenswelten der Lernenden geschehen, aber auch im Hinblick auf das, was die Lernenden brauchen. Was kann ich als Lehrperson umsetzen, um den Lernenden das Wissen und das Können zu vermitteln, mit dem sie mündige Verbrauchende werden können? Die Antwort auf diese Frage steht und fällt mit der jeweiligen Lerngruppe, für die ich meinen Unterricht vorbereite.

### Was ist Ihrer Ansicht nach das Besondere am Unterricht für „Lebensführung"?

Ich stelle den Lernenden meiner Hauswirtschaftskurse, wenn ich den Kurs neu übernehme, immer wieder die gleiche Frage: „Was macht das Fach Hauswirtschaft so besonders?" Darüber sollen sie mithilfe der Methode „Placemat" in Kleingruppen ins Gespräch kommen und sich anschließend auf zwei Merkmale einigen. Die Antworten, die hier genannt werden, stimmen in vielen Punkten mit meiner Ansicht überein. Das zu erfahren, ist sowohl für mich wie für die Lernenden eine gute Basis für eine gelingende Zusammenarbeit, da wir in vielen Punkten die gleiche Sicht auf das Fach haben. Zwei Merkmale möchte ich hier aufgreifen. Den Lernenden fällt zum einen auf, dass Hauswirtschaft ein praktisches Fach ist. Sie nennen es zusammen mit Kunst, Sport und Musik und verstehen darunter, dass hier handwerklich, also mit den Händen oder mit dem ganzen Körper gearbeitet wird. Sicher wird auch in anderen Fächern mit den Händen gearbeitet, aber aus der Sicht der Lernenden handelt es sich dabei eher um „Schreib-Bewegungen". Eine „richtige" handwerkliche Tätigkeit sehen sie als eines der zentralsten Merkmale des Faches an. Ich zeige ihnen dann meine Sichtweise zu diesem Merkmal, die fast mit ihrer identisch ist. Allerdings darf das Fach nicht auf das praktische Tun reduziert werden. Die wenigsten können ohne theoretisches Wissen am ersten Tag in der Schulküche sofort ein Zwei-Gänge-Menü zubereiten. Das könnte in einer riesigen Lebensmittel-, Wasser- oder Stromverschwendung enden. Das zweite Merkmal, das ebenfalls fast immer genannt wird, ist die „Alltagsnähe". Die Lernenden melden damit zurück, dass fast alle Inhalte des Faches etwas mit ihrem Leben zu tun haben. Sicherlich gelte dies auch wieder für andere Fächer, aber dort fänden sich immer wieder große Themenbereiche, bei denen sich die Lernenden die Frage stellen: „Was hat das mit meinem Leben zu tun?" Diese, möglicherweise auch kritische, utilitaristische Fragestellung ergibt sich bei den Themen des Faches Hauswirtschaft nicht. Diesem Merkmal kann ich dann uneingeschränkt zustimmen. Ich ergänze dies, wie eingangs schon erwähnt, gerne mit der provokanten These, wonach sie alle Themen, die wir in Hauswirtschaft bearbeiten werden, sofort in ihr eigenes Leben integrieren können – wenn sie es möchten.

### Welcher Name trifft aus Ihrer Sicht das Kernanliegen einer Bildung für „Lebensführung"?

Ich selber erachte das Kernanliegen für meinen Fachunterricht mit der Formulierung „Ernährungs- und Verbraucherbildung" als zutreffend beschrieben. Als Begründung führe ich auch im Gespräch mit anderen Lehrenden oder auch mit den Auszubildenden an, dass es in meinem Unterricht stets um Themen geht, die sich den Bereichen der Ernährungsbildung und der Verbraucherbildung zuordnen lassen. Die Endungen „Ernährungs-bildung" bzw. „Verbraucher-bildung" habe ich bewusst gewählt, und die Endung „Ernährungs-erziehung" bzw. „Verbraucher-erziehung" halte ich für ungeeignet, da es das Element der Selbstmotivation ist, was den Unterschied zwischen den Endungen „-bildung" und „-erziehung" ausmacht. „Erziehung" leitet sich von dem griechischen Wort „Pädagogik" ab und bedeutet so viel wie „das Kind führen". Dies ist allerdings ein Prozess, in dem die Lernenden zu Objekten werden, mit denen etwas gemacht wird. Wenn es um Bildung geht, dann ist die Betonung der Selbstmotivation (d. h. intrinsischen Motivation) angesprochen. Die Lernenden wissen z. B. um die Auswirkungen einer zuckerreichen Ernährung auf den Zustand ihrer Gesundheit (Karies, Adipositas, Diabetes usw.). Nun müssen sie sich fragen, ob sie trotz des Wissens darum (weiterhin) eine zuckerreiche Ernährung praktizieren wollen. Zwang zur Änderung der Ernährung kann, darf und möchte ich nicht ausüben, denn die Lernenden sind keine Objekte, sondern sie sind Subjekte, die etwas mit sich machen können. Völlig unberührt davon ist der Bereich der Leistungsmessung. In einer Lernzielkontrolle müssen mir die Lernenden die Auswirkungen einer zuckerreichen Ernährung auf den menschlichen Organismus erklären können. Die Umsetzung des theoretischen Wissens in ein praktisches und alltägliches Tun liegt aber in ihrem Verantwortungsbereich. All diese Ausführungen betreffen ebenso den Bereich der Verbraucherbildung. Auch hier möchte ich die Lernenden zu mündigen Verbrauchenden ausbilden. Dies geschieht ebenfalls mithilfe von theoretischem Wissen und der anschließenden freiwilligen Selbstmotivation, was jede Schülerin und jeder Schüler nun mit den Erkenntnissen anfangen möchte: Wenn ich z. B. um die Haltung von Legehennen weiß, dann kann ich mich entscheiden, welche

Eier ich kaufen möchte, und welche Art der Tierhaltung ich damit fördere. Entsprechende Aufdrucke auf den Kartons und den Eiern geben mir Auskunft darüber.

## Literatur

Kück, A. (2014). *Unterrichten mit dem Flip the classroom-Konzept. Das Handbuch für individualisiertes und selbstständiges Lernen mit neuen Medien.* Mühlheim an der Ruhr: Verlag an der Ruhr GmbH.

Corinne Senn

# Eine aktive Denkleistung in Gang bringen

Senn, Corinne, Pädagogische Hochschule der Fachhochschule Nordwestschweiz FHNW, Dozentin Fachdidaktik Wirtschaft, Arbeit, Haushalt; Arbeitsschwerpunkte: Lernprozessgestaltung in einem kompetenzorientierten Unterricht, Lehrmittelentwicklung und -einführung, Mentoring in den Berufspraktischen Studien.

*Welches fachwissenschaftliche und fachdidaktische Wissen und Können der Lehrperson sind aus Ihrer Sicht für die Qualität des Unterrichts für „Lebensführung" besonders wichtig?*

Die Ausrichtung des Faches ist die Alltägliche Lebensführung. Sie umfasst alle Aufgaben, die im Rahmen der privaten Lebensführung anfallen und zielt auf die Daseinssicherung und -vorsorge ab. Dazu gehören die Handlungsfelder Konsum, Ernährung und Gesundheit, die durch gesellschaftliche Entwicklungen in den letzten Jahren enorm an Bedeutung zugenommen haben. In diesen Handlungsfeldern werden wesentliche Leistungen im privaten Haushalt erbracht, die gleichzeitig eine bedeutsame Tragweite für Wirtschaft und Gesellschaft haben (Schlegel-Matthies, 2018). Menschen sollen ihren eigenen Alltag selbstbestimmt und verantwortungsvoll meistern können. Dabei entsteht eine Wechselwirkung zwischen den privaten Haushaltungen und den gesellschaftlichen Entwicklungen. Mit der neuen Fachbezeichnung Wirtschaft, Arbeit, Haushalt wird deutlich, dass die Alltägliche Lebensführung nicht nur im Haus stattfindet, sondern mit Wirtschaft und Gesellschaft eng verbunden ist.

Die Aneignung von fundiertem Grundlagenwissen in WAH ist eine Grund-voraussetzung für guten Unterricht. In WAH werden konkrete Alltagssitua-tionen aus gesundheitlicher, kultureller, ökologischer und ökonomischer Perspektive betrachtet. Der Aufbau von Fachwissen für die alltägliche Lebensführung folgt einem interdisziplinären Ansatz und nutzt dazu Bezugsdisziplinen. Besonders wichtig ist, dass Lehrpersonen auf wissen-schaftsbasierte Quellen zurückgreifen (Wespi & Senn, 2016). Die Fachdidak-tik WAH zielt auf das unterrichtliche Denken und Handeln ab. Bedeutsam sind die Strukturierung des Unterrichts und der Lernprozesse, sowie die Bereitstellung von Lerngelegenheiten für Schülerinnen und Schüler. Dabei ist aufgrund des neuen Lehrplans 21 für die Deutschschweizer Kantone (D-EDK, 2014a) ein kompetenzorientiertes Lernverständnis zentral. Wie nun die Entwicklung von Kompetenzen mit Hilfe eines systematischen Wissensauf-baus und einer Wissensanwendung im Unterricht gelingen kann, sind wei-tere Fragen der Fachdidaktik in WAH. Dabei spielen anspruchsvolle, kogni-tiv aktivierende Aufgaben eine wichtige Rolle. Lerngelegenheiten befassen sich mit dem erschließen von Sachverhalten aus mehrperspektivischer Sicht oder zeigen auf, wie Entscheidungen kriterienorientiert gefällt und begrün-det werden können. Der Kompetenzerwerb in WAH zielt auf eine verant-wortungsvolle Mitgestaltung einer gegenwärtigen und zukünftigen Welt ab. Fachwissenschaftliches und fachdidaktisches Wissen und Können der Lehr-person ist für die Qualität von WAH-Unterricht gleich wichtig.

### *Welche Qualitätsmerkmale halten Sie für den Unterricht für „Lebensführung" für essenziell?*

Ein kompetenzförderndes Unterrichtsverständnis in WAH nimmt Situatio-nen und Fragen der Alltäglichen Lebensführung auf und schafft Lerngele-genheiten, an denen die anzustrebende Kompetenz zu entwickeln ist. Beim Lösen der Aufgabenstellung in einem kompetenzorientierten Unterricht ist die kognitive Aktivierung ein zentraler Aspekt im Lernprozess. Kognitive Aktivierung soll bei Schülerinnen und Schüler eine aktive Denkleistung in Gang bringen. Durch eine interessante und anregende Aufgabe sollen die Lernenden aufgefordert werden, sich mit dem Unterrichtsgegenstand zu befassen. Dabei wird Neugierde und Motivation für das Lernen geweckt.

Die Lehrperson aktiviert beispielsweise das Vorwissen der Schülerinnen und Schüler oder fragt nach Vorstellungen, Ideen und Konzepten (Wilhelm & Kalcsics, 2017).

Fragen aus dem Alltag sind gute Ausgangslagen im WAH-Unterricht. Diese dürfen anforderungsreich oder irritierend sein. Ein kognitiver Konflikt wird erzeugt, wenn vorhandene Vorstellungen in Frage gestellt werden, die darauffolgende Verunsicherung wird genutzt, um neue Vorstellungen aufzubauen (Wespi & Senn Keller, 2014; Wilhelm & Kalcics, 2017). Kognitive Aktivierung ist zu Beginn einer neuen Lernauseinandersetzung bedeutsam, kann aber auch immer wieder während des Lernprozesses erfolgen.

Die „Begegnung mit der Welt" bildet ein grundlegendes Modell für Lernauseinandersetzungen in WAH. Darin werden vier Handlungsaspekte dargelegt: Die Welt wahrnehmen, die Welt erschließen, in der Welt handeln und sich in der Welt orientieren (D-EDK, 2014a). Für die Gestaltung der Lebenswelt, wie im Fach WAH angelegt, sind die vier Handlungsaspekte von großer Bedeutung. Sie zeigen die Ausrichtung des Unterrichts, in dem Schülerinnen und Schüler aufgefordert werden, Situationen zu begreifen oder sich damit zu befassen. Bei der Kompetenzorientierung nehmen die Verben in der formulierten Kompetenz eine Schlüsselrolle ein. Sie weisen darauf hin, inwiefern die Schülerinnen und Schüler sich mit den Gegenständen oder Situationen auseinandersetzen sollen. Dabei werden die vier Handlungsaspekte weiter ausdifferenziert und mit weiteren Verben ergänzt.

Verantwortung für Lebensführung zu übernehmen heißt, sich mit den Begebenheiten in Gesellschaft und Wirtschaft auseinanderzusetzen. Für den Unterricht werden Lerngelegenheiten geschaffen, die es den Schülerinnen und Schüler ermöglichen, über Sachverhalte nachzudenken, sich zu informieren, kriterienorientierte Entscheidungen zu treffen und vieles mehr. In WAH führen Lernauseinandersetzungen meist nicht zu einer richtigen Antwort oder Lösung. Ein kompetenzorientierter Unterricht geht von komplexen Situationen oder Problemstellungen aus, diese sind Ausgangslagen für den Kompetenzerwerb und führen in der Beschäftigung zu bestimmten Lösungen. Diese können für den Moment richtig sein, sind aber in einer nächsten Situation weniger ideal oder sogar ungeeignet. Beim Kompetenzerwerb entwickeln Schülerinnen und Schüler Fähigkeiten, wie sie in Situationen und Problemstellungen ihr Wissen und Können erweitern, aufbauen und anwenden können. Die neue Kompetenz, kann nun in einer anderen Situation beispielsweise in der Lebenswelt der Schülerinnen und Schüler verwendet werden.

### *Welche Lernumgebungen und Lehr-/Lernformen halten Sie für einen wirksamen Unterricht für „Lebensführung" für besonders bedeutsam?*

Lernumgebungen sollen so gestaltet sein, dass Schülerinnen und Schüler in Ruhe und konzentriert arbeiten können. Ein kompetenzorientierter Unterricht fordert stärker als bisher, das selbstständige und selbstgesteuerte Lernen. Schülerinnen und Schüler lösen Lernaufgaben, die kognitiv anspruchsvoll, aber nicht überfordernd sind. Lernaufgaben sollen heterogene Lern- und Lösungswege, sowie Kooperation und Reflexion ermöglichen (Luthiger, Wilhelm, Wespi & Wildhirt, 2018). Die Lehrperson hat einen wesentlichen Anteil an einem lernförderlichen Unterrichtsklima. Sie setzt in ihrem Konzept der Klassenführung die Rahmenbedingungen fest und schaut, dass diese von allen Beteiligten partizipativ mitgetragen und eingehalten werden. Sie plant den Unterricht mit Lernaufgaben, sodass Schülerinnen und Schüler möglichst selbstständig und selbstgesteuert lernen können. Sie gibt fachbezogene Inputs und ist für die individuelle Lernbegleitung zuständig. Schülerinnen und Schüler müssen sich im Unterricht wohl und ernst genommen fühlen. Sie werden aufgefordert sowohl an fachlichen wie auch an überfachlichen Kompetenzen zu arbeiten.

Das Fach WAH integriert Gesundheits-, Ernährungs- und Konsumbildung sowie ökonomische Bildung. Aus fachdidaktischer Sicht werden unterschiedliche methodisch-didaktische Konzepte für die Kompetenzentwicklung verwendet. In der Gesundheits- und Ernährungsbildung können erfahrungsorientierte Methoden angewendet werden, damit die Reflexion auf das eigene Verhalten ermöglicht wird. In der Konsumbildung sind Methoden, die Vergleiche oder Entscheidungen verlangen, wertvoll. In der ökonomischen Bildung helfen Modelle oder Simulationen wirtschaftliche Zusammenhänge zu verstehen.

### Wie sieht eine gute Differenzierung/Individualisierung Ihrer Meinung nach im Unterricht für „Lebensführung" aus?

In einigen Schweizer Kantonen wird das Fach WAH niveaudurchmischt unterrichtet. Das bedeutet, dass in einer Klasse Schülerinnen und Schüler aus allen drei Leistungszügen der Sekundarstufe, 7.–9. Schuljahr, sowie integrierte und fremdsprachige Schülerinnen und Schüler im Unterricht zusammenkommen. Die drei Leistungszüge bestehen aus einem „Allgemeinen Niveau" für Schülerinnen und Schüler, die den Grundanspruch erreichen können und aus einem „Erweiterten Niveau". Diese Schülerinnen und Schüler werden auf eine Berufslehre vorbereitet. Im „Progymnasialen Niveau" wechseln die Schülerinnen und Schüler nach dem 9. Schuljahr ins Gymnasium. Heterogenität in Schulklassen ist normal geworden. Damit Differenzierung im Unterricht gelingen kann, brauchen Lehrpersonen didaktische Werkzeuge und geeignete Rahmenbedingungen. Schülerinnen und Schüler sollen ihren eigenen Lernweg, in ihrem Tempo, arbeiten können. Der Lernerfolg wird am individuellen Lernfortschritt gemessen und nicht an der Leistung des Klassendurchschnitts. Das bedeutet, dass der Unterricht sich mehr auf die individuellen Voraussetzungen der einzelnen Schülerinnen und Schüler ausrichten muss. Die Forderung, dass in einem kompetenzorientierten Unterricht viel mit Lernaufgaben gearbeitet wird, kann eine Möglichkeit sein, den Umgang mit Differenzierung besser zu meistern. Schülerinnen und

Schüler lernen und arbeiten selbstständig mit den vorhandenen Lernaufgaben. Je nach Lernstand haben Lernaufgaben unterschiedliche Schwierigkeitsgrade. Differenzierung von Lernaufgaben können den individualisierten Unterricht begünstigen. Lernaufgaben können einfacher oder komplexer sein, sie können weniger oder mehr strukturiert sein, und sie können in verschiedenen Repräsentationsformen dargelegt werden. Die Aufgabe kann eher offen oder sehr geschlossen formuliert sein, die Lernwege können offen oder selbstdifferenzierend sein. Für Lehrpersonen bedeutet dies, dass sie neben ihren klassischen Tätigkeiten vermehrt als Lernbegleiterin im Unterricht arbeiten. Die Lehrperson begleitet individuell Schülerinnen und Schüler in ihrem Lernen; sie erklärt bei fachlichen Fehlern, ermuntert und motiviert. Eine gute Beobachtungskompetenz und Kommunikation helfen der Lehrperson dabei, die Lernenden zu begleiten und sie in ihren Lernfortschritten zu unterstützen. Die Infrastruktur der Schule kann ebenso zu einem lernförderlichen Klima beitragen. Im Unterrichtszimmer findet Ganzklassenunterricht statt, aber auch ruhige Einzelarbeit oder Kleingruppenarbeit kann möglich sein. Vermehrt findet man auch sogenannte Lernlandschaften in Schulen. Hierbei hat jeder Schüler und jede Schülerin einen eigenen persönlichen Arbeitsplatz. Es gibt Inputzimmer und zusätzliche Gruppenräume. Dabei arbeiten bis zu 40–60 Schülerinnen und Schüler in einer Lernlandschaft. Das Lehrpersonenteam besteht aus 4 bis 6 Lehrpersonen. Es wird sich noch zeigen, ob diese Form einer Lernlandschaft die Forderung nach mehr Individualisierung und Differenzierung positiv beeinflusst. Das Klassenzimmer ist nicht mehr nur ein Lernort, es wird mit der individuellen Gestaltung der Schüler- und Schülerinnenarbeitsplätze und Arbeitszeiten auch vermehrt zu einem Ort, wo gelernt und gearbeitet wird, unabhängig von Unterrichtszeiten. Dabei sollen auch Schülerinnen und Schüler miteinander und voneinander lernen können. Selbst- und Sozialkompetenzen können so aufgebaut werden. Insbesondere kooperative Lernformen können zur Differenzierung des Unterrichts beitragen, indem Schülerinnen und Schüler sich beim Lernen gegenseitig helfen und unterstützen.

*Welche immer wiederkehrenden fachspezifischen Herausforderungen im Unterrichtshandeln müssen Ihrer Meinung nach die Lehrpersonen beherrschen, um im Unterricht für „Lebensführung" eine angemessene Unterrichtsqualität garantieren zu können?*

Die enge Verknüpfung zwischen Bildung für Lebensführung und der Lebenswelt der Schülerinnen und Schüler verlangt bei der Planung von Unterricht Sensibilität. Bildung für Lebensführung fordert auf, sich mit den Gegebenheiten des Alltags auseinanderzusetzen, Routinen werden hinterfragt, Informationen werden gesammelt, Verantwortung gegenüber anderen Menschen und der Umwelt wird übernommen – und vieles mehr. Bildung für „Lebensführung" setzt keine Normen fest, sondern regt an, sich mit eigenen Gewohnheiten, Haltungen und Einstellungen zu befassen. Schülerinnen und Schüler kommen aus sehr unterschiedlichen Lebenswelten. Diese Heterogenität muss in den Lernauseinandersetzungen berücksichtigt werden. Lehrpersonen brauchen in ihrem Unterrichtshandeln große Sensibilität, um diese oft nicht sichtbare Alltagsrealität zu beachten, damit keine Diskriminierungen gegenüber der Lebenswelt der Schülerinnen und Schüler entstehen.

In der heutigen multioptionalen Gesellschaft sind Menschen dauernd aufgefordert Entscheidungen zu treffen. Bildung für Lebensführung setzt hier an. Sie stellt alltagsbezogene Aufgaben und Situationen als Ausgangslage für Lernauseinandersetzungen in den Mittelpunkt und fordert Schülerinnen und Schüler auf, diese zu lösen. Dabei gibt es oft nicht nur eine richtige Lösung. Bei einem Kaufentscheid bestimmt die Situation, welches Produkt gekauft wird. Eine Situation kann sein, dass ich nur aus einem kleinen Angebot wählen kann. In einer anderen Situation ist das Angebot sehr groß. Dies führt zu anderen Überlegungen oder einem anderen Vorgehen in Kaufentscheidungen. Diese Beispiele zeigen, dass es verschiedene Lösungswege gibt. Kaufentscheidung haben in der Regel bewusste und unbewusste Einflussfaktoren, wie zum Beispiel der Preis, die Marke, die Herkunft und das Aussehen. Ziel des Unterrichts ist es also nicht, die eine richtige Lösung zu finden. Vielmehr zielt der Kompetenzerwerb auf die Entwicklung von Fähigkeiten ab, Situationen des Alltags verantwortungsvoll bewältigen zu können. Dieses Vorgehen ist anspruchsvoll und erfordert von Lehrpersonen fachdidaktisches Wissen und Können. Aufgabenstellungen beinhalten beispielsweise, Informationen zu sammeln und zu bewerten, verschiedene Sachverhalte zu vergleichen oder sich in einer komplexen Situation zu orientieren. Normative Vorgehensweisen, wie der Alltag zu bewältigen ist und welches Verhalten oder welche Entscheidungen richtig oder falsch sind, sind zu vermeiden. Die Forderung in einem kompetenzorientierten Unterricht die Lebenswelt der Schülerinnen und Schüler mit einzubeziehen, kann helfen, den Alltag der Lernenden besser zu verstehen. Es wird deutlich, wie unterschiedlich die Lebenswelten in einer Klasse sein können, und wie sie sich von der Lehrperson unterscheiden können. Aus diesem Grund ist es sehr wichtig, dass Lehrpersonen eine professionelle Haltung gegenüber den eigenen Vorstellungen vom Leben einnehmen (Bartsch & Methfessel, 2014). Die beschriebene Vorgehensweise für das Fach WAH sehe ich als Herausforderung an, zugleich zeichnet sie das Fach aus und macht Lernprozesse spannend.

## *Worauf gilt es bei der Entwicklung und dem Einsatz von Aufgaben bzw. Aufgabensets im kompetenzorientierten Unterricht für „Lebensführung" besonders zu achten?*

In einem kompetenzorientierten Unterricht sind Lernaufgaben „das" fachdidaktische Gestaltungsinstrument und bilden das Rückgrat eines guten Unterrichts. Sie repräsentieren fachliche Kernideen und berücksichtigen Konzepte, Zusammenhänge, Prozesse, Fertigkeiten und Haltungen, welche den Bildungsgehalt des Faches auszeichnen (D-EDK, 2014a). Das LUKAS-Lernprozessmodell differenziert Aufgaben nach ihren didaktischen Funktionen, die sie im Unterrichtsgeschehen einnehmen (Luthiger, Wilhelm, Wespi & Wildhirt, 2018). Die Lernaufgaben sind so aufgebaut, dass sie dem Kompetenzerwerb dienen. Aus diesem Grund kann das LUKAS-Lernprozessmodell als ein Set von Aufgaben bezeichnet werden. Die *Konfrontationsaufgabe* hat die Funktion, den Kontakt zwischen der Lebenswelt und dem Problem / der Situation herzustellen, die Schülerinnen und Schüler werden erstmals kognitiv aktiviert, indem sie zum Nachdenken angeregt werden. Der Kompetenzerwerb kommt in Gang. Die *Erarbeitungsaufgabe* nimmt die Problemstellung der Konfrontationsaufgabe auf, baut nun neues, fachliches korrektes Wissen auf. Die Präkonzepte der Schülerinnen und Schüler werden mit dem neu erworbenen Wissen angereichert, es kommt zu einer Verbindung zwischen Erfahrungswissen und neuem Wissen. Dabei wird das Erfahrungswissen möglicherweise verändert oder vertieft, sodass neues Wissen entstehen kann. Neben dem Wissen kann es sich auch um Fertigkeiten, Haltungen oder das Erkennen von Zusammenhängen handeln. Die *Vertiefungsaufgaben* ermöglichen, den Kompetenzerwerb weiter zu differenzieren oder mit weiteren Aspekten anzureichern. Die *Übungsaufgaben* zielen auf das Trainieren und Einüben des neuen Wissens, das in der Erarbeitungsaufgabe erworben wurde, ab. Bei der *Syntheseaufgabe* werden die Kompetenzaspekte zusammengeführt, eine Rückkopplung zur Konfrontationsaufgabe prüft den Kompetenzzuwachs, der Lernprozess wird reflektiert und wichtige Erkenntnisse werden festgehalten. In der *Transferaufgabe* wird die erworbene Kompetenz in einer weiteren Aufgabe bearbeitet. Dabei wird zwischen einem nahen Transfer und einem weiten Transfer unterschieden. Beim nahen Transfer ist die Lernaufgabe sehr ähnlich wie beim Kompetenzerwerb, bei einem weiten Transfer ist die Aufgabenstellung anforderungsreicher. Je nach Kompetenzstand der Lernenden wird ein naher oder weiter Transfer gewählt. Ziel ist es, dass Schülerinnen und Schüler nach Abschluss eines solchen längerem Lernprozesses die neu erworbene Kompetenz in ihrer Lebenswelt anwenden können. Das LUKAS-Lernprozessmodell zur Entwicklung kompetenzfördernder Aufgabensets bildet somit einen vollständigen Lernzyklus ab. Lernaufgaben sind das zentrale Element eines kompetenzorientierten Unterrichts. Sie sind zugleich Träger der Lernauseinandersetzungen und Strukturgeberin für die Aktivitäten der Schülerinnen und Schüler. Sie stiften die Interaktion und den Dialog zwischen der Lehrperson und den Lernenden. (Luthiger, Wilhelm, Wespi & Wildhirt, 2018).

***Welche Schritte empfehlen Sie aufgrund Ihrer wissenschaftlichen bzw. erfahrungsbasierten Expertise als „first steps" für angehende Lehrpersonen im Fach, die sie für guten Unterricht für „Lebensführung" umsetzen können?***

An der Pädagogischen Hochschule Fachhochschule Nordwestschweiz haben die Studierenden bereits im 1. Semester Praxiskontakte. Schon sehr früh übernehmen sie zusammen mit einer Lehrperson vielfältige Aufgaben im Unterricht und werden so in die Rolle als „Co-Teacher" in den Beruf eingeführt. Sie geben beispielsweise einen fachlichen Input, begleiten Schülerinnen und Schüler während einer selbstständigen Phase im Unterricht, führen in ein neues Thema ein oder zeigen eine Technik vor. Sie sehen einerseits, wie erfahrene Lehrpersonen den Unterricht gestalten und können dabei Vorgehensweisen adaptieren. Andererseits übernehmen sie in Kooperation mit der Lehrperson Mitverantwortung für den Unterricht (Fraefel, 2018). Im weiteren Verlauf der Ausbildung sind die Studierenden über ein ganzes Jahr bei den gleichen Klassen und können so die Kontinuität im Verlauf des Schuljahres miterleben. Parallel zu den Praxiseinsätzen der Studierenden finden Reflexionsseminare statt. Im Fach WAH, wie auch in allen anderen Fächern, braucht es von Anfang an ein gutes Classroom-Management der Lehrperson. Schülerinnen und Schüler sollen in Ruhe und konzentriert lernen können. Sie sollen wissen, welches Verhalten von ihnen erwartet wird und die Lernziele kennen. Im Unterricht tragen sie Mitverantwortung und dürfen partizipieren. Sie lernen, wie ein friedliches und rücksichtsvolles Zusammenleben in einer Klasse gelebt wird (Miller, 2008). Besonders wichtig ist eine gute Klassenführung im ernährungspraktischen Unterricht. Schülerinnen und Schüler arbeiten in einer Schulküche und haben meist unterschiedliche Aufgaben zu bewältigen. Dabei den Überblick zu behalten, ist für Studierende zu Beginn schwierig und kann nur mit zunehmender Übung und Erfahrung in der Praxissituation gelernt werden. Ein weiterer Aspekt, der in den Berufspraktischen Studien eine wichtige Grundlage ist, ist den Fokus auf das Lernen der Schülerinnen und Schüler zu richten. Das bedeutet, dass alles Lehrerhandeln darauf ausgerichtet ist, dass Schülerinnen und Schüler optimal und individuell lernen können. Die Studierenden reflektieren ihr Unterrichtshandeln mit Blick auf den Lernerfolg der Schülerinnen und Schüler. Die gilt es im WAH-Unterricht konsequent zu verfolgen.

### Was ist Ihrer Ansicht nach das Besondere am Unterricht für „Lebensführung"?

Die Alltägliche Lebensführung, mit ihrer Vielfalt von Anforderungen und Herausforderungen im Leben von Menschen, bildet die Ausrichtung des Faches. Bildung für „Lebensführung" knüpft am alltäglichen Leben von Menschen an und hat zum Ziel, Lebensführungskompetenz aufzubauen. Schülerinnen und Schüler sollen ihr Leben selbstständig bewältigen können und dabei ihr Leben so gestalten, dass es für sie ein gutes Leben ist.

Die Vielfalt des Alltags zeigt sich auch in den Lernauseinandersetzungen. Diese können aus ganz unterschiedlichen Bereichen des Alltags sein, zum Beispiel Kaufentscheide begründen können oder Nahrung gesundheitsbewusst auswählen. Die interdisziplinäre Ausrichtung des Faches erfordert Wissen aus sehr unterschiedlichen Fachbereichen.

Das Fach ist stark mit den gegenwärtigen Geschehnissen verbunden. Der Kompetenzerwerb zielt auf die Bewältigung des Alltags in Gegenwart und Zukunft ab. Informationen aus den Medien leisten einen Beitrag, die Aktualität in den Unterricht einfließen zu lassen. Der Bezug zum gegenwärtigen, alltäglichen Leben ist in diesem Sinne eine Besonderheit des Faches.

Eine weitere Besonderheit ist die Verbindung zwischen Lebenswelt und Privatheit. Menschen und ihr Alltag stehen im Mittelpunkt der Bildung für „Lebensführung". Sie sind in ihrer Lebensführung und -gestaltung aufgefordert, verantwortungsvoll gegenüber sich selbst, ihren Mitmenschen und der Umwelt zu handeln. Das übergeordnete Ziel im Fach WAH ist, dass Schülerinnen und Schüler in Zukunft ein selbstbestimmtes Leben führen können Dies bedeutet, dass sie für sich selber einen Haushalt führen, ihren eigenen Lebensunterhalt verdienen, sich in einer Gemeinschaft einfügen, einen Betrag für die Gesellschaft leisten und als Bürger oder Bürgerin politischen Einfluss nehmen (Schlegel-Matthies, 2003). Die Nähe zu den Menschen und ihrer Lebenswelt stellt das Fach auch vor Herausforderungen. Es gilt die Privatheit der Lernenden zu beachten und zu beschützen. Aus diesem Grund müssen lebensweltliche Fragen im Unterricht anonymisiert gestellt werden.

Eine weitere Besonderheit in diesem Fach ist die Nahrungszubereitung. Ernährung und Nahrungszubereitung haben eine lange Tradition und sind ein Alleinstellungsmerkmal dieses Unterrichts. Die Gefahr, dass die Nahrungszubereitung zu einem Plausch und als Gegenpol für die „kopflastigen" Fächer abgewertet wird, ist groß. „'Essen müssen' ist der kleinste gemeinsame Nenner des Menschen und nimmt im Alltag einen Platz ein" (Methfessel, 2005, S. 7). Das Zitat zeigt auf, wie wichtig die Nahrungszubereitung und das Essen für Menschen ist. Es trägt zur Gesundheit bei und strukturiert den Tagesablauf. Menschen treffen sich, um gemeinsam zu essen und kommunizieren dabei. Kochen und essen sind mit Emotionen, Vorlieben und Abneigungen, sowie der kulturellen Herkunft verbunden. Der Umstand, dass Essen für den Menschen lebensnotwendig ist, stellt Bildungsprozesse vor bestimmte Anforderungen. Beispielsweise besteht die Aufgabe darin, zu verstehen, wie das eigene Essverhalten entstanden ist, den Umgang mit der ständigen Verfügbarkeit von Essen zu lernen und die Passung zwischen Verzehrmenge und Bedarf zu finden. Schülerinnen und Schüler sollen einen gesundheitsunterstützenden Umgang mit Essen lernen, dabei darf Freude und Genuss nicht fehlen.

***Welcher Name trifft aus Ihrer Sicht das Kernanliegen einer Bildung für „Lebensführung"?***

Aus schweizerischer Sicht ist mit der Einführung des Lehrplans 21 der Name des Faches verändert worden. Die neue Fachbezeichnung Wirtschaft, Arbeit, Haushalt deutet die Wechselwirkungen zwischen Wirtschaft und den privaten Haushalten an. Arbeit steht als Bindeglied zwischen den beiden Bereichen. Bezahlte und unbezahlte Arbeit wird überall geleistet; in der Erwerbsarbeit, in der Haus- und Familienarbeit, bei der Carearbeit sowie in der Freiwilligenarbeit. Die Rahmenbedingungen gibt das Land und die darin lebende Gesellschaft vor, jedes Land wiederum ist Teil einer globalisierten Welt. Bildung für „Lebensführung" setzt sich mit der gesellschaftlichen Bedeutung der privaten Lebensführung auseinander, sowie den Anforderungen und der Gestaltung der individuellen Lebensführung. Sie bildet die Grundlage für das Fach WAH. Aus diesem Grund erachte ich den neuen Namen Wirtschaft, Arbeit, Haushalt als sinnvoll und richtig.

Die historische Entstehung des Faches beruht auf der Mädchen- und Frauenbildung anfangs des letzten Jahrhunderts, die insbesondere die Führung eines Haushalts beleuchtete. Lange Zeit war diese Bildung nur den Frauen vorbehalten und wurde nach der obligatorischen Schulzeit angeboten. Erst mit dem Gleichstellungsartikel in der Bundesverfassung der Schweiz 1981, galt das gleiche Bildungsangebot für Mädchen und Knaben an der Volksschule (Eidgenössische Kommission für Frauenfragen, 1999; Wespi & Senn, 2016). Spätestens mit der neuen Fachbezeichnung und Neuausrichtung des Faches zu Wirtschaft, Arbeit, Haushalt im Lehrplan 21 der Deutschschweizer Kantone (D-EDK, 2014b) gehört es nun zu den allgemeinbildenden Fächern der Volksschule und ist gleichwertig und gleichberechtigt.

# Literatur

Bartsch, S. & Methfessel, B. (2014). „Der subjektive Faktor". Bildung in einem lebensweltorientierten Fach. *Haushalt in Bildung & Forschung*, 33), 3–32.

D-EDK, Deutschschweizer Erziehungsdirektorenkonferenz. (2014a). *Lehrplan 21. Grundlagen* (Bereinigte Fassung vom 25.2.2016). Luzern.

D-EDK, Deutschschweizer Erziehungsdirektorenkonferenz. (2014b). *Lehrplan 21. Wirtschaft, Arbeit, Haushalt 3. Zyklus* (Bereinigte Fassung vom 25.2.2016). Luzern.

Eidgenössische Kommission für Frauenfragen. (1999). *Frauen Macht Geschichte. Teil II: Bildung*. Bern: EDMZ.

Fraefel, U. (2018). *Portrait Berufspraktische Studien. Pädagogische Hochschule FHNW*. Verfügbar unter http://web.fhnw.ch/ph/praxis/sekundarstufe-1.

Luthiger, H., Wilhelm, M., Wespi, C. & Wildhirt, S. (Hrsg.) (2018). *Kompetenzförderung mit Aufgabensets*. Bern: hep Verlag.

Methfessel, B. (2005). *Fachwissenschaftliche Konzeption: Soziokulturelle Grundlagen der Ernährungsbildung. Paderborner Schriften zur Ernährungs- und Verbraucherbildung Band 7*. Verfügbar unter http://fb6www.uni-paderborn.de/evb/pb_schriften_evb.html

Miller, R. (2008). *99 Schritte zum professionellen Lehrer*. Seelze: Kallmeyer und Klett.

Schlegel-Matthies, K. (2003). Bildung für Lebensführung – eine neue Aufgabe für die Schule? In: B. Methfessel & K. Schlegel-Matthies (Hrsg.), *Fokus Haushalt. Beiträge zur Sozioökonomie des Haushalts* (S. 71–84). Baltmannsweiler: Schneider Verlag.

Schlegel-Matthies, K. (2018). Konsum, Ernährung und Gesundheit als zentrale Handlungsfelder für die alltägliche Lebensführung. *Haushalt in Bildung & Forschung, 7*(3), 3–17.

Wespi C. & Senn Keller, C. (2014). Subjektorientiertes Lernen und Lehren in einer kompetenzorientierten Unterrichtskonzeption. *Haushalt in Bildung & Forschung, 3*(3), 54–74.

Wespi, C. & Senn, C. (2016). Wirtschaft – Arbeit – Haushalt als Neuakzentuierung der hauswirtschaftlichen Bildung in der Schule und in der Lehrpersonenbildung. *Beiträge zur die Lehrerinnen- und Lehrerbildung, 34*(3), 335–343.

Wilhelm, M. & Kalcics, K. (2017). *Lernwelten. Studienbuch*. Bern: Schulverlag plus.

MICHAEL WUKOWITSCH

# SICH INTERESSIERT MIT DEM UMFELD SEINER SCHÜLERINNEN UND SCHÜLER AUSEINANDERSETZEN

Wukowitsch, Michael, BEd MA, Pädagogische Hochschule Wien; Lehrer an der Praxismittelschule, Lehre am Institut für allgemeine bildungswissenschaftliche Grundlagen und reflektierte Praxis; Arbeitsschwerpunkt: Vorbereitung und Reflexion der Schulpraktischen Studien.

***Welches fachwissenschaftliche und fachdidaktische Wissen und Können der Lehrperson sind aus Ihrer Sicht für die Qualität des Unterrichts für „Lebensführung" besonders wichtig?***

Freude und Begeisterung für das Zusammenspiel der Vermittlung theoretischer Lerninhalte und praktischen Übungen mit Lebensmitteln sowie ein fundiertes Fachwissen im Bereich der Ernährungs- und Verbraucherbildung (EVB) gehören zu den Grundvoraussetzungen für das erfolgreiche Gestalten des Unterrichts. Die Lerninhalte setzen sich aus den Bereichen Gesundheits-, Ernährungs-, Umwelt-, Verbraucher- und soziale Bildung zusammen. Exemplarische Lernanlässe aus den Haushalten der Schülerinnen und Schüler, mit Fokus auf die getroffenen Entscheidungen punkto individueller Lebensgestaltung, dürfen bei der theoretischen Wissensvermittlung Raum einnehmen. Dieser Teil soll so aufbereitet sein, dass die anschließenden küchenpraktischen Inhalte stimmig anknüpfen können. Dem methodisch-didaktischen Gestaltungsspielraum sind dabei kaum Grenzen gesetzt, wobei abzuklären ist, was strukturell und zeittechnisch relevant erscheint. In der theoretischen Auseinandersetzung soll gebildet und nicht moralisiert werden; Empathie für das Umfeld der Schülerinnen und Schüler ist hier ein besonders guter Ratgeber. Ebenso reicht es in der Küchenpraxis nicht, den Schülerinnen und Schülern lediglich die einzelnen Arbeitsschritte zu präsentieren und nachahmen zu lassen. Wichtig ist, dass (seitens der Lehrperson) vermittelt und (seitens der Lernenden) verstanden wird, warum genau ein bestimmter Arbeitsschritt ein bestimmtes Lebensmittel oder eine entsprechende Sicherheitsmaßnahme erfordert. Keinesfalls sollen beide Komponenten isoliert voneinander unterrichtet werden bzw. die Lehrperson aufgrund von vorhandenen Wissensdefiziten auf einen Part verzichten müssen: Die Schülerinnen und Schüler lassen sich durch interessant gestaltete theoretische Inhalte mitreißen und begeistern; diese Euphorie verflüchtigt sich jedoch sehr schnell, wenn die praktische Sequenz ins Stocken gerät, da die Lehrperson aufgrund mangelnder küchenpraktischer Fachkenntnisse die Kontrolle über das Unterrichtsgeschehen verliert. Auch das Wissen um die zahlreichen Anknüpfungspunkte, Vernetzungsmöglichkeiten und Zusammenhänge zu den anderen Disziplinen ermöglicht für die Lehrperson am Schulstandort ein gepflegtes kollegiales Miteinander, forciert den Wissensaustausch und die Wissensteilung und verhindert eine schulinterne Isolation oder Schubladisierung der Fachkraft rein auf den Bereich der Nahrungszubereitung. Für die Planung des Unterrichts ist der Lehrplan der Neuen Mittelschule heranzuziehen; der Grundsatzerlass zum Unterrichtsprinzip „Wirtschafts- und Verbraucherbildung" sowie der Referenzrahmen vom „Thematischen Netzwerk Ernährung (TNE)" bieten zudem fachspezifische Orientierungshilfen an.

### Welche Qualitätsmerkmale halten Sie für den Unterricht für „Lebensführung" für essenziell?

„Die Kinder lieben das Fach" ist ein Satz, den ich erfreulicherweise von meinen Kolleginnen und Kollegen an meinen mittlerweile vier Schulstandorten des Öfteren hören durfte. Die Qualitätsmerkmale des Unterrichts in Ernährung und Haushalt (EH) beziehen sich dabei dankenswerterweise nicht ausschließlich auf den Faktor „Nahrungsaufnahme". Gerade die Auseinandersetzung mit der Lebenswelt der Schülerinnen und Schüler bringt immer wieder viele persönliche Bezüge (beispielsweise die Beweggründe, welche zum Kauf von Markenkleidung führen) in die Lehrräume, die es ermöglichen Theorie-Praxisbezüge herzustellen und abzuleiten. Die persönliche Motivation, sich mit Interesse mit dem Umfeld seiner Schülerinnen und Schüler auseinanderzusetzen, ist demnach qualitativ für den Unterricht essenziell. Dadurch kann unter der Moderation der Lehrperson das persönliche Handeln reflektiert, diskutiert und somit weiterentwickelt werden.

Mitschülerinnen und Mitschüler können aus eigener Erfahrung über Alternativen berichten, die Lehrperson soll motivierend unterstützen. Fühlen sich Schülerinnen und Schüler in ihrer Lebenswelt ernst genommen, bemerken sie das und können verstärkt am Unterrichtsgeschehen partizipieren. Gefragt und dafür notwendig sind seitens der Lehrperson genaues Zuhören, Empathie und – zwecks adäquater Reaktion – einschlägiges Wissen. Angesichts der zeitlichen Stresskomponente im EH-Unterricht keine Selbstverständlichkeit, sondern ein kleines Kunststück.

Ein zweites mir wichtiges Qualitätsmerkmal bezieht sich auf die Küchenpraxis. Weg von der küchenpraktischen (End)Produktorientierung, weg vom makellosen Gericht, das Instagram-tauglich auf dem Teller liegt und nicht selten in vielen kleinen Schritten durch die mühevolle Unterstützung der Lehrkraft entstanden ist. Hin zum Prozess, zum Ausprobieren, zum Fehler machen, zum Recht auf Versuch und Irrtum. Unterricht hat Qualität, wenn er fließen darf und nicht laufend unterbrochen wird, weil im Auge der Lehrperson etwas nicht adäquat erscheint. Schülerinnen und Schüler legen Wert auf Autonomie; sie haben mich immer wieder überrascht, wie kritisch sie ihrem eigenen Handeln in der Schulküche gegenüberstehen. Übertriebenes Lob für wenig selbst erbrachte Leistung kommt dabei gar nicht gut an. Eigenständiges Handeln und das Durchlaufen eines selbstverantwortlichen Arbeitsprozesses stehen im Mittelpunkt und sollen bei positiver Gestaltung entsprechend gewürdigt und / oder honoriert werden.

### *Welche Lernumgebungen und Lehr-/Lernformen halten Sie für einen wirksamen Unterricht für „Lebensführung" für besonders bedeutsam?*

Damit erfolgreicher Unterricht in Ernährung und Haushalt passieren kann, müssen die strukturellen Rahmenbedingungen am Schulstandort evaluiert und gegebenenfalls adaptiert werden. Die Schülerinnen und Schüler nehmen ihren Arbeitsplatz in der Schulküche ein und machen sich in der Regel keine Gedanken darüber, wie dieser zu optimieren wäre. Die Lehrperson ist daher gut beraten, sich mit den Bedingungen, die der Arbeitsplatz bietet, auseinanderzusetzen. Passend ausgestattete Schulküchen, die sowohl für die Durchführung von theoretischen als auch küchenpraktischen Sequenzen geeignet sind, schaffen sowohl für die Schülerinnen und Schüler als auch für die Lehrperson ein angenehmes Arbeitsklima. In den theoretischen Lernsequenzen soll unter Berücksichtigung der Bedürfnisse der Schülerinnen und Schüler mit Unterstützung von Arbeitsmaterialen Wissen erworben, verknüpft und in der Küchenpraxis erprobt und umgesetzt werden können. Leicht einsichtige Arbeitsplätze, die keine räumlichen Nischen zum Abtauchen (die Verlockung, sich kurz mit dem Handy zurückzuziehen, ist gegeben) bieten, gehören ebenso zu einer qualitativen Lernumgebung. Auch die Arbeitsergonomie spielt eine entscheidende Rolle: Die Wege, die während der praktischen Sequenzen (Lebensmittelkasten, Abfallbehälter) zurückzulegen sind, sollten möglichst kurzgehalten werden, um Ablenkungen oder Gefahrenquellen auszuschließen. Sich wiederholendes Abbremsen und Wiederbeschleunigen der Bewegungen kosten viel Kraft und Konzentration, wenn die zurückzulegenden Arbeitswege nicht schlüssig konzipiert sind. Die Vermittlung einer korrekten Anordnung aller benötigten Zutaten und Arbeitsgeräte darf für eine effektive Lernumgebung ebenso als bedeutsam eingestuft werden wie auch die Möglichkeit, die Arbeiten in der Schulküche im Stehen durchzuführen. Dabei ist auch der Höhe der Arbeitsfläche zwecks aufrechter Körperhaltung Beachtung zu schenken. Eine optimale Ausleuchtung der Arbeitsumgebung sowie ein angenehmes Raumklima ohne Geruchsbelästigungen bringen weitere Pluspunkte; umgemünzt auf die Praxis kann ein für die Schülerinnen und Schüler unangenehmer Duft (abgestandene oder fettgeschwängerte Luft) beim Betreten der Schulküche ein Kippen der Stimmung von Vorfreude auf Ekel und Abneigung verursachen. Empfehlenswert ist ein Stoßlüften vor und nach dem Unterricht. Zur Förderung der Selbstständigkeit sollen im EH-Unterricht Lernformen angeboten werden, welche die Autonomie der Lernenden zwecks Verantwortung für das eigene Handeln in den Mittelpunkt stellen. So können aufeinander bezogene Einzelarbeiten im EH-Unterricht bewirken, dass jede Schülerin und jeder Schüler für das Ergebnis des eigenen Prozesses die Verantwortung tragen. Zeitlich aufwändigere Arbeiten können dabei unter der Mitarbeit mehrerer Personen in unterschiedliche Einzelarbeiten zergliedert werden, wodurch komplexere Aufgaben überschaubarer und im Team bewältigbarer werden. Ein gemeinsames Erfolgserlebnis am Ende des durchlaufenen Prozesses steigert die Motivation und hebt die individuelle Leistung der / des Einzelnen hervor. Zu oft sollte diese Lernform allerdings nicht eingesetzt werden, weil sich sonst rasch der Charakter von Fließbandarbeit einstellen kann und die sozial-kommunikativen Aspekte des gemeinsamen Arbeitens auf der Strecke bleiben.

### *Wie sieht eine gute Differenzierung/Individualisierung Ihrer Meinung nach im Unterricht für „Lebensführung" aus?*

Die unterschiedlichen Fähigkeiten, welche durch die Schülerinnen und Schüler in den Unterricht mitgebracht werden, müssen entsprechend der abrufbaren Leistungspotentiale selbstverständlich auch im Rahmen des Lernortes der Schulküche erkannt und berücksichtigt werden. Drei Aspekte sollen an dieser Stelle für differenzierten und individualisierten Unterricht im Rahmen der Küchenpraxis angeführt werden; der erste bezieht sich auf die Möglichkeit, innere Differenzierung durch die Wahl der Sozialform zu unterstützen. Ein weiteres Beispiel aus der Praxis: Vor allem zu Schulbeginn ist die Bezeichnung der Arbeitsgeräte durch Schülerinnen und Schüler mit nicht deutscher Muttersprache eine Herausforderung, welche Zeit für Übungsphasen einfordert. Im Sinne der Sozialform der Partnerarbeit können Schülerinnen und Schüler mit unterschiedlich stark ausgeprägten Sprachniveaus gemeinsam erarbeiten, wo sich die Arbeitsgeräte in der Schulküche befinden. Memory-Karten mit den abgebildeten Küchenutensilien oder QR-Codes, die mit dem Handy gescannt werden und dann als Audio-Datei den Namen des Arbeitsgeräts korrekt ausgesprochen wiedergeben, können diesen Prozess noch zusätzlich unterstützen. Der zweite Aspekt soll dazu anregen, aus Motivationsgründen eine geschlechtsbezogene Gruppenteilung zu initiieren. Selbstverständlich ist der Unterricht überwiegend in heterogenen Gruppen durchzuführen. Oft besteht aber in der Praxis der Wunsch, mit der besten Freundin oder dem besten Freund zusammenarbeiten zu dürfen. In der Praxis konnte beobachtet werden, dass diese äußere Differenzierungsmaßnahme die Motivation am Arbeitsplatz enorm gesteigert hat. Vielmehr: Der Gegenstand Ernährung und Haushalt bietet einige Möglichkeiten, hier in einen positiven Wettstreit zu treten, der von der Lehrperson begleitet und moderiert wird. Bewertet werden können beispielsweise die Parameter Arbeitsplatzsetting, Hygiene (persönliche und jene am Arbeitsplatz), sicheres Arbeiten, Prozessablauf, ressourcenschonender Umgang mit Lebensmitteln und natürlich auch das Aussehen und der Geschmack der Speise. Der dritte Aspekt soll als Anlass für eine innere Differenzierung im Klassenverband aufgegriffen werden: Der Unterricht in Ernährung und Haushalt erfreut sich zwar großer Beliebtheit, es liegt aber primär im Verantwortungsfeld der Lehrperson, diesen auch allen Schülerinnen und Schülern zu ermöglichen. Körperliche Beeinträchtigungen dürfen kein Ausschlussgrund am Unterrichtsgeschehen sein; auf die Durchführung von domänenfremden Alternativaufgaben abseits des Geschehens ist zu verzichten. Deshalb ist auf die Ausstattung des Unterrichtsraums bzw. der Schulküche für barrierefreien Unterricht zu achten und zu sorgen. Adaptierte Küchen ermöglichen zwar ein Arbeiten an Herd, Spüle und Arbeitsflächen, garantieren aber noch keinen reibungslosen Ablauf der einzelnen Arbeitsschritte. Arbeitshilfen, welche den Unterricht mit Handicaps ermöglichen sollen, sind mit finanziellen Aufwänden sowie dem persönlichen Einsatz der Lehrperson eng verknüpft. Ziel sollte es sein, durch entsprechende Arbeitshilfen die Durchführung für möglichst viele küchenpraktische Schritte zu ermöglichen.

*Welche immer wiederkehrenden fachspezifischen Herausforde-*
*rungen im Unterrichtshandeln müssen Ihrer Meinung nach die*
*Lehrpersonen beherrschen, um im Unterricht für „Lebensfüh-*
*rung" eine angemessene Unterrichtsqualität garantieren zu kön-*
*nen?*

Essenziell für eine adäquate Unterrichtsqualität in Ernährung und Haushalt
ist vor der ersten Einheit die Auseinandersetzung mit der zu unterrichtenden Gruppe. So ist zu klären, ob es Schülerinnen und Schüler mit motorischen, kognitiven, sozialen oder anderen Beeinträchtigungen gibt, ebenso
muss erläutert werden, welche interkulturellen Erfordernisse (beispielsweise Sprachbarrieren oder Nahrungsmitteltabus) berücksichtigt werden
müssen. Immer mehr an Bedeutung gewinnende Themen sind auch jene der
Nahrungsunverträglichkeiten und Allergien, welche Aufmerksamkeit und
Sensibilität bei der Planung der Speisenbezüge einfordern. Im eigentlichen
Unterricht geht es vor allem darum, dessen Struktur unter Berücksichtigung
des Zeitmanagements aufrecht zu erhalten. Bereits in der Ausbildung
machen Studierende immer wieder die Erfahrung, dass die 100 Minuten
Unterrichtszeit etwas blenden, und man sich in Bezug auf den Faktor Zeit in
Sicherheit wiegt. So trivial es auch klingen mag: Pünktliches Erscheinen und
ein zeitgerechter Gang in die Schulküche beugen vor, dass gleich zu Beginn
einer Doppeleinheit Zeit hergeschenkt wird. Im Voraus wird der Einkauf von
den Schülerinnen und Schülern selbst durchgeführt, trotzdem sollte die
Lehrperson klar (mündliches Durchgehen der Einkaufsliste) kommunizieren, welche Lebensmittel benötigt werden bzw. wie und wo diese am Schulstandort korrekt gelagert werden. Im Unterrichtsgeschehen sollen Tätigkeiten wie beispielsweise das Austeilen von Arbeitsmaterialien, die Herstellung
des Arbeitsplatzsettings zwecks Veranschaulichung diverser praktischer
Arbeitsschritte oder der Aufbau digitaler Geräte möglichst kurz ausfallen
bzw. vor Beginn der Stunde bereits erledigt sein. Überleitungen zwischen
den einzelnen Unterrichtssequenzen sollen bestimmt moderiert und klar
kommuniziert, einzelne Fragen oder Störfaktoren rasch aufgegriffen und
geklärt werden. Immer wiederkehrende Handlungen wie richtiges Händewaschen, das Anziehen der Kochbekleidung oder das Herrichten des
Arbeitsplatzes sollen gut und richtig eingeübt werden, um einen möglichst
reibungslosen Ablauf zu gewährleisten und Routine zu gewinnen. Für die
Einteilung der Nacharbeit empfiehlt es sich, einen gut sichtbaren Plan anzu-
bringen. Durch ein transparentes System unter Einsatz von Symbolen, Far-
ben oder Ziffern wird gewährleistet, dass die anfallenden Tätigkeiten in jeder
Einheit von wechselnden Personen übernommen werden. Hohe Unterrichtsqualität kann demnach in Ernährung und Haushalt gewährleistet werden,
wenn die Rahmenbedingungen der Lernumgebungen klar abgesteckt sind,

und sich Schülerinnen und Schüler darin zurechtfinden und entfalten können.

## Worauf gilt es bei der Entwicklung und dem Einsatz von Aufgaben bzw. Aufgabensets im kompetenzorientierten Unterricht für „Lebensführung" besonders zu achten?

Weinert (1999, S. 28–34) geht davon aus, dass Leistungsaufgaben darauf abzielen, Erfolge zu erzielen und Misserfolge zu vermeiden, während Lernaufgaben sich zum Ziel nehmen, bestehendes Wissen mit neuem Wissen sukzessive zu erweitern bzw. zu vernetzen. Gelungener Unterricht in Ernährung und Haushalt benötigt einerseits (sichtbare) Erfolgserlebnisse, andererseits sollen Situationen geschaffen werden, die Räume für Versuch und Irrtum zwecks der Generierung neuer Erkenntnisse bieten. Primär sollen Aufgaben so gestellt werden, dass sie die Lebenswelt der Rezipienten berühren und eine Motivation für die Auseinandersetzung mit dieser vorhanden ist. Die Lernenden sollen mit einer bestimmten Situation konfrontiert werden, welche sie handlungsorientiert lösen können. Eine klare Formulierung der einzelnen Aufgabenschritte ermöglicht es dabei, den Weg zum Lernziel für die Schülerinnen und Schüler nachvollziehbar zu machen. Der Unterricht in Ernährung und Haushalt bietet durch seine Theorie-Praxisbezüge eine gute Basis für die Entwicklung von kompetenzorientierten Aufgaben. Vor allem in der Verbraucherbildung lassen sich lebensnahe Lernszenarien für die Entwicklung von Lernaufgaben kreieren. Dazu ein Praxisexempel: Beispielsweise werden Tricksereien im Supermarkt (Verführung durch auditive, visuelle oder olfaktorische Reize) von den Schülerinnen und Schülern beim nächsten Einkauf als solche wahrgenommen, die von den Wirtschaftstreibenden erwünschte Konsequenz der persönlichen Konsumsteigerung bleibt aufgrund des erworbenen Wissens jedoch aus. Im Sinne eines gezielten und abwechslungsreichen Materialeinsatzes sollen auch digitale Medien berücksichtigt werden und verstärkt ihren Platz finden. Die Digitalisierung hat die Lebenswelt der Schülerinnen und Schüler stark verändert und bietet neue Methoden und (als Mittel zur Umsetzung) Werkzeuge an, die nicht ausgeblendet werden können. Bezugnehmend auf das angeführte Beispiel aus der Verbraucherbildung steht demnach immer die / der Lernende im Mittelpunkt des Interesses. Diese / r soll mit Fähigkeiten ausgestattet werden, die unterschiedlichen Herausforderungen seines / ihres Alltags als Konsumentin und Konsument zu erkennen, zu verstehen und ihnen gegebenenfalls widerstehen zu können.

**Welche Schritte empfehlen Sie aufgrund Ihrer wissenschaftlichen bzw. erfahrungsbasierten Expertise als „first steps" für angehende Lehrpersonen im Fach, die sie für guten Unterricht für „Lebensführung" umsetzen können?**

Der Unterricht in Ernährung und Haushalt ist durch seine enge Verknüpfung von theoretischer Wissensvermittlung und küchenpraktischen Sequenzen in punkto Organisation und Zeitmanagement eine Herausforderung. Die Auseinandersetzung mit den strukturellen Rahmenbedingungen für das Gelingen der in den Stundenplänen oft geblockten Doppeleinheit ist essenziell und sollte stets wie bereits erwähnt in den ersten Schulwochen passieren. Ein Stolperstein für das Gelingen des Unterrichts können auch offene Fragen zum Lebensmitteleinkauf sein. Diese auf den ersten Blick banale Tätigkeit birgt einiges an Konfliktpotenzial für das Unterrichtsgeschehen. Als Vorteil erweist es sich, den Einkauf durch Zweierteams durchführen zu lassen. Es muss klar sein, was eingekauft wird, weshalb ein gemeinsames Durchgehen der (leserlich geschriebenen oder ausgedruckten) Einkaufsliste sinnvoll ist. Jede Fachkraft von Ernährung und Haushalt kann mit einem Schmunzeln (oder mit Schrecken) von Einkäufen berichten, welche im besten Fall alternative Lebensmittel in die Schulküche befördert haben und die Kreativität der verantwortlichen Lehrperson herausgefordert haben. Eine klare Kommunikation über die benötigten Lebensmittel (Einkaufsliste, Rechnung, Wechselgeld, Vermeidung von Plastiktüte sowie der wichtige Hinweis darauf, dass die Einkäufe in der Freizeit und nicht in anderen Schulstunden getätigt werden, genießen im Sinne der Schaffung von klaren Rahmenbedingungen eine hohe Priorität. Es sollte darauf verzichtet werden, aus Bequemlichkeit oder mangelndem Vertrauen den Schülerinnen und Schülern gegenüber die Aufgabe des Gruppeneinkaufs nicht zu überantworten.

In der Küchenpraxis empfehle ich in den ersten Einheiten des Schuljahres zunächst die Auseinandersetzung mit den beiden Schwerpunkten Hygiene und Sicherheit. Die Schaffung einer seriösen Arbeitsstruktur bedingt, dass zukünftige Kolleginnen und Kollegen diese beiden Themen didaktisch schülerinnen- und schülergerecht aufbereiten. Hygiene bezieht sich dabei sowohl auf die Person (korrektes Händewaschen und saubere Kleidung sind gefragt) als auch auf einen sauberen Umgang mit Lebensmitteln am Arbeitsplatz. Sicherheit kann in der Schulküche nur durch entsprechendes Verhalten der Schülerinnen und Schüler gewährleistet werden, weshalb auf die zahlreichen Gefahrenquellen (Schneidegeräte, angeschlossene Stromkabel, rutschige Böden, heiße Flüssigkeiten, etc.) hingewiesen werden sollte. Gut sichtbare Merkkarten, auf denen die relevantesten Punkte – unterstützt durch figurative Elemente – visualisiert sind, erweisen sich dabei als äußerst wirksam. Angehende Lehrerinnen und Lehrer müssen sich dessen bewusst sein, dass küchenpraktische Fertigkeiten nicht mehr im gleichen Maße zu Hause erlernt und in den Unterricht mitgebracht werden, wie dies früher der Fall war. Eine fundierte Vermittlung dieser Eckpfeiler ist unerlässlich; das Schüren von Ängsten aufgrund der vorhandenen Gefahrenquellen in den Schulküchen sollte jedoch unbedingt vermieden werden. Als dritten „first step" vor der Küchenpraxis empfiehlt sich die Auseinandersetzung mit dem *Inventar* der Schulküche. Dieses lässt sich spielerisch durch häufige Wiederholungen (Suchen und Finden der Arbeitsgeräte) einprägen und durch den Einsatz von Inventarkärtchen (auch hervorragend für den Unterricht in „Deutsch als Fremdsprache" geeignet) festigen. Das Wissen der Kinder um die Standorte der Arbeitsgeräte erspart viel Zeit durch lästiges Suchen und Nachfragen bei der Lehrperson und trägt wesentlich zum Unterrichtsfluss bei.

### Was ist Ihrer Ansicht nach das Besondere am Unterricht für „Lebensführung"?

Der Unterricht in Ernährung und Haushalt zeichnet sich durch die vielfachen Möglichkeiten aus, selbstständiges und schüleraktives Lernen zu fördern. Der Gegenstand bietet durch unterschiedliche Aufgabensettings die Möglichkeit, spontane, aber auch nachhaltige Erfolgserlebnisse alleine bzw. in der Partner- oder Gruppenarbeit zu verbuchen. Eine hohe Identifikation der Schülerinnen und Schüler mit dem Gegenstand führt weiter dazu, dass die Verantwortung für das eigene Handeln ernst genommen und gestärkt wird. Die Verknüpfung zwischen theoretischen Lehr- / Lerninhalten mit den küchenpraktischen Aufgabenstellungen hilft dabei, ganzheitliche Zusammenhänge zu erschließen. Großes Interesse bringt im Unterricht beispielsweise die Analyse, Bewertung und Optimierung von Lebensmitteln (vgl. Thematisches Netzwerk Ernährung, 2018, S. 37) mit sich, wobei vor allem beliebte Fertigprodukte, die im eigenen Haushalt oft verzehrt werden, auf Interesse innerhalb der Testgruppe stoßen. Das Lebensmittel wird durch die Anwendung einer Produktlinienanalyse (PLA) untersucht, und Optimierungsmöglichkeiten werden anhand definierter Parameter in Einklang mit dem Anspruchsniveau der Klasse erarbeitet. Dadurch kann der gesamte Lebenszyklus eines (Fertig)Produktes betrachtet werden. In der Küchenpraxis wird anschließend das analysierte Lebensmittel laut Rezeptanleitung (hier kommt der Parameter „Informationsgehalt der Verpackungen" zur Geltung) zubereitet und verkostet. Im Zuge dessen bietet es sich an, das gleiche Gericht in einer frischen Variante selbst zuzubereiten und beide Speisen anhand sensorischer Kategorien (Aussehen, Geruch, Geschmack, Mundgefühl) zu verkosten und zu bewerten. Herstellung, Verkostung und Bewertung des Essens als weiteres sichtbares Ergebnis der Zusammenarbeit verhindern, dass nur die theoretische Sichtweise der Produktlinienanalyse mitgenommen wird.

Generell bietet die Bandbreite an Themen aus Ernährung, Haushalt und Konsum im Unterrichtsalltag viele Vernetzungspunkte mit anderen Gegenständen. Absolut positiv und bereichernd ist auch die Möglichkeit, während der (nicht immer absehbaren) Arbeitsprozesse zwanglose Gespräche zu führen, miteinander zu lachen und trotzdem zielstrebig die Arbeitsaufgaben zu erledigen. Diese soziale Komponente ist ein Schatz, muss gepflegt und darf nicht als Störfaktor gesehen werden! Ein erprobtes Setting der Arbeitsabläufe ist dabei hilfreich, sorgt es doch dafür, dass viele Mechanismen des Unterrichts ineinandergreifen und das Geschehen fließen darf. Dieser Pflichtgegenstand der Neuen Mittelschule fördert also das Wissen um eine selbstständige Eigenversorgung und hat ein Interesse daran, den Schülerinnen und Schülern kritisches Konsumdenken zu vermitteln. Er zielt auf die Haushalte ab und ist sich bewusst, dass dieses Handeln Einfluss auf die gesamtgesellschaftliche Entwicklung haben kann. Diesen Fakt dürfen wir uns ruhig vor Augen führen: Fachspezifisches Wissen wird weitergegeben und kann unmittelbar nach dem Unterricht in den Haushalten überprüft, angewendet und weiterentwickelt werden. Im Mittelpunkt des Interesses stehen also stets die Schülerinnen und Schüler, die lernen, Verantwortung für das eigene Handeln zu übernehmen.

### *Welcher Name trifft aus Ihrer Sicht das Kernanliegen einer Bildung für „Lebensführung"?*

Altbacken, rosa Mascherl, eine Reduktion des Gegenstandes auf die küchenpraktischen Übungen: Es gibt kaum ein Klischee, dass bei der Diskussion um Ernährung und Haushalt noch nicht breitgetreten wurde. Meine Erfahrungen damit wiederholen sich regelmäßig: Der Großteil von Kollegenschaft und Schulleitung findet für das Fach ausschließlich lobende Worte, natürlich bekommen sie auch dessen Popularität über die Rückmeldungen der Schülerinnen und Schüler mit. Geht es aber darum, zusätzliche Ressourcen zu lukrieren, macht sich aufgrund eigener Verlustängste eine gewisse Ellbogenmentalität breit. In diesem Spannungsfeld erscheint eine ernsthafte Diskussion nur schwer durchführbar. Wichtig ist es aber, dass vor allem die frisch ausgebildeten Lehrkräfte gegenüber der Schulaufsicht selbstbewusst als Expertinnen und Experten für Fragen zur Ernährungs- und Verbrauchbildung auftreten und aus Eigeninteresse am Standort Ressourcen im Zuge von autonomen Stundentafeln ausloten. Die Bezeichnung „Ernährung" ist im Hinblick auf das vermittelte Wissen bezüglich einer bedarfsgerechten Ernährung unbestritten, ebenso bieten die Ernährungsgewohnheiten von Kindern und Jugendlichen Anknüpfungspunkte, die ein reflexives Ernährungsverhalten forcieren können. Für mich persönlich ist es bedeutsam, dass auch der Terminus „Haushalt" in der Bezeichnung des Gegenstandes verankert bleibt. Was für viele Schülerinnen und Schüler zunächst etwas verstaubt klingt, erreicht sie bei näherer Auseinandersetzung dort, wo sie nicht damit gerechnet haben, nämlich in ihrer ganz persönlichen Lebenswelt. Es ist jedes Schuljahr aufs Neue spannend, mit den Schülerinnen und Schülern über die Leistungen des Haushalts zu diskutieren, obwohl diese von vielen als eine selbstverständliche Nebensache gesehen werden. Haushaltsbildung ist ein Teil der Allgemeinbildung. Die Fähigkeit, den Alltag in der Keimzelle der Gesellschaft verantwortungsbewusst zu gestalten, muss sich in der Bezeichnung des Faches widerspiegeln. Zusätzlich zu den Begriffen „Ernährung" und „Haushalt" fände ich eine Erweiterung durch den Begriff „Konsum" sinnstiftend. Kinder und Jugendliche stehen bei den Wirtschaftstreibenden hoch im Kurs und sollen mit ausgeklügelten Methoden zum Kaufen bewegt werden. Auch aufgrund der weiten Verbreitung von Smartphones haben Eltern und Erziehungsberechtigte kaum mehr einen Überblick darüber, welchen Verlockungen ihr Kind ausgesetzt ist. Dem sollen mündige Konsumentinnen und Konsumenten entgegengesetzt werden, welche durch fundiertes Wissen kritisch und rational Konsumentscheidungen treffen können und sich für diese Prozesse auch die digitalen Medien zu Nutze machen können. Die Bezeichnung „Ernährung, Haushalt und Konsum" resultiert aus diesen Überlegungen.

# Literatur

Thematisches Netzwerk Ernährung. (2018). *Referenzrahmen für die Ernährungs- und Verbraucher_innenbildung Austria – EVA. Handreichung zur überarbeiteten Neuauflage – Poster 2015.* Linz.

Weinert, F. E. (1999). Die fünf Irrtümer. *Psychologie heute, 6,* 28–34.

Kirsten Schlegel-Matthies / Claudia Wespi

# Was ist denn nun wirksamer Unterricht für „Lebensführung"? Versuch einer Zusammenschau

Nachdem nun elf Fachdidaktikerinnen und Fachdidaktiker sowie insgesamt elf Lehrpersonen bzw. Fachleiterinnen und Fachleiter die Frage nach wirksamem Unterricht für „Lebensführung" aus ihrer wissenschaftlichen und erfahrungsorientierten Perspektive facettenreich beantwortet haben, soll an dieser Stelle das Gemeinsame und Differente in ihren Expertisen herausgestellt werden, damit ein Destillat der Erkenntnisse, Erfahrungen und Überzeugungen abgeleitet werden kann.

Diesem Anspruch kann das vorliegende Kapitel jedoch nur in Ansätzen gerecht werden. In den Interviews finden sich aufgrund unterschiedlicher Bildungssysteme und Fachausrichtungen in den drei Ländern Deutschland, Österreich und der Schweiz sowie aufgrund unterschiedlicher Unterrichtserfahrungen divergierende Einschätzungen. Nicht alle in den Antworten genannten Aspekte können deshalb in die Synthese aufgenommen werden. Auch die unterschiedlichen Ebenen, auf denen die Befragten geantwortet haben, sollen hier nur am Rande thematisiert werden. In diesem Kapitel wird deshalb im Sinne einer Zusammenschau versucht, die einzelnen Meinungen der Expertinnen und Experten zu bündeln und den Mainstream der Ergebnisse sowie abweichende Einschätzungen zusammenfassend zu dokumentieren. Exemplarisch angeführt sind jeweils Aussagen einzelner Befragter, die die Zusammenschau illustrieren sollen.

**_Welches fachwissenschaftliche und fachdidaktische Wissen und Können der Lehrperson sind aus Ihrer Sicht für die Qualität des Unterrichts für „Lebensführung" besonders wichtig?_**

Die Antworten der Expertinnen und Experten auf die Frage der fachwissenschaftlichen und fachdidaktischen Kompetenzen, über die eine Lehrperson für „Lebensführung" verfügen muss, zeigen auf, wie komplex die alltägliche

Lebensführung von Menschen ist und welche Anforderungen sich daraus für die Gestaltung des Unterrichts ergeben.

Lehrpersonen für „Lebensführung" benötigen fundiertes und aktuelles fachwissenschaftliches Wissen. Aufgrund der Komplexität und Mehrdimensionalität alltäglicher Aufgaben und Fragestellungen, die sich im Kontext der Lebensführung zeigen, drängen sich Verbindungen zu vielfältigen Bezugswissenschaften auf. Lehrpersonen müssen deshalb über eine breite disziplinäre Wissensbasis verfügen. Sie benötigen fachliche Grundlagen in natur-, sozial- und geisteswissenschaftlich ausgerichteten Wissenschaften. Genannt werden Biologie, Medizin, Ernährungswissenschaft, Haushaltwissenschaft, Psychologie, Soziologie, Ökonomie, Ethik, Philosophie, Politik und Kulturwissenschaften. Aufgrund der vielen Bezugsdisziplinen wird auf „die Bedeutung und Notwendigkeit eines inter- und transdisziplinären Vorgehens" (Brandl) hingewiesen. Lehrpersonen sollen über die Kompetenz verfügen, „unterschiedliche wissenschaftliche Paradigmen zu berücksichtigen, zu unterscheiden oder gegebenenfalls zu verknüpfen" (Bender). Um eine fachliche Identität zu entwickeln, ist auch wünschenswert, wenn Lehrpersonen „in mindestens einem der Bereiche über eine vertiefte wissenschaftliche Fachexpertise verfügen" (Häußler & Schneider).

Die gesellschaftlichen Entwicklungen und die damit einhergehenden Veränderungen der alltäglichen Situationen führen zur Notwendigkeit der „beständigen Weiterentwicklung und Vertiefung des eigenen fachwissenschaftlichen Wissens" (Angele). Viele Expertinnen und Experten betonen, dass Lehrpersonen über Wissen verfügen müssen, das sich am aktuellen Stand der fachwissenschaftlichen Forschung orientiert. Dies verlangt die „Bereitschaft, sich selbst auf den neuesten Stand der Wissenschaft einzulassen" (Forstmaier). Eine Lehrperson muss „Freude haben an dieser fachlichen Komplexität und an steten Veränderungen" (Marti). Sie muss fähig sein, „in seriösen Quellen aus unterschiedlichen Disziplinen zu recherchieren" (Bender), was aufgrund der vielen populärwissenschaftlichen Informationen in den Bereichen Ernährung und Konsum als besonders relevant erachtet wird.

Für professionelles pädagogisches Handeln im Unterricht für „Lebensführung" benötigen Lehrpersonen fachdidaktisches Wissen und Können. Dieses basiert auf erziehungswissenschaftlichen Erkenntnissen und entspricht dem aktuellen Stand der Forschung, insbesondere der Lehr-Lernforschung. In den Antworten zur Frage nach den fachdidaktischen Kompetenzen von Lehrpersonen zeigen sich drei zentrale Schwerpunkte: die Orientierung an den Bildungsanliegen des Faches, die Berücksichtigung der Voraussetzungen der Lernenden und das Beachten von didaktischen und fachdidaktischen Aspekten im konkreten Unterricht.

Unterricht für „Lebensführung" ist als Beitrag zur Allgemeinbildung von jungen Menschen zu betrachten und hat sich an den zentralen Bildungsanliegen des Faches zu orientieren. Lehrpersonen sollen „die Legitimation des Fachunterrichts im Kontext von Allgemeinbildung" (Angele) situieren. Damit verbunden ist die „Auswahl exemplarisch bedeutsamer Inhalte, an denen die Kernideen des Faches erschlossen werden" (Buchner) bzw. die „Auswahl adäquater Fallbeispiele" (Bender) oder die „Auswahl exemplarischer Unterrichtsinhalte" (Nolte). „Damit Heranwachsende Kompetenzen erwerben können, bedarf es bedeutungsvoller, lebensnaher Lernsituationen, in denen fundamentales Wissen erworben wird und zur Anwendung kommen kann" (Forstmaier).

Unterstützt wird dies durch ein „elaboriertes Gegenstandsbewusstseins" (Buchner). Wenn es darum geht, für den Unterricht geeignete Beispiele zu finden, ist zu bedenken, dass sich „lebensweltliche Bezugspunkte und Zielvorstellungen aus sehr differenten individuellen Kontexten speisen" (Brandl). Aus diesem Grund benötigen Lehrpersonen „ein reflektiertes Verständnis der gesellschaftlichen, strukturellen Eingebundenheit aller Aufgaben der Lebensführung in soziale und kulturelle Kontexte" (Häußler & Schneider). Zusammenfassend lässt sich festhalten: „Als Lehrperson muss ich mir der Verantwortung dem gesellschaftlichen Umfeld gegenüber bewusst sein und mich damit beschäftigen, welches Rüstzeug ich den Lernenden mitgebe, damit sie sich in verschiedenen Situationen im Alltag zurechtfinden und bewusste Entscheidungen treffen können" (Bürgi).

Weiter werden die Voraussetzungen und Vorerfahrungen der Lernenden angesprochen, die im Unterricht zu berücksichtigen sind. Mehrere Expertinnen und Experten weisen darauf hin, dass die Lernenden im Unterricht für „Lebensführung" vielfältige Meinungen und Vorstellungen zu einem Thema mitbringen, die auf ihren Alltagserfahrungen basieren. „Guten Lehrpersonen ist es wichtig, dieses Vorwissen zu berücksichtigen und darauf aufzubauen" (Forstmaier). Die Voraussetzungen gilt es achtsam im Unterricht aufzunehmen. „Das Vorwissen und somit die Ressourcen der Schülerinnen und Schüler sind behutsam und wertschätzend im Unterricht zu integrieren" (Frei). Nebst der Ressourcenorientierung wird die Bedeutung für das Lernen der Schülerinnen und Schüler betont, indem „die Qualität der Passung des Unterrichtsstoffes auf die jeweilige Lerngruppe, besonders auf den tieferen Schulniveaus" (Fässler) erwähnt wird. Dazu gehört auch, den Lernenden zu erklären, wieso der jeweilige Lerninhalt für sie wichtig ist, damit sie „ die Sinnhaftigkeit des Themas, der Problemstellung und der Unterrichtsschwerpunkte" (Frei) erfassen können.

Für lernwirksamen Unterricht für „Lebensführung" benötigen Lehrpersonen „fundierte pädagogisch-psychologische Kompetenzen in der Klassenführung (Classroom Management), der kognitiven Aktivierung und der konstruktiven Unterstützung" (Brandl). Aufgrund der kompetenzorientierten Ausrichtung von Bildungsplänen braucht es ein Verständnis für Kompetenzorientierung und Kompetenzförderung im Unterricht. „Bedeutsam sind die Strukturierung des Unterrichts und der Lernprozesse, sowie die Bereitstellung von Lerngelegenheiten" (Senn). Die Qualität des Unterrichts wird unterstützt, wenn er „auf der Grundlage unterschiedlicher didaktischer Konzeptionen" (Buchner) geplant wird, „Wissen über fach- und themenspezifische Lernstrategien" (Holliger) vorhanden ist und „Methoden auf der Unterrichtsebene verfügbar und gefestigt" (Leitner) sind. Das Wissen über Lernschwierigkeiten ist bedeutsam, um Lernprozesse und Lernbegleitung darauf abzustimmen (Holliger). Nebst „der Bedeutung einer (lern-)effizienten Steuerung des sozialen Klassengefüges, der Auswahl herausfordernder Aufgabenstellungen und einer adaptiven und respektvollen Hilfestellung bei Verständnisproblemen" (Brandl) gehört auch das Analysieren des eigenen Unterrichts zur fachdidaktischen Kompetenz von Lehrpersonen. „Schüler-, Sach- und Zielorientierung stehen im Mittelpunkt der Analyse" (Eichenseher).

Mehrfach wird von den Expertinnen und Experten erwähnt, dass die Reflexionsfähigkeit der Lehrperson zentral ist. Sie dient der Analyse und Weiterentwicklung des eigenen Fachunterrichts, und ist wichtig, um fachbezogene subjektive Überzeugungen, Wertorientierungen und Routinen wahrzunehmen, damit diese nicht unreflektiert in die Zielsetzungen und in die Gestaltung des Unterrichts einfließen.

## Welche Qualitätsmerkmale halten Sie für den Unterricht für „Lebensführung" für essenziell?

In den Antworten zur Frage nach den Qualitätsmerkmalen des Unterrichts für „Lebensführung" wurden drei größere Schwerpunkte sichtbar. Dies waren einmal die Bezugnahme auf die Sichtstruktur des Unterrichts, zum anderen die Betonung der Bedeutung der kognitiven Aktivierung und drittens die Individuelle Förderung als Qualitätsmerkmal von gutem Unterricht für „Lebensführung".

Bezogen auf die Sichtstruktur des Unterrichts wurden z. B. die didaktischen Prinzipien Handlungsorientierung (Eichenseher; Hüsken; Nolte), Exemplarität und Anschaulichkeit als bedeutsam angesehen, um „eine mehrperspektivisch-vernetzende Herangehensweise an die komplexen Phänomene oder Gegenstände des Alltags" (Häußler & Schneider) zu gewährleisten. Das „Zusammenspiel von Lehr- und Lernendentätigkeiten mit adäquaten Lernaufgaben" (Holliger), „eine klare Organisation sowie durchdachte Strukturierung mit Lernaufgaben" (Marti) und transparente Leistungserwartungen

(Hüsken; Marti) sind wichtige Qualitätsmerkmale. Ebenso wichtig erscheint die Schaffung von Transparenz (Resinek) hinsichtlich der Lernwege: „Strukturgebilde helfen eine Klarheit über den Lernweg zu bekommen. Hier können Mindmap-Darstellungen, Concept-Maps, Lernlandschaften oder Lernlandkarten Hilfe sein, Lösungsmöglichkeiten und Lernwege sichtbar zu machen" (Eichenseher). Auch der Einsatz von unterschiedlichen Sozialformen und verschiedenen Kommunikationsmitteln wird als bedeutsam angesehen (Fässler). Aus der Sicht der Expertinnen und Experten der Schulpraxis ist es wichtig, „das praktische Tun der Lernenden schwerpunktmäßig an konkreten Inhalten und realen Handlungsfeldern, wie Gesundheit, Ernährung, Haushaltsführung, verantwortungsvolles Verbraucher- und Umweltverhalten sowie Nachhaltigkeit in den Mittelpunkt zu stellen" (Forstmaier). Dazu können z. B. „Unterrichtsmethoden, die Reflexions-, Bewertungs- und Entscheidungskompetenzen der Schülerinnen und Schüler anbahnen helfen" (Angele) einen Beitrag liefern.

Eine gelingende kognitive Aktivierung der Schülerinnen und Schüler beinhaltet u. a. eine „konstruktive Unterstützung durch die Lehrenden, die sich z. B. durch einen geduldigen Umgang mit Verständnisproblemen und individuellen Schwierigkeiten, damit auch durch Fehlertoleranz und ein Feedback auszeichnet, das sich nicht nur auf das Lernergebnis bezieht, sondern auch den Lernprozess und eine zukünftig selbstständigere Aufgaben- und Problembewältigung einschließt" (Brandl). Ein unterstützender Umgang mit Fehlern (Bender; Brandl; Wukowitsch) und damit einhergehend die Schaffung von Vertrauen zwischen Lehrperson und Lernenden (Frei) sowie das Anknüpfen an Vorerfahrungen, Aufgreifen von Alltagserfahrungen (Forstmaier; Angele; Johannsen & Peuker; Wukowitsch) und die Herstellung eines Bezugs zu alltäglichen Problemen der Lernenden z. B. durch Kooperative Lern- und Arbeitsformen (Holliger) und „herausfordernde Lernaufgaben […], die das Denken (Vorausdenken – Mitdenken – Nachdenken) der Lernenden anregen und die Lernprozesse in Gang bringen" (Marti) tragen aus Sicht der Expertinnen und Experten zur kognitiven Aktivierung im Unterricht für „Lebensführung" bei. Durch die Thematisierung von Fragen aus dem Alltag kann ein kognitiver Konflikt erzeugt werden, indem vorhandene Vorstellungen in Frage gestellt werden und die darauffolgende Verunsicherung genutzt wird, um neue Vorstellungen aufzubauen (Senn). Dadurch wird den Lernenden ermöglicht, individuelle Überzeugungen und Normen zu reflektieren (Bender) und neues Wissen und Verständnis anzubahnen. Zugleich gilt es dabei zu berücksichtigen, „dass wesentliche Inhalte der Bildungsziele sowie epochaltypische Schlüsselprobleme der Handlungsfelder alltäglicher Lebensführung (z. B. die Wegwerfkultur) einen zentralen Stellenwert erhalten" müssen (Nolte), um „Schülerinnen und Schüler [zu] ermächtigen, ihre persönliche Zukunft und die gesellschaftliche Entwicklung mitzugestalten" (Leitner). Ein wichtiges Qualitätskriterium ist es, „wenn die Lebenswelt (z. B. Konsum-, Gesundheits- oder Ernährungsbiografie) Teil des Unterrichts wird und biografisches Lernen erfolgt, sodass es zu bedeutsamem, schülerorientiertem und erfahrungsorientiertem Lernen kommt" (Nolte).

Ein Qualitätsmerkmal des Unterrichts für „Lebensführung" ist auch „allen Schülerinnen und Schülern ein Erfolgserlebnis zu ermöglichen und sie dabei individuell zu unterstützen" (Häußler & Schneider) und „verschiedene Lernwege, die sogar in verschiedene Lernziele münden können, aufzuzeigen" (Resinek). Dabei geht es darum, „die Lernvoraussetzungen zu berücksichtigen und einen Lernzuwachs zu ermöglichen" (Frei).

## Welche Lernumgebungen und Lehr-/Lernformen halten Sie für einen wirksamen Unterricht für „Lebensführung" für besonders bedeutsam?

Eine Antwort auf diese Frage lautete bei vielen der befragten Expertinnen und Experten gleich – nämlich, dass Lehr- und Lernformen und damit verbunden auch Methoden und Materialien von den jeweiligen Zielsetzungen der Unterrichtsstunde oder -einheit abhängig sind. „Die Frage, was Schülerinnen und Schüler können sollen, ist Ausgangspunkt für die Gestaltung einer situierten und reichhaltig gestalteten Lernumgebung. In der Aufbereitung der Lernumgebung soll also vom Ende her gedacht werden" (Holliger). Dabei geht es darum, im Unterricht authentische Alltagssituationen aufzugreifen (Häußler & Schneider; Holliger; Marti) und daran Lernaufgaben zu entwickeln, „die kognitiv anspruchsvoll, aber nicht überfordernd sind" und die „heterogene Lern- und Lösungswege, sowie Kooperation und Reflexion ermöglichen" (Senn).

Da die Lebenswelt sowohl Ausgangspunkt, Gegenstand und Ziel des Unterrichts für „Lebensführung" ist, betonen viele Expertinnen und Experten, wie wichtig der Alltagsbezug für die Wirksamkeit des Unterrichts ist. Beispielsweise sollen Lernende durch das Lernen mit Fallbeispielen zu alltagsnahen „Situationen, die zu weiterem Fragen führen bzw. zu Problemlösungen motivieren" (Bender) zur Reflexion angeregt werden. Auch Frei, Marti sowie Häußler & Schneider sehen lebensweltnahe Situationen als besonders bedeutsam für erfolgreichen Unterricht für „Lebensführung" an. Dabei sind „komplexe Aufgabenstellungen einzusetzen, die sich während eines längeren Zeitraums über ansteigende Komplexitätsgrade und Differenzierungen erstrecken" (Johannsen & Peuker) und so allen Lernenden ermöglichen mit ihrem jeweiligen Erfahrungshorizont einzusteigen. Bei der Gestaltung von Lernumgebungen für einen wirksamen Unterricht für „Lebensführung"

„sollten die Heranwachsenden mit ihren Lebenssituationen und das Lernen aus Erfahrungen im Zentrum" stehen, „weil die subjektiven Vorstellungen der Lernenden mit ihren Alltagstheorien eine große Rolle spielen" (Forstmaier). Damit die subjektiven Vorstellungen und Alltagstheorien sowie unterschiedliche „Werte, Normen und Lebensstile innerhalb der Gruppe" im Unterricht bearbeitet werden können, bietet sich insbesondere das Biografische Lernen als eine Variante des Erfahrungsbezogenen Lernens an (Holliger; Leitner; Nolte; Senn). Dabei erfordert Biografisches Lernen „eine Lernumgebung, die von Vertrauen, Wertschätzung und gegenseitigem Respekt gekennzeichnet ist" (Nolte). Zudem sind Biografische Zugänge „vor allem für die Reflexion von Ernährungs-, Ess- und Konsumverhalten und der daraus ableitbaren Erkenntnisse gut geeignete Methoden" (Leitner). Ein weiteres Qualitätsmerkmal für wirksamen Unterricht für Lebensführung ist die Förderung der Selbstreflexion, die „mit Blick auf eigene Emotionen, beliefs und Werte bei Ernährungs- und Konsumentscheidungen" z. B. mit speziellen Interviewtechniken methodisch gefördert werden kann (Bender).

Für einen wirksamen Unterricht für „Lebensführung" sind neben den bisherigen Zugängen zur Gestaltung einer Lehr- / Lernumgebung auch zahlreiche didaktische Prinzipien und Methoden relevant, die jeweils in Abhängigkeit von den Zielen des Unterrichts einzusetzen sind. Handlungsorientierter Unterricht, Projekt, Warentest, biografie- und erfahrungsorientierter Unterricht, Experimente und SchmeXperimente, Handelndes Lernen (Holliger) sowie Lernen an Fallbeispielen oder Simulationen (Rollenspiele und Planspiele) (Hüsken; Leitner) und die Entwicklung von geeigneten Dilemmageschichten und das Lernen anhand von Dilemmata in der Klasse (Leitner) werden genannt. Problemstellungen und situationsbezogene Aufgabenstellungen müssen dabei so gewählt werden, dass eine selbstständige Auseinandersetzung mit einem Sachverhalt ebenso möglich ist wie Perspektivenwechsel (Bürgi; Holliger). Als große Chance für einen Unterricht für „Lebensführung" wird gesehen, wenn „Lernumgebungen zum Denken und Handeln in Zusammenhängen anregen" (Forstmaier).

Schließlich spielen für die Qualität des Unterrichts für „Lebensführung" die Lernorte eine große Rolle. Hier geht es um Lehr-Lernarrangements, die theoriegeleitet die Auseinandersetzung mit realen Gegenständen, also eine „originale Begegnung" (Eichenseher) ermöglichen. Dies kann zum einen in der Schulküche als Lernort für die handwerkliche Praxis der Nahrungszubereitung geschehen. Die Be- und Verarbeitung von Lebensmitteln z. B. erfordert sowohl Methoden, die den Erwerb von Techniken der Nahrungszubereitung unterstützen (Demonstration und Verbalisierung) als auch Methoden zur Sinnes- und Geschmacksbildung (z. B. Verkostungen) und Küchenexperimente zur Erprobung küchentechnischer Eigenschaften (Angele). Zum anderen sind außerschulische und außerunterrichtliche Lernorte für einen wirksamen Unterricht für „Lebensführung" bedeutsam, da sie „einen realen Kontakt vor Ort und mit Menschen" (Holliger) und „Lerngelegenheiten, die im herkömmlichen Unterricht nicht unmittelbar erfolgen" (Leitner) bieten können. Solche Lernorte können sowohl Verbraucherzentralen, Museen oder Schulbauernhöfe als auch außerschulische Alltagsorte wie Supermärkte sein (Häußler & Schneider; Hüsken). Im Rahmen von Erkundungen (Weltladen, Bioladen, Verbraucherzentrale etc.), Experteninterviews (Schuldnerberatung) oder einem konsumkritischen Stadtrundgang kann direkt in der Lebenswelt gelernt werden (Nolte).

### Wie sieht eine gute Differenzierung/Individualisierung Ihrer Meinung nach im Unterricht für „Lebensführung" aus?

Eine gute Differenzierung und Individualisierung im Unterricht für „Lebensführung" sollte – so die Auffassung vieler Expertinnen und Experten – unterschiedliche Voraussetzungen berücksichtigen. Hierzu zählen neben lernpsychologischen und inhaltbezogenen sowie kognitiven Lernvoraussetzungen der Schülerinnen und Schüler (z.B. Angele; Bürgi; Eichenseher; Forstmaier; Leitner; Nolte; Senn) auch die Vorerfahrungen, subjektiven Theorien und das Alltagswissen und -verständnis der Lernenden (Häußler & Schneider). Als weitere zu berücksichtigende Differenzierungsdimensionen werden z.B. „das gesellschaftliche Strukturprinzip soziale Herkunft" sowie Geschlecht, Ethnie bzw. Migrationshintergrund und Körper (Bender) genannt.

Wie aber überhaupt solche Lernvoraussetzungen angemessen erhoben werden können, ist auch aus Sicht der Befragten schwierig bis unmöglich zu klären (Brandl). So erscheint es für Lehrpersonen wesentlich, Methoden zu kennen, um Lernvoraussetzungen ihrer Lerngruppe gezielter analysieren zu können, um diese in die Gestaltung von differenzierenden Aufgabenstellungen mit einzubeziehen. Eine Diagnose der Lernausgangslagen scheint allerdings nur in der Diskussion mit Kolleginnen und Kollegen aus anderen Fächern überhaupt denk- und machbar (Resinek).

Zwar werden von einer Expertin professionell erstellte individuelle Förderpläne gefordert, um individuelle Lern- und Entwicklungspotentiale angemessen zu fördern (Buchner). Aber die Mehrzahl der Expertinnen und Experten verweist darauf, dass es generell gilt, „an den heterogenen Lernvoraussetzungen sowie Interessen und Fragen der Lernenden" anzuknüpfen und diese zum Thema zu machen (Nolte und ähnlich auch Forstmaier). Häußler & Schneider betonen explizit, dass der Umgang mit vielfältigen Heterogenitätsebenen eine besondere Herausforderung für den Unterricht für „Lebensführung" ist, denn aufgrund „der lebensweltnahen Themen und

Inhalte bringen alle [Lernenden] sehr unterschiedliche Vorerfahrungen und unterschiedliches Vorwissen zu den Lern- und Handlungsfeldern aus ihren jeweiligen Lebens- und Familienkontexten mit und sind dadurch bereits geprägt. Ein gelingender Unterricht für „Lebensführung" und haushaltsbezogene Themen setzt daher voraus, dass Lehrpersonen die Perspektiven, das Vorwissen und subjektive Deutungen der Schülerinnen und Schüler zur jeweiligen Thematik kennen. Nur so ist die Anschlussfähigkeit an individuelle Wissens- und Sinnkonstruktionen der Schülerinnen und Schüler als Voraussetzung für Kompetenzentwicklung gegeben" (Häußler & Schneider). Holliger schlägt deshalb vor, individuelle und heterogene Erfahrungen, Vorstellungen und Sichtweisen durch Konfrontationsaufgaben sichtbar zu machen und dann für weitere Lerngelegenheiten zu nutzen. Um differenzierende Lernangebote zu schaffen, werden vielfach Lernaufgaben als besondere Chance angesehen, weil Lernaufgaben je nach Lernstand unterschiedliche Schwierigkeitsgrade haben können. „Lernaufgaben können einfacher oder komplexer sein, sie können weniger oder mehr strukturiert sein, und sie können in verschiedenen Repräsentationsformen dargelegt werden. Die Aufgabe kann eher offen oder sehr geschlossen formuliert sein, die Lernwege können offen oder selbstdifferenzierend sein" (Senn). Eine „Differenzierung kann geschehen, indem Lernaufgaben geschaffen werden, die von allen Lernenden zu bearbeiten sind, um die geforderten Kompetenzen und Inhalte zu erwerben und Zusatzaufgaben, die sich für leistungsstärkere Lernende eignen" (Bürgi). Von vielen Befragten werden variantenreiche Lösungswege als gute Möglichkeit zur Differenzierung und individuellen Förderung genannt. Wie sich eine solche Förderung im Unterricht für „Lebensführung" umsetzen lässt, beschreibt Forstmaier: „Nach meiner Erfahrung gelingt Differenzierung am besten, wenn am Ausgangspunkt der Lernschritte ein Inhalt steht, der unterschiedliche Lösungswege zulässt. Die Lernenden sollten sich die jeweiligen Inhalte so auf ihre eigene Weise erschließen können. Die Lehrperson stellt dazu verschiedene Lernangebote und Materialien, ggf. ergänzt durch Arbeitsanleitungen und Lernvideos zur Verfügung. Diese sollten so beschaffen sein, dass unterschiedliche Lösungen möglich sind". Die Möglichkeit für Lernende, „den Lernprozess aktiv mitzugestalten und Schwerpunkte zu setzen", ist besonders „durch die Verknüpfung von biografischem und offenem Lernen (z. B. Handlungsorientierter Unterricht oder Projektunterricht)" gegeben (Nolte). „Lernende können beispielsweise frei über Raum, Zeit und Sozialformen entscheiden (organisatorische Öffnung), eigene Lernwege auswählen (methodische Öffnung) oder Themen mit einbringen (inhaltliche Öffnung). Aufgabe der Lehrperson ist die Begleitung des Lernprozesses, die Gestaltung kompetenzorientierter Lernaufgaben (z. B. Du-kannst-Aufgaben), die Wahl geeigneter Arbeitsformen (z. B. Stationenlernen) und die Bereitstellung vielfältiger Materialien"

(Nolte, ähnlich auch Eichenseher, Hüsken und Senn). Das damit verbundene hohe Maß an Selbstständigkeit, das den Schülerinnen und Schülern abverlangt wird, thematisieren u. a. Fässler, Leitner und Marti. Dabei ist „die Übernahme von Verantwortung für das eigene Lernen oder die Einsicht in Zusammenhänge zwischen Aufgaben und Lernertrag" nicht für alle Lernenden gleichermaßen bewältigbar (Leitner). Nicht zuletzt erfordert eine wirksame Differenzierung im Unterricht für „Lebensführung" eine gründliche Analyse der Sache / des Inhalts sowie eine gut durchdachte Organisation und Durchführung seitens der Lehrperson (Forstmaier; Häußler & Schneider), weil nur so ein wirksames Zusammenspiel von Fördern und Fordern gelingen kann.

### Welche immer wiederkehrenden fachspezifischen Herausforderungen im Unterrichtshandeln müssen Ihrer Meinung nach Lehrpersonen beherrschen, um im Unterricht für „Lebensführung" eine angemessene Unterrichtsqualität garantieren zu können?

Eine immer wiederkehrende fachspezifische Herausforderung liegt gemäss den Expertinnen und Experten darin, dass stetig und ständig gesellschaftliche Entwicklungen die Inhalte und Kompetenzerwartungen des Faches beeinflussen, so dass permanent der Stand des fachwissenschaftlichen Wissens überprüft und das Wissen ggf. erweitert oder neu angeeignet werden muss. So wurde darauf hingewiesen, dass Lehrpersonen im Fach selbst lebenslang lernen müssen und immer „wieder neue Trends, Moden und Erkenntnisse […] auf ihre fachwissenschaftliche Güte und Relevanz hin" prüfen müssen (Johannsen & Peuker). Dazu gehört auch, „sich stets am aktuellen Stand zu orientieren, um die lernrelevanten aktuellen Strömungen rund um die Alltagsgestaltung sinnvoll einbeziehen zu können" (Marti) und „die Frage, was Lernende wissen müssen, um ihre alltägliche Lebensführung zu bewältigen" immer wieder neu zu beantworten (Nolte). Lehrpersonen sind also „ständig gefordert, die Alltagswelt der Schülerinnen und Schüler zu eruieren und Beispiele zu finden, an denen die gegenwärtigen und zukünftigen Anforderungen erfahrbar werden (Forstmaier).

Eine weitere zentrale fachspezifische Herausforderung ist die Tatsache, dass die Unterrichtsinhalte „komplex sind, mehrperspektivisch sowie mehrdimensional betrachtet werden müssen, von wissenschaftlichen Kontroversen bestimmt werden" (Nolte), was dazu führt, dass es oft keine eindeutigen, „richtigen oder falschen" Lösungen gibt. Dies führt dazu, „dass Lehrpersonen im interaktiven Kontext auf Fragen von Schülerinnen und Schülern mit einem 'Das kommt darauf an!' oder 'Das ist deine persönliche Entscheidung' antworten dürfen bzw. müssen" (Bender). Dies erfordert auch zu akzeptieren, dass es nicht Ziel des Unterrichts ist, „die eine richtige Lösung zu finden", sondern „Situationen des Alltags verantwortungsvoll bewältigen zu können" (Senn). Als hilfreich für die Vermeidung von normativen Vorgehensweisen, welches Verhalten oder welche Entscheidungen richtig oder falsch sind, wird die Reflexion von eigenen Einstellungen und Wertmaßstäben seitens der Lehrpersonen aber auch das Hinterfragen eigener Gewohnheiten und Routinen angesehen (Johannsen & Peuker). Ebenso bedeutsam wie notwendig ist auch, „Nichtwissen, Ambiguität und Paradoxien als Lehrperson auszuhalten, aber auch Schülerinnen und Schülern diese zuzumuten" (Leitner). In diesem Zusammenhang gilt es ebenfalls mit der Herausforderung umzugehen, dass Schülerinnen und Schüler jeweils ihre lebensweltlichen Bewertungen von Sachverhalten in den Unterricht mitbringen. Der Umgang mit der unmittelbaren Betroffenheit (ihr eigenes Leben steht im Mittelpunkt des Unterrichts) und der emotionalen Involviertheit der Lernenden (Nolte) erfordert von den Lehrpersonen (Selbst-)Reflexion (Buchner; Häußler & Schneider) sowie „Behutsamkeit und Empathie[, um] diese Spannungen auszubalancieren (Nolte). Leitner verweist darauf, dass es hilfreich sein kann, „die eigenen Überzeugungen zu reflektieren und mit Bewusstheit auszustatten, um – vor allem in Stresssituationen – nicht auf die subjektiven – und möglicherweise indoktrinativen – eigenen Schemata zurückzugreifen. Nolte bringt es auf den Punkt, wenn sie schreibt; „Lernende bringen aufgrund der Lebensweltnähe Vorwissen und subjektive Wahrnehmungen mit. Werden diese im Unterrichtsgeschehen auf Basis wissenschaftlicher Theorien reflektiert, können Lernende dies als persönlichen Angriff werten und eine Abwehrhaltung zeigen".

Damit sowohl Lehrpersonen als auch Schülerinnen und Schüler die notwendige Ambiguitätstoleranz aufbauen können, geht es im Unterricht für „Lebensführung" immer wieder darum, gerade auch solche Spannungsfelder aufzugreifen und zu diskutieren, die gesellschaftlich kontrovers diskutiert werden. Die Diskussionen sollen den Lernenden helfen, „sich damit auseinanderzusetzen und mit begründeten Argumenten den eigenen Standpunkt zu finden" (Marti). Für die Unterrichtsplanung bedeutet dies, komplexe „Inhalte didaktisch reduziert und exemplarisch thematisiert" aufzubereiten (Nolte). Dieses „Loslassen von bewährten Inhalten ist zudem eine Herausforderung, jedoch notwendig. Um im Lernprozess Tiefe zu erreichen, gilt: weniger ist mehr" (Frei).

Eine spezifische Herausforderung im Unterricht für „Lebensführung" ist die Verknüpfung von Theorie und Praxis (Forstmaier; Häußler & Schneider; Hüsken; Nolte), wobei Praxis hier nicht auf die handwerkliche Praxis der Nahrungszubereitung beschränkt ist. Wenn diese Verknüpfung fehlt oder nicht deutlich kommuniziert wird, „fehlt die Einsicht in die Notwendigkeit für die Theorie und der Handlungsgrund für die Lösung von Aufgaben" (Forstmaier).

### *Worauf gilt es bei der Entwicklung und dem Einsatz von Aufgaben bzw. Aufgabensets im kompetenzorientierten Unterricht für „Lebensführung" besonders zu achten?*

Aufgaben sind für die Befragten die zentralen Elemente des Unterrichts. In den Aufgaben zeigen sich die fachspezifischen Bildungsziele und mit Aufgaben wird der Erwerb fachspezifischer Kompetenzen unterstützt. Sie repräsentieren die Lernauseinandersetzungen und strukturieren die Aktivitäten der Lernenden.

Für die Entwicklung von Aufgaben erachten es die Expertinnen und Experten als wichtig, den Alltagsbezug zu berücksichtigen und eine möglichst konkrete Situation der alltäglichen Lebensführung aufzugreifen (Angele). „Ansprechende Aufgaben machen auch gesellschaftliche oder generationenbezogene Herausforderungen zum Thema und ermöglichen das Nachdenken und Umgehen mit diesen. Sie sprechen persönliche und gesellschaftliche Probleme an oder widerspiegeln sie und geben Anlass zur Diskussion und zum Diskurs" (Leitner). Lehrpersonen sollen deshalb „die sich in einer dynamischen und progressiven Welt stets wandelnde Gesellschaft und die damit einhergehenden Anforderungen, Herausforderungen und Komplexitäten" (Holliger) wahrnehmen. Exemplarität, Gegenwarts- und Zukunftsbezug sollen reflektiert werden (Häußler & Schneider). An die Lehrperson stellt dies die Anforderung, dass „Lerninhalte zunächst in ihren sachstrukturellen Facetten erfasst, die zugrunde liegenden Konzepte erkannt und die lebensweltlichen Kontexte aufgewiesen werden können" (Brandl). Lehrpersonen sind gefordert, mit den Aufgaben Situationen zu schaffen, die „das zum Teil hohe Komplexitätsniveau der Themen in den Bereichen Ernährung und Konsum vereinfachen und trotzdem fachlich korrekt widerspiegeln" (Bender).

Aufgaben sollen „den Lebensalltag der Lernenden einbeziehen" (Bürgi), „Echtsituationen aus dem Lebensalltag der Jugendlichen" (Frei) nutzen und „Perspektive und Handlungsspielräume von Kindern und Jugendlichen auf das jeweilige Thema" (Häußler & Schneider) berücksichtigen. Sie sollen „an Vorhandenes anknüpfen und neue Denk- und Erfahrungsräume öffnen" (Leitner) und „umfassendere Verstehens- und Handlungszusammenhänge" (Bender) eröffnen. Um die Passung an die Leistungsfähigkeit der Lernenden zu finden, ist das Vorwissen zu erheben und sind Interessenlagen auszuloten (Leitner). Die fachlichen Voraussetzungen der Lernenden sind in Beziehung zu setzen mit den inhaltlichen Anforderungen, um daraus „die didaktische Strukturierung mit seiner Tiefen- und Sichtstruktur" (Holliger) abzuleiten.

Durch Reflexion sollen Lernende erkennen, „was die Informationen mit mir und meinem Leben zu tun haben" (Resinek).

Der kognitive Anforderungsgehalt von Aufgaben wird von vielen befragten Expertinnen und Experten angesprochen. Unterschiedliche Facetten werden dazu erwähnt. Grundsätzlich sollen Lernaufgaben jene Denk- und Verstehensprozesse fördern, wie sie in den angestrebten Kompetenzen enthalten sind. Sie sollen kognitiv anspruchsvoll sein und einen hohen Aufforderungscharakter haben, damit die Lernenden selbst handelnd aktiv werden (Nolte). „Handlungslernen in komplexen anwendungsbezogenen Aufgabenstellungen" (Johannsen & Peuker) ist zu fördern. Aufgrund der Handlungssituationen im Alltag, die heterogen, komplex und wandelbar sind, sind zudem Aufgaben zu schaffen, die zur Förderung von Bewertungskompetenz beitragen (Angele). Aufgaben sollen Möglichkeiten schaffen für unterschiedliche Lösungs- bzw. Handlungsentwürfe und für Gespräche über emotionale und moralische Aspekte und Werte (Bender). „Es steht nicht das Finden einer richtigen Lösung im Vordergrund, sondern ein situatives Entscheiden unter Einbezug verschiedener Bedingungen und Begründungen" (Bürgi). Im Unterricht für „Lebensführung" ist ein „reflektierter Umgang mit den normativen Leitgedanken" (Häussler & Schneider) zentral. Aufgaben „ermöglichen die Auseinandersetzung mit eigenen Werten bzw. subjektiven Bewertungen, bieten Raum für Reflexionen und Anhaltspunkte für gemeinsame Diskussionen" (Nolte).

Viele der Befragten weisen darauf hin, dass im Zusammenhang mit Aufgaben über deren didaktische Funktion nachzudenken ist. „Essenziell ist die strikte Trennung von *Lern*aufgaben und *Aufgaben*, die der Dokumentation, Bewertung und Beurteilung der Lern*ergebnisse* dienen" (Brandl). Aufgaben sollen einen vollständigen Lernprozess ermöglichen (Frei; Marti; Senn), sowie eine „logische, aufeinander aufbauende Abfolge der Aufgaben" (Hüsken) berücksichtigen. Die Aufgaben sollen sich in ihrem Anforderungsgehalt unterscheiden, indem Offenheit der Aufgabe, Schwierigkeitsgrad, Lernwege, Lernstrategien und Arbeitstempi sowie die Förderung von sozialen und personalen Kompetenzen beachtet werden (Hüsken). Die Bearbeitung der Aufgaben soll Lernenden Erfolgserlebnisse ermöglichen (Fässler; Wukowitsch). Deshalb braucht es im Unterricht Reflexionsphasen, die den Lernenden Gelegenheit geben, die Wirksamkeit ihres Lernens zu erleben (Frei) sowie „Lernprozess und -fortschritt einzuschätzen und sie somit zu stärken" (Forstmaier).

*Welche Schritte empfehlen Sie aufgrund Ihrer wissenschaftlichen bzw. erfahrungsbasierten Expertise als „first steps" für angehende Lehrpersonen im Fach, die sie für guten Unterricht für „Lebensführung" umsetzen können?*

In den Antworten zu empfehlenswerten „first steps" für angehende Lehrpersonen lassen sich drei thematische Schwerpunkte herauskristallisieren – die Rolle der Lehrperson, die Planung des Unterrichts sowie die Orientierung an den Schülerinnen und Schülern – zu denen unterschiedliche Aspekte angesprochen werden.

Lehrpersonen sollen ihre Unterrichtstätigkeit „mit Liebe und Freude am Beruf und am Fach mit umfangreichem Fachwissen und umfangreichen Fachkompetenzen" (Hüsken) sowie mit fachlicher Sicherheit (Fässler) beginnen. Sie sollen im Unterricht authentisch sein (Frei; Hüsken) und mit Überzeugung (Frei), mit Humor (Hüsken) und mit Neugierde ihren Schülerinnen und Schülern gegenüber (Holliger) unterrichten. Dazu gehört auch, sich die dem Fach immanenten Chancen zu vergegenwärtigen (Johannsen & Peuker), und in der Schulkultur zu fördern und zu leben, was im Fachunterricht gelehrt wird – beispielsweise Nachhaltigkeit und Gesundheitsförderung (Hüsken). Der Erstkontakt mit Klassen ist gezielt vorzubereiten, da das äussere Erscheinungsbild, die Körperhaltung und die Vorstellung eine Wirkung auf die Schülerinnen und Schüler haben (Forstmaier).

Mehrere Expertinnen und Experten betonen die Wichtigkeit der Unterrichtsreflexion, was zugleich Reflexionsfähigkeit der Lehrperson bedingt. Für die Reflexion sind inhaltliche und persönliche Schwerpunkte zu setzen (Leitner). Zudem soll aus Erfahrungen (Macho) und Fehlern gelernt werden (Eichenseher; Frei; Leitner). Die Rolle der Lehrperson in der Lernprozessbegleitung ist ebenfalls zu reflektieren (Holliger). Dies alles verlangt Offenheit und Neugierde gegenüber eigenen Lernprozessen (Holliger), Selbstkritik (Eichenseher), Eigenverantwortung (Buchner) sowie „Bereitschaft, sich stets weiterzubilden und auf dem Laufenden zu halten" (Resinek). „Angesichts der strukturellen und prozessualen Unvorhersehbarkeit und Unsicherheit im Lehr-Lerngeschehen ist schon mentale Flexibilität das A&O für das Handeln der Lehrenden" (Brandl).

Eine fundierte und ausführliche Unterrichtsplanung (Angele; Nolte) wird als zentral erachtet. Beim Planen sind „kritische Fragen nach dem Sinn und der Bedeutung" (Forstmaier) unerlässlich. „Klare inhaltliche und organisatorische Strukturen und Konzepte" (Leitner) sind zu schaffen. Rituale (Hüsken) sowie klare Rahmenbedingungen (Wukowitsch) unterstützen die Zielsetzungen des Unterrichts. Überlegungen zum Classroom-Management sind zu integrieren, damit Schülerinnen und Schüler in Ruhe sowie konzentriert lernen können (Senn). Dazu gehören auch „Überlegungen zu Regeln,

Routinen und Umgangsformen inklusive sinnvoller Konsequenzen bei Nichteinhaltung" (Forstmaier).

Für guten Unterricht für „Lebensführung" sind Interesse und Verständnis für die Jugendlichen bedeutsam. Die Unterschiedlichkeit der Jugendlichen ist als etwas Einzigartiges und ihre Individualität als etwas Wertvolles anzuerkennen (Frei). Neugierde ist gefragt, um die Perspektive der Schülerinnen und Schüler auf die Welt einzunehmen und die Voraussetzungen der Lernenden in den Unterricht einzubeziehen (Holliger). Sich am Lernen der Jugendlichen orientieren, bedeutet, sie nicht zu überfordern und ihre Lernfortschritte wahrzunehmen. Von der Lehrperson verlangt dies immer wieder auch „Mut zur Lücke und Reduktion auf Wesentliches" (Marti) sowie regelmäßiges Einholen von Feedbacks, um die Jugendlichen ernst zu nehmen und von ihnen zu lernen (Frei).

Die befragten Expertinnen und Experten erwähnen im Zusammenhang mit den „first steps" besonders häufig drei Besonderheiten, die den Unterricht für „Lebensführung" auszeichnen und zu berücksichtigen sind: die Lebenswelt als Gegenstand des Unterrichts, die damit zusammenhängende Multidisziplinariät und die praktische Nahrungszubereitung.

Die Lebenswelt ist unmittelbarer Lerngegenstand im Unterricht für „Lebensführung". Im Gegensatz zu anderen Fächern dient das Leben somit nicht als Anwendungsbeispiel (Nolte) und muss auch nicht erst mühsam hergestellt werden (Brandl), sondern ist Gegenstand der Betrachtung sowie Ausgangspunkt und Ziel des Unterrichts. Die Bildungsrelevanz hinsichtlich Gegenwarts- und Zukunftsbedeutung ist gegeben, da jeder Mensch die „Kompetenz zur Gestaltung und Bewältigung der alltäglichen Lebensführung braucht" (Frei). Die konkrete Alltagsorientierung gibt den sinngebenden Takt an (Marti), „die Vielfalt von Anforderungen und Herausforderungen im Leben von Menschen" (Senn) werden zum Thema. „Dies könnte eigentlich ein ganz kommoder Anknüpfungspunkt sein, muss nämlich die Relevanz an den Inhalten nicht erst aufgewiesen werden, sondern ergibt sich quasi von sich aus" (Brandl). Unterricht für „Lebensführung" thematisiert ebenfalls inhaltliche Schwerpunkte, „die sich in aktuellen gesellschaftlichen Fragestellungen wiederfinden" (Eichenseher). „Gesellschaftsthemen werden zum Unterrichtsthema" (Frei).

Die Jugendlichen „stehen als handelnde Alltagsakteure im Zentrum des Unterrichts, der sich demzufolge mit den Lebenssituationen der Heranwachsenden auseinandersetzt und eine Mitgestaltung erlaubt" (Forstmaier). „Lerngegenstände, Frage- und Problemstellungen haben einen direkten Bezug zu den Lebenswelten der Schülerinnen und Schüler" (Holliger). Unterrichtsthemen betreffen die individuelle Lebensführung und sind im Alltagshandeln direkt nutzbar (Forstmaier), sie können „unmittelbar nach dem Unterricht in den Haushalten überprüft, angewendet und weiterentwickelt" (Wukowitsch) werden oder von den Jugendlichen in ihr eigenes Leben integriert werden, wenn sie dies möchten (Resinek).

Das Fach unterstützt die Jugendlichen, „selbstständig zu werden, was ihrer Lebensphase entspricht" und trägt zur Identitätsentwicklung bei, indem Argumente zu suchen sind, um eine eigene Meinung zu bilden und zu begründen (Frei). Privatheit ist zu schützen (Senn) und Selbstbestimmung (Angele) der Jugendlichen ist sicherzustellen. Für die Lehrperson bedeutet dies unter anderem, achtsam zu sein, und „ihren Schülerinnen und Schülern keine Meinungen zu vermitteln" (Fässler). Eine Herausforderung kann es sein, „eine selbstständige und selbstbestimmte Lebensführung und Alltagsgestaltung / -bewältigung vorzubereiten für eine Zeit, welche nicht vorhersehbar ist" (Holliger).

Mehrere Befragte weisen darauf hin, dass Fragen der alltäglichen Lebensführung eine multidisziplinäre, mehrdimensionale und mehrperspektivische Auseinandersetzung verlangen. Dies stellt gleichzeitig auch eine hohe Anforderung an die Lehrpersonenprofessionalität, insbesondere an die fachlichen und fachdidaktischen Kompetenzen der Lehrpersonen (Angele). Die Vielfalt der Bezugswissenschaften sind für das Fach sowohl Stärke – weil sie interessante Diskurse mit sich bringen – wie Schwäche, da sie eine einheitliche Theoriebildung erschweren (Leitner). Für die Lehrpersonen ist es herausfordernd, dass viele Fachinhalte einem stetigen Wandel unterworfen sind (Nolte), Alltagssituationen individuell zu betrachten und zu beurteilen sind und es in Entscheidungssituationen meist kein „richtig" oder „falsch" gibt (Holliger). „Die Fülle an Möglichkeiten bildet eine ständige Überforderung. Bildung ist dazu angehalten, Menschen zu befähigen, ja zu ermächtigen (empowerment), ihr Leben in ebendieser Fülle und Reichhaltigkeit weitestgehend selbstbestimmt und selbstverantwortet in Solidarität mit der Mitwelt zu gestalten" (Leitner).

Gesellschaftliche Entwicklungen verändern kontinuierlich Bedingungen und Situationen der Lebensführung. Für ein Fach, das die Lebensführung von Menschen thematisiert, hat dies zur Folge, dass „die Entwicklung einer spezifischen Fachkultur erschwert wird", was sich in den unterschiedlichen Fachbezeichnungen und in unterschiedlichen curricularen Ausgestaltungen des Faches zeigt (Bender). Gleichzeitig stellt dies auch eine Chance dar, „zur lebendigen Veränderung des Faches und zu aktuellen Erneuerungsprozessen" (Bender). Beides führt dazu, dass die Fachidentität von „aussen" schwer wahrnehmbar ist, und verschiedene schulische Akteure die „gesellschaftliche Bedeutung des Faches nicht erkennen" (Nolte).

Eine weitere Besonderheit des Unterrichts für „Lebensführung" ist die Nahrungszubereitung. Für viele Lehrpersonen und Lernende macht dies den

Unterricht „besonders reizvoll – gleichzeitig auch anspruchsvoll – wenn sie zur Anwendung ernährungsrelevanter Erkenntnisse dient" (Forstmaier). Die handwerkliche Praxis der Nahrungszubereitung ermöglicht Lernenden „in relativ kurzer Zeit das Ergebnis ihrer Arbeit" (Macho) zu sehen. Der Unterricht ist handlungs- und prozessorientiert sowie produktorientiert (Bürgi) und kann Selbstwirksamkeitserfahrungen und Erfolgserlebnisse ermöglichen (Häußler & Schneider).

### Welcher Name trifft aus Ihrer Sicht das Kernanliegen einer Bildung für „Lebensführung"?

Diese Frage führt zurück auf die in der Facheinleitung dargestellte geschichtliche Entwicklung eines Bildungsbereichs, der sich mit dem »Alltäglichen«, dem vermeintlich »Banalen« und deshalb »Nicht-Bildungswürdigen« beschäftigt. Und doch – trotz des Images als ein Fach für »kognitiv schwache« oder »praktisch begabte« Schülerinnen und Schüler, das zumindest in der öffentlichen Wahrnehmung immer noch besteht, ist gerade Bildung für das vermeintlich »Banale und Alltägliche« heute in Zeiten des Klimawandels, der absehbaren Erschöpfung von nicht nachwachsenden Ressourcen, Wanderungsbewegungen aufgrund von militärischen Auseinandersetzungen, Wassermangel und fehlenden Lebensgrundlagen usw. vielleicht wichtiger denn je. Die Aussagen der befragten Expertinnen und Experten zur Frage nach einer Bezeichnung, die das Kernanliegen einer Bildung für Lebensführung sichtbar macht, verdeutlichen die Bedeutung dieses Bildungsbereichs.

Für die Fach-Community nicht verwunderlich aber für Außenstehende möglicherweise überraschend ist, dass fast jeder und jede der Befragten einen anderen Vorschlag zur Bezeichnung des Unterrichtsfaches macht. Je nach Blickwinkel auf die Inhaltsfelder und Gegenstände des Unterrichtsfaches und je nach deren Gewichtung werden andere Bezeichnungen genannt. Am Häufigsten (immerhin achtmal) taucht der Begriff „Ernährung" in den unterschiedlichen Bezeichnungen auf. Als mögliche Fachbezeichnung genannt werden z. B. „Ernährung, Gesundheit, Konsum und Gesellschaft" (Angele), "Ernährung und Gesundheit" (Macho), „Ernährung und Haushalt" (Buchner), „Ernährung, Haushalt und Konsum" (Wukowitsch) oder „Ernährung und Konsum" (Bender). Angelehnt an die fachlichen Diskussionen der vergangenen Jahre werden außerdem „Ernährungs- und Verbraucherbildung" (Resinek) oder „Ernährung, Verbraucherbildung und Alltagskultur" (Eichenseher) genannt. Allerdings wird darauf verwiesen, dass Bezeichnungen wie „Ernährungs- und Verbraucherbildung" „eine eher enge Perspektive auf die Inhalte und Aufgaben" implizieren (Häußler & Schneider). Nolte befürwortet die Bezeichnung „Konsum, Ernährung, Gesundheit" und Forstmaier spricht von „Angewandter Ernährungsphilosophie". Bei allen Bezeichnungen geht es darum, zentrale Handlungsfelder der privaten Lebensführung hervorzuheben, für die Kompetenzen zur Bewältigung des Alltags angebahnt werden sollen. Ernährung kann also als ein Kernanliegen des Unterrichtsfaches identifiziert werden, dabei liegt der Fokus entweder auf »gesundheitsförderlicher« Ernährung oder Ernährung wird im Zusammenhang mit Konsum als Handlungsfeld benannt, für das Kompetenzen erworben werden müssen. Die Fokussierung auf Ernährung als Kernanliegen des Faches entspricht sowohl den Inhalten der meisten Curricula in den drei Ländern als auch vielfach der schulischen Realität. »Kochen« ist außerdem die wohl am häufigsten genannte Assoziation zum Unterrichtsfach. Die handwerkliche Praxis der Nahrungszubereitung ist in der Tat Alleinstellungsmerkmal und Besonderheit des Faches (siehe auch die Antworten zu Frage acht).

Dreimal wird auch eine Fachbezeichnung mit Bezug zum Alltag genannt, beispielsweise „ganzheitliche Alltagsbewältigung" (Bürgi), „Alltagskompetenz" (Fässler) und „Ernährung, Verbraucherbildung und Alltagskultur" (Eichenseher). Bei dieser Schwerpunktsetzung wird eher auf eine Facette des Unterrichtsfaches verwiesen, die Kompetenzen für das private Leben in seiner Breite in den Vordergrund stellt und diese Kompetenzen von einer Orientierung z. B. auf berufliche Anforderungen abgrenzt.

Die Bezeichnung „Wirtschaft, Arbeit, Haushalt (WAH)" wird erwartungsgemäß ausschließlich von schweizerischen Expertinnen benannt (Frei; Senn), die z. B. betonen, dass das Fach damit „nun zu den allgemeinbildenden Fächern der Volksschule [gehört] und gleichwertig und gleichberechtigt [ist]" (Senn). Die Bildung für „Lebensführung" bildet demnach die Grundlage für das Fach WAH (Senn). Hier – wie auch bei allen anderen genannten Bezeichnungen – wird die Bedeutung der Geschichte des Faches für die Wahl des Fachnamens und auch für die Wahrnehmung des Faches von außen betont.

Schließlich gibt es noch Vorschläge, die sich an der Bezeichnung „Unterricht für Lebensführung" abarbeiten und das Ziel des Unterrichts in den Blick nehmen, nämlich „Schülerinnen und Schüler in ihrer Lebensführung stark machen" (Johannsen & Peuker), sie schlagen daher „Life Science" vor. Um nicht automatisch mit dem »Kochen« assoziiert zu werden, schlägt Hüsken den Namen „Lebenskunde" vor. Leitner wiederum benennt gleich vier unterschiedliche Bezeichnungen für das Fach: „Lebensstil und Verantwortung; Lebenskultur; Lebensqualität; Life-Literacy", die dann jeweils einen anderen Fokus auf den Gegenstand oder das Ziel haben.

Die von den Fachherausgeberinnen dieses Bandes gewählte Bezeichnung „Unterricht für Lebensführung" wird – wenn auch mit kritischen Kommentaren – von immerhin drei Befragten genannt (Brandl; Häußler & Schneider;

Holliger). Als möglichen Kritikpunkt erwähnt Nolte, „dass Außenstehende 'Lebensführung' als Privatsache einstufen und weiterhin die Bedeutsamkeit der wissenschaftlichen Disziplin und des Schulfaches in Frage stellen" könnten. Holliger schlägt vor, den Begriff insofern zu präzisieren, als hier verschiedene „Lebensbereiche (z. B. Familie, Erwerbsarbeit, Freizeit, soziale Kontakte, politisches und zivilgesellschaftliches Engagement, …)" angesprochen werden, so dass immer wieder Anpassungen erforderlich sind. Sie spricht deshalb ebenso wie Häußler & Schneider von „alltäglicher Lebensführung", weil damit „eine Perspektive auf Fragen der Lebensführung zwischen gesellschaftlicher und individueller Verantwortung" ermöglicht wird.

„Die große Bandbreite der verschiedenen Namen für das Fach deutet darauf hin, dass ein umfassender konsensfähiger Begriff kaum zu finden ist" (Häußler & Schneider). Diese Schwierigkeit liegt auch in der Tatsache begründet, dass es keine eindeutige Bezugswissenschaft für das Unterrichtsfach gibt, sondern eben zahlreiche unterschiedliche Bezugswissenschaften zum Unterricht für „Lebensführung" beitragen. Die Vielfalt der Bezugswissenschaften erschwert so einerseits eine einheitliche Theoriebildung (Leitner), andererseits kommen gerade erst durch die Multi- und Interdisziplinarität sowie die Mehrperspektivität die relevanten Fragen für die Gestaltung und Bewältigung alltäglicher Aufgaben überhaupt in den Fokus.

Um einen Fokus für die Entwicklung einer Fachidentität sowie eine Theoriebildung für das Unterrichtsfach zu ermöglichen, haben die Herausgeberinnen dieses Bandes sich dafür entschieden, von „Unterricht für Lebensführung" zu sprechen. Damit verbunden ist der Blick auf den Gegenstand als Kristallisationspunkt für die Aufgaben, die alltäglich bewältigt werden müssen. Die Entscheidung für „Lebensführung" ist getragen von der Überlegung, dass mit dem Begriff „Lebensführung" die Komplexität der alltäglich zu bewältigenden Aufgaben mit ihren Widersprüchen, gesellschaftlichen Anforderungen und Rahmenbedingungen am besten abgebildet werden kann. Menschen bewegen sich im Rahmen ihrer Lebensgestaltung und Alltagsbewältigung nicht in einzelnen, voneinander abgegrenzten Handlungsfeldern, vielmehr müssen sie die Vielzahl unterschiedlicher Anforderungen, Aufgaben und Probleme gleichzeitig bewältigen und miteinander in Einklang bringen. Sie müssen ihr Leben führen und Welt gestalten. Damit dies gelingt, ist der Fokus auf einzelne Handlungsfelder nicht ausreichend, denn Wissen und Verstehen in einem Handlungsfeld allein führen nicht automatisch zum „richtigen" oder „situationsangemessenen" Handeln. Vielmehr gehört dazu vor allem eine gelingende „Passung" in die private Lebensführung und das Alltagsleben. Erst mit dem Bezug auf „Lebensführung" können Erkenntnisse aus unterschiedlichen Bezugsdisziplinen für die jeweilige Anforderung oder Entscheidungssituation herangezogen, verknüpft und genutzt werden und damit ein kohärentes „Ganzes" ergeben.

# DIE REIHENHERAUSGEBER

*Dr. Markus Rehm* ist Professor für Chemie und Chemiedidaktik am Institut für Didaktik der Naturwissenschaften der Pädagogischen Hochschule Heidelberg. Arbeitsschwerpunkte: Professionalisierungsforschung, Aufgaben im naturwissenschaftlichen Unterricht, Verstehensprozesse und verständnisvolles Lernen im naturwissenschaftlichen Unterricht.

*Dr. Volker Reinhardt* ist Professor für Politikwissenschaft und Politikdidaktik an der Pädagogischen Hochschule Freiburg sowie Gastprofessor für Bildungswissenschaft an der Steinbeis-Hochschule Berlin. Er ist Mitbegründer des Schweizer Schulpreises und Experte für den Deutschen Schulpreis.

*Dr. Markus Wilhelm* ist Professor für Biologie und Biologiedidaktik an der Pädagogischen Hochschule Luzern und Leiter des Instituts für Fachdidaktik Natur, Mensch, Gesellschaft (IF NMG). Arbeitsschwerpunkte: Unterrichtskompetenz von Lehrpersonen, Kompetenzorientierung in Lehrmitteln, Lernen an Außerschulischen Lernorten.